Dr. John Coleman

DER DROGENKRIEG
GEGEN AMERIKA

ΘMNIA VERITAS®

John Coleman

John Coleman ist ein britischer Autor und ehemaliges Mitglied des Secret
Intelligence Service. Coleman hat verschiedene Analysen über den Club of
Rome, die Giorgio Cini Foundation, das Forbes Global 2000, das
Interreligious Peace Colloquium, das Tavistock Institute, den schwarzen Adel
sowie andere Organisationen, die der Thematik der Neuen Weltordnung nahe
stehen, erstellt.

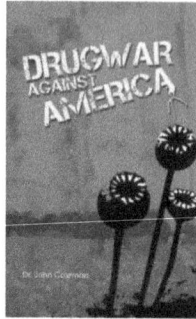

DER DROGENKRIEG GEGEN AMERIKA

DRUG WAR AGAINST AMERICA

Aus dem Englischen übersetzt und veröffentlicht
von Omnia Veritas Limited

© Omnia Veritas Ltd - 2022

OMNIA VERITAS®

www.omnia-veritas.com

Kapitel 1

Der Drogenkrieg gegen Amerika

D er erste Schritt zur Lösung eines Problems besteht darin, es als solches zu erkennen. Amerika hat ein Drogenproblem, ein riesiges Drogenproblem, das sich weigert zu verschwinden; ein Problem, das nicht gelöst werden kann, solange die Nation nicht den Ursprung des Problems in Angriff nimmt.

Die Mehrheit der Amerikaner weiß, dass es eine Drogenepidemie gibt, aber nur eine kleine Minderheit ist sich bewusst, dass sie unserer Gesellschaft von den "Führern der Finsternis, den Bösen in den höchsten Kreisen, die die Finsternis dem Licht vorziehen, weil ihre Taten schlecht sind" zugefügt wurde.

In diesem Buch geht es darum, wer diese Männer sind und wie sie das größte und profitabelste Unternehmen der Welt leiten, was sie erreicht haben und wie effektiv die Gegenmaßnahmen waren.

Glauben Sie nicht, dass der Drogenhandel nur ein Straßenhandel ist, bei dem die Dealer von der Mafia kontrolliert werden. Das ist sicherlich ein Teil des Problems, aber die wahren Förderer dieses verfluchten Geschäfts sitzen in den Korridoren der "Elite" dieser Welt, der "königlichen" Familien, der "adligen" Familien in Europa und der "besten" Familien in Amerika, Großbritannien und Kanada. Der Handel erreicht die höchsten Ebenen der Macht und wurde nicht ausgerottet, sondern nur etwas eingedämmt. Die US-amerikanische Drogenbekämpfungsbehörde (USDA) und die Drogenbekämpfungsbehörden der ganzen Welt versuchen, einen Waldbrand mit Gartenschläuchen ohne ausreichenden

Wasserdruck zu bekämpfen. Wie ist das möglich?

Die Antwort lautet, dass der Drogenhandel nicht ausgerottet werden kann, weil seine Manager, die Herrscher der Finsternis, die Bösen an der Spitze, nicht zulassen werden, dass ihnen das lukrativste Geschäft der Welt mit riesigen Gewinnen, für das nur ein Minimum an Investitionskapital erforderlich ist, ein praktisch kostenloses Produkt mit geringen Produktionskosten, weggenommen wird. Die einzigen Probleme, mit denen sich die Kontrolleure dieser massiven "Gesellschaft" auseinandersetzen müssen, sind die Lieferung und der Vertrieb. Wie ich in einem meiner Bücher erwähnt habe, steht fest, dass eine Nation, die in der Lage ist, eine massive Mobilisierungsanstrengung zu organisieren und eine riesige Armee ins Ausland zu schicken, um den Zweiten Weltkrieg zu kämpfen und zu gewinnen, eine Kampagne zur Ausrottung des Drogenhandels organisieren kann.

Ist der Drogenhandel eine furchterregendere Aufgabe als der Krieg gegen Deutschland und Japan während des Zweiten Weltkriegs? Natürlich nicht, Amerika kann es schaffen. Das Problem ist, dass der Faktor X ins Spiel kommt, sobald die amerikanische Drogenbekämpfungsbehörde beginnt, das Problem anzugehen, und der Faktor X ist die herrschende Elite, deren enorme Vermögen aus dem Drogenhandel stammen.

Dieser Handel begann 1652 und bezog mehrere andere Länder mit ein. Die aristokratische "Oberschicht" Großbritanniens leitete in Wirklichkeit den lukrativen chinesischen Opiumhandel und Lord Palmerston von der britischen Regierung brachte ihn sogar im Parlament zur Sprache.

Der immense Reichtum und die Macht, die die Familien der britischen Aristokratie - der herrschenden Klasse - genießen, gehen direkt auf diese abscheuliche und schmutzige Aktivität zurück. Wie ich in meinen *Weekly Intelligence Reports* und in anderen Büchern oft dargelegt habe, ging es bei dem langen Kampf um die Kontrolle über Hongkong, der zwischen der britischen und der chinesischen Regierung ausgetragen wurde, nicht um die Insel-Landmasse selbst, sondern darum, wer den Löwenanteil der Milliarden Dollar erhalten würde, die China durch den Opiumhandel erwirtschaftet, der 64 Prozent seiner Deviseneinnahmen ausmacht. Die "adligen" Familien Großbritanniens haben immer das größte Stück des Kuchens abgeschöpft, aber jetzt, da die Chinesen mit dem Zusammenbruch des Britischen Empire und seiner Macht ein größeres Stück verlangten, hatte Großbritannien keine andere Wahl, als ihrer Forderung nachzukommen, die an eine Bedingung geknüpft war. Die Kontrolle über den Welthandel musste in den Händen der Briten bleiben, den befleckten Händen der "edlen" und hoch angesehenen "alten" Familien, derjenigen, die Menschen wie dem amerikanischen Volk, der Oligarchie, die die Machtsitze in den oberen Etagen besetzt, nicht die gerechte Stunde gewähren würden! Der Drogenkrieg gegen Amerika nahm in den frühen 1950er Jahren eine weitere beunruhigende Wendung, als Aldous Huxley und Bertrand Russell LSD in die amerikanische Jugend einführten.

LSD wird von der Schweizer Familie, die Mitglied der Oligarchie und des schwarzen Adels ist, Hoffman LaRoche, hergestellt. Das Experimentieren mit LSD steht offiziell unter der Kontrolle des Stanford Research Center, wo unter den Codenamen "Operation Naomi" und "Operation Artichoke" umfangreiche Experimente mit Marihuana und Kokain durchgeführt wurden.

Die amerikanische Jugend verschwand unter einem Blizzard aus weißem Pulver, das aus zerknüllten grünen Blättern hergestellt wurde. Willige und unwillige Opfer wurden an Orten wie dem Zentrum für Drogenmissbrauch, dem Mount Sinai Hospital und der Psychiatrischen Klinik in Boston "getestet", um nur zwei der größten Testzentren zu nennen. Mit der gleichzeitigen Förderung der atonalen "Musik" von Theo Adorno, die in Wilton Park, der Heimat der britischen Propaganda und dem Zentrum für Desinformation, perfektioniert wurde, kam ein verblüffender Betrug namens "Rockmusik" auf, die von Rockbands gespielt wurde und die zur Einführung von berüchtigten Gehirnwäscheprogrammen und Drogen-"Tests" diente.

Die erste einer langen Reihe von Täuschungen dieser Art war Ed

Sullivans "Entdeckung" der mit Drogen vollgepumpten Band "The Beatles". Das gesamte "Rock"-Geschäft wurde in Wilton Park mit dem bewussten Ziel konzipiert und perfektioniert, es als Vehikel zu benutzen, um junge Amerikaner zum Drogenkonsum zu verleiten und diesen zu einer sozial akzeptablen Sitte zu machen. Rockmusik wurde ausschließlich als Vehikel für die Verbreitung von Drogen konzipiert und alle "Rockbands", die nach dem Beatles-Experiment "entdeckt" wurden, wurden Teil einer psychologischen Kriegsführung gegen die Jugend in vielen Ländern. Alle betrügerischen Bands wurden in Wilton Park von Experten zusammengestellt, die sie als "atonale Musik" bezeichneten, woraufhin Wilton Park eine ganze Reihe von "Rockbands" auf das ahnungslose amerikanische Publikum losließ. Ed Sullivan, die bekannteste Radiopersönlichkeit der USA, wurde zum Komplizen des Jahrhundertverbrechens, indem er die "Beatles" nach Amerika holte!

Diejenigen, die sich an der Förderung von Rockkonzerten beteiligen oder Schallplatten und Kassetten mit diesem hässlichen Sound, einer Kakophonie aus Geräuschen, die den Geist verwirren, verbreiten, hätten wegen ihrer Beteiligung an der Verbreitung von Drogen strafrechtlich verfolgt werden müssen. Meiner Meinung nach stellen alle "Rock"-Konzerte eine Straftat dar, da sie dazu benutzt werden, Jugendliche zum Drogenkonsum zu verleiten. So wurden Rockkonzerte hauptsächlich als Tarnung für die Verbreitung von Drogen veranstaltet und die Rock-"Musik" wurde zu einem festen Bestandteil des amerikanischen Drogenkriegs. Es ist an der Zeit, dass wir Menschen die Handschuhe ausziehen und gemeinsam ein paar Köpfe rollen lassen!

Es wird doppelt schwierig sein, den Drogenhandel auszurotten, solange die "Rockmusik" nicht ausgerottet und die sogenannten "Rockkonzepte" nicht geächtet werden. Das bedeutet, dass die Schallplattenabteilung der RCA geschlossen werden muss, und wie diejenigen unter Ihnen, die meine Berichte über die Jahre hinweg verfolgt haben, wissen, ist die RCA ein Zweig des britischen Geheimdienstes, der 1924 begann, als die amerikanische Marconi-Gesellschaft eine hundertprozentige

Tochtergesellschaft der britischen Marconi-Gesellschaft war. Damals wie heute wurde RCA aufgrund der Kontrolle, die Morgan Guarantee über den Mutterkonzern, Westinghouse und die General Electric Company ausübte, von den Briten geleitet. Die United Fruit Company - heute United Brands -, deren Vorsitzender Max Fisher 1972 der Republikanischen Partei enorme Geldsummen spendete, besaß die Franchise für alle Kommunikationsgeräte, die von der RCA-Westinghouse-G.E.- Gruppe in Lateinamerika und der Karibik verkauft wurden. United Brands war stark in den Drogenhandel verwickelt, wie die seltene Beschlagnahmung eines ihrer Schiffe mit einer großen Drogenladung zeigte. RCA hatte vor dem Zweiten Weltkrieg Verbindungen zu Deutschland, und zwar durch die Freundschaft, die der Präsident von RCA, David Sarnhoff, sein Leben lang mit Hitlers Finanzgenie Hjalmar Schacht pflegte. Es waren Freundschaften dieses Kalibers, die "Richter" Jackson daran hinderten, in den illegalen Nürnberger "Prozessen" eine Verurteilung gegen Schacht zu erwirken. Richter Jackson war gar kein Richter, sondern ein Anwalt, der den verzweifelten Ruf der US-Regierung annahm, um die vakante Stelle bei den Nürnberger Prozessen zu besetzen. Die regulären Richter der USA erkannten die Rechtmäßigkeit der Nürnberger Verfahren nicht an und wichen den Angeboten des Justizministeriums aus, die US-Regierung zu vertreten.

Lassen Sie mich schnell hinzufügen, dass illegale "Freizeit"- Drogen in Deutschland vollständig ausgerottet wurden, als Hitler an der Macht war. RCA unternahm über Sarnhoff (einen langjährigen Agenten des britischen Geheimdienstes) persönliche Anstrengungen, Geld für verschiedene drogenbezogene Experimente und Projekte zu sammeln, die vom Stanford Research Institute durchgeführt wurden, derselben Institution, die das berühmte MK Ultra LSD- Experimentalprogramm beaufsichtigte.

Wie sieht es in der Gegenwart aus? Mitte 2009 ist das Gesamtbild sehr düster. Die DEA und die internationalen Drogenbehörden waren nicht in der Lage, auch nur eine kleine Kerbe in die gut geschützte Infrastruktur des Drogenhandels zu schlagen. Trotz der verstärkten Bemühungen der DEA steigt der Strom der nach Amerika gelangenden Drogen weiter an und ist nun offiziell außer Kontrolle geraten. Das bedeutet nicht, dass Amerika diesen Handel nicht stoppen kann. Was es anzeigt, ist, dass Amerika den Krieg gegen Drogen mit zwei gefesselten Händen hinter sich führt. Die Bemühungen, die Bedrohung durch Drogen zu bekämpfen, wirken wie eine komische Theaterproduktion und werden nicht erfolgreicher sein als ihre früheren erfolglosen Versuche, solange wir nicht gegen die Menschen hinter der Drogenszene vorgehen.

Die folgenden Maßnahmen, die noch nicht ergriffen wurden, müssen unverzüglich ergriffen werden:

> Den Hahn für "Auslandshilfe" für die Länder zudrehen, die die Rohstoffe für den Handel produzieren.

> Die USA müssen außerdem einen speziellen Auslieferungsvertrag mit den Drogenproduktionsländern abschließen, der es DEA-Agenten ermöglichen würde, in den Produktionsländern tätig zu werden, mit der Befugnis, die größten Drogenproduzenten an die USA auszuliefern.

Wenn wir in der Lage waren, die Nürnberger Statuten für "Verbrechen gegen die Menschlichkeit" zu formulieren, dann müssen wir auch in der Lage sein, ein internationales Abkommen zu schließen, das den US-Agenten einen großen Spielraum einräumt, denn ist der Drogenhandel nicht ein Verbrechen gegen die Menschlichkeit?

> Die USA müssen Sonderstaatsanwälte ernennen (wie wir es bei der von Tavistock geplanten Watergate-Verschwörung getan haben), die alle Strafverfolgungen im Zusammenhang mit Drogen koordinieren.

In dem Maße, wie die USA in Nürnberg einen internationalen Gerichtshof einrichten konnten, können wir das mit großer Wahrscheinlichkeit auch heute tun, denn Drogen und der Drogenhandel sind ein Krieg gegen die zivilisierte Welt - und mit großer Sicherheit ein Verbrechen gegen die Menschenrechte.

> Die USA müssen sich an einem Programm beteiligen, das Länder, die Rohstoffe für den Handel produzieren, dazu ermutigt, ihre gesamte "Ernte" an ernannte und kontrollierte Amerikaner zu verkaufen, und zwar gemäß einer schriftlichen Vereinbarung, dass keine weitere "Ernte" mehr produziert wird.

> US-Agenten müssen eine Vereinbarung haben, die es ihnen erlaubt, den Boden ganzer Anbaugebiete (wie Helmand in Afghanistan, der Heimat des Schlafmohns) für die Anpflanzung von Schlafmohn unbrauchbar zu machen.

Das ist möglich und viel billiger als die enormen Kosten für die Überwachung unserer Küste und die Bezahlung der Arztrechnungen der Opfer des Drogenhandels.

> Eine Maßnahme, die die USA leicht ergreifen können, ist die Verabschiedung von Gesetzen zur Einführung der Todesstrafe für alle, die beim Handel, Verkauf oder der Förderung von Drogen erwischt werden.

> Drogenabhängige, die beim Rauchen oder bei der Einnahme von Drogen erwischt werden, sollten vor ein Sondergericht gestellt und bei Verurteilung in ein Besserungslager inmitten der Mojave-Wüste geschickt werden, das nur über ein Minimum an menschlichem Komfort verfügt.

Es würde eine Amnestieperiode geben, in der alle Drogenhändler ihre Drogenbestände an Regierungsbehörden oder speziell ausgewählte Bürgerkomitees zur sofortigen Verbrennung übergeben müssten. Danach würden alle Personen, die beim Verkauf von Drogen oder im Besitz von zum Verkauf bestimmten Drogen erwischt würden, hingerichtet.

> Alle Einrichtungen, in denen viel Drogen konsumiert werden, wie Diskotheken und Nachtklubs, müssen gezwungen werden, ihre Türen zu schließen, und ihre

Besitzer müssen zu hohen Geld- und Haftstrafen verurteilt werden, wenn vor Sonderstaatsanwaltschaften nachgewiesen wird, dass in den Räumlichkeiten Drogen konsumiert wurden. Rockkonzerte" müssen verboten werden und die Veranstalter dieser "Konzerte" müssen zu hohen Geld- und Haftstrafen verurteilt werden.

➤ Jede Person, die Drogen in die USA transportiert oder die Grenzen eines Bundesstaates überschreitet, muss von Sonderstaatsanwälten in eigens dafür eingerichteten Gerichten abgeurteilt werden. Bei einem Schuldspruch müssen die Drogenschmuggler zum Tode verurteilt werden und das Urteil muss ohne unangemessene Verzögerung vollstreckt werden.

➤ Das US-Landwirtschaftsministerium soll mit allen Ländern, die Heilpflanzen produzieren, Verträge abschließen, die es Teams von US-Agenten ermöglichen, alle Orte, an denen Heilpflanzen gefunden werden, "zu durchsuchen und zu zerstören".

Durch die Anwendung eines neuen "Sonnenkiller"-Herbizids, das aus einer in allen Pflanzen vorkommenden Aminosäure besteht, lässt sich dieses Ziel auf wirksame und kostengünstige Weise erreichen. Die Verbindung ist für tierisches Leben unschädlich und zerquetscht unerwünschtes Wachstum durch eine Anhäufung der Aminosäure in der Arzneipflanze, die das Pflanzengewebe zum Kollabieren bringt und es innerhalb von drei Stunden austrocknet.

Dieses neue Herbizid ist in der Lage, alle Kokabüsche, Mohnblumen und Marihuanafelder an der Quelle zu vernichten, ohne die normalen Feldfrüchte zu schädigen oder den Boden zu vergiften. Laut Dr. William Robertson von der National Science Foundation wird das Herbizid genau dann versprüht, wenn es abends dunkel wird. Sobald am nächsten Morgen die Sonne aufgeht, wird eine Kettenreaktion ausgelöst und die Drogenpflanzen beginnen zu "verbluten", indem sie alle ihre inneren Flüssigkeiten verlieren. Innerhalb weniger Stunden schrumpfen die besprühten Pflanzen und sterben ab. Das Herbizid lässt sich leicht anwenden, ist kostengünstig und ökologisch unbedenklich. Es reagiert nicht auf Nahrungspflanzen wie Weizen, Gerste, Hafer, Sojabohnen etc.

Mit interner Unterstützung und internationalen Abkommen könnten die USA Drogen innerhalb von drei Jahren und zu erstaunlich geringen Kosten von der Erdoberfläche entfernen. Das Programm könnte durch Verträge und Konkordate operationell werden. Jedem Land, das sich weigert, dem Programm beizutreten, das eine Klausel enthalten würde, die die Stationierung von US-Agenten auf seinem Territorium vorschreibt, würde die Finanzierung durch die US-Auslandshilfe entzogen werden.

Gegen Länder, die sich weigern zu unterzeichnen, muss ein weltweiter Handelsboykott (wie 1933 gegen Deutschland) verhängt werden und über alle UN-Organisationen muss internationaler Druck auf sie ausgeübt werden, ähnlich dem, der gnadenlos gegen Südafrika und den Irak angewandt wurde. Der neue Stoff, ALA, ist bereits verfügbar und die USA müssen ein Notprogramm starten, um ihn in ausreichenden Mengen für den weltweiten Einsatz herzustellen.

Wir müssen uns für den Krieg mobilisieren! Die Umsetzung dieses Programms in seiner Gesamtheit wird eine konzentrierte Anstrengung erfordern, die jedoch nicht größer sein darf als die, die 1939-45 erforderlich war. Wenn wir in der Lage waren, die gewaltige Anstrengung des Zweiten Weltkriegs zu unternehmen, dann sind wir gezwungen, jetzt die gleiche Anstrengung zu unternehmen. Die Sicherheit Amerikas wurde 1939 nie direkt von Deutschland bedroht. Deutschland hatte keine Fehde mit den Vereinigten Staaten, aber die Drogenhändler, die "Adelsfamilien", stellen eine direkte und sehr aktuelle gefährliche Bedrohung für unsere Sicherheit und unser zukünftiges Wohlergehen als große Nation dar. Die USA müssen diesen Ländern den Krieg erklären und ihre Produktionsbasen sowie ihre Transport- und Verteilungssysteme müssen vernichtet werden. Wir müssen unsere massiven Ressourcen an menschlichem und technischem Potenzial mobilisieren, um auf die Drogenbosse zu treffen und sie zu vernichten.

In den letzten 34 Jahren hat das amerikanische Volk hilflos zugesehen, wie die Flut des Krieges gegen es anschwoll. Bisher hat das amerikanische Volk nicht erkannt, dass wir uns im Krieg befinden, weil der Feind nicht so leicht identifiziert werden konnte, wie unsere Propagandafabriken 1939 Deutschland identifizierten. Dieselben "Meinungsmacher" der Propaganda sind sehr zurückhaltend, wenn es darum geht, das Thema Drogen anzusprechen, was überhaupt nicht überrascht, wenn man bedenkt, dass die "Meinungsmacher" Teil desselben Netzwerks sind. Es ist absolut notwendig, den Amerikanern klarzumachen, dass die obszönen Profite aus dem Drogengeschäft, die jedes Jahr Millionen von Menschenleben ruinieren, auch den internationalen Terrorismus finanzieren.

Jüngste Statistiken der DEA zeigen einen alarmierenden Anstieg der Zahl der Heroin-, Kokain- und Marihuanakonsumenten in Amerika. Was den terroristischen Aspekt betrifft, so muss man sich nur an die Aktivitäten der Sekte "Leuchtender Pfad" in Peru erinnern, um zu sehen, wie mit Drogengeldern Morde finanziert wurden.

Diese Gruppe war eine der gewalttätigsten und bösartigsten Terrorbanden der Welt, eine Bande von Schurken, die entschlossen war, die Kontrolle über Peru zu übernehmen, um das lukrative Kokaingeschäft an sich zu reißen, bis sich der Präsident Fujimori von Peru persönlich einmischte. Diese Aktion sollte ihn jedoch seine Präsidentschaft kosten und ihn dazu zwingen, nach Japan zu fliehen, da er um sein Leben fürchten musste.

Kokain ist eine wachsende Bedrohung, von der 20 Millionen Amerikaner betroffen sind. Es wird durch den "Jetset" und die "Prominenten" in Hollywood populär gemacht und zieht jeden Tag etwa 5000 neue Konsumenten an! Frank Monastero von der DEA sagte kürzlich, dass die Verbindungen zwischen Terrorismus und Drogenhandel sehr stark seien, "aber ich glaube nicht, dass Teile der Regierung das so sehen". Monastero sagte zwar nicht, auf welches "Segment" er sich bezog, aber aus Gesprächen, die ich mit einigen US-Beamten geführt habe, weiß ich, dass er das US-Außenministerium meinte.

Das Außenministerium hat sich stets gegen die Idee ausgesprochen, Methoden der Drogenbekämpfung mit der Aussetzung der "Auslandshilfe" zu verknüpfen, und war nicht bereit, die Methoden, die ich in diesem Buch beschrieben habe, umzusetzen. Es ist eine bekannte Tatsache, dass Beamte des Außenministeriums eine Ernennung im Bereich der Drogenkontrolle im Ausland als die am wenigsten wünschenswerte Verwendung im Außendienst betrachten.

Das Royal Institute for International Affairs (RIIA) und der Council on Foreign Relations (CFR), die die Rand Corporation kontrollieren (die Organisation, die Daniel Ellsberg mit den Pentagon Papers berühmt gemacht hat), haben die Situation noch verschlimmert, indem sie ein unaufgefordertes Dokument verfasst haben, in dem behauptet wird, dass die Bemühungen zur Bekämpfung des Drogenkonsums auf Bildungsebene "widersprüchlich, zweideutig und wirkungslos" sind. Das ist offensichtlich falsch, aber was kann man von einer Institution, die vom Tavistock Institute of Human Relations geleitet wird,[1] , deren Lehrmeister dieselben sind, die von dem schändlichen Drogengeschäft profitieren, anderes erwarten? Der Rand-Bericht kam einem Schuss auf unsere eigenen Truppen gleich, denn wenn er auf den Drogenmob geschossen hätte, hätte er auf seine Freunde und nicht auf seine Feinde geschossen! Das Nettoergebnis des Rand-Berichts war die Entmutigung von Bildungsprogrammen zur Drogenbekämpfung. Dennoch erhält Rand hohe Zuschüsse von der US-Regierung - ein Beispiel für die Widersprüche in unseren Bemühungen, den Drogenhandel zu minimieren.

Das General Accounting Office (GAO) schätzt, dass nur zehn

---

[1] Vgl. *The Tavistock Institute of Human Relations*, Omnia Veritas Ltd, www.omnia-veritas.com.

Prozent der nach Amerika geschmuggelten Drogen von den Strafverfolgungsbehörden abgefangen werden. Das sollte die Alarmglocken läuten lassen! Wie kann es sein, dass eine hoch industrialisierte Nation, die über so viele Arbeitskräfte, Geld und technische Ressourcen verfügt, nur einen so geringen Prozentsatz der Drogen abfangen kann? Wir müssen nach der "verborgenen Hand" suchen, der Macht, die den Drogenhandel von den Hinterzimmern aus kontrolliert, der geheimnisvollen "Force X". Um die Frage richtig zu beantworten, werde ich diesen Aspekt im Laufe der Zeit behandeln.

Ein aktuelles Dokument, das ich gesehen habe, besagt, dass die Produktion von Schlafmohn in China seit 2000 um 50 % gestiegen ist. Andere Statistiken in dem Dokument erwähnen, dass die Produktion von Marihuana und Kokablättern um 30 bzw. 40 % gestiegen ist und dass die Opiumproduktion aus Schlafmohn in Afghanistan seit der Invasion des Landes durch Truppen der USA und der NATO im Jahr 2003 von 4000 Pfund auf 6000 Pfund pro Jahr angestiegen ist. Wie wurde diese Leistung erbracht? Durch einen totalen Krieg gegen Amerika, der von der RIIA, Wilton Park, dem Tavistock Institute, dem CFR und der herrschenden Oligarchie der schwarzen Adelsfamilien Europas angeführt wurde. Ihr Hauptwerkzeug in diesem Krieg waren - und sind immer noch - "Rockbands" und "Rockkonzerte" und die unaufhörliche Förderung der dekadenten Kakophonie von atonaler Musik bis hin zu geistzerstörenden Klängen, die als "Musik" gelten. Dieses Werkzeug, das erstmals 1950 eingesetzt wurde, ist die Hauptwaffe im Arsenal des Feindes in seinem Krieg gegen Amerika und wird auch weiterhin zur Verbreitung von Drogen eingesetzt werden, bis jemand dem ein für alle Mal ein Ende setzt!

Um auf den Heroinhandel zurückzukommen: Die Hauptanbaugebiete für Schlafmohn befinden sich im "Goldenen Dreieck" Südostasiens und im "Goldenen Halbmond", d. h. im Iran, in Afghanistan und in Pakistan.

Es sei daran erinnert, dass britische "Adelsfamilien" ihr Vermögen damit gemacht haben, Opium von den Feldern

Afghanistans und Pakistans an die Verbraucher in China zu verschiffen - Länder, in denen sie über ein Jahrhundert lang die nötigen Kontakte aufgebaut haben, die es ihnen ermöglichen, diesen Handel heute sicher und profitabel fortzusetzen. Was den Nahen Osten betrifft, so wird der größte Teil des Rohopiums über den Libanon, Syrien und die Türkei transportiert. Nach einer Zwischenverarbeitung wird es über Frankfurt nach Europa transportiert. Die "Frankfurter Mafia" kümmert sich um den Vertrieb des Opiums, und der berüchtigte Meyer Lansky (ein führendes Mitglied des Verbrechersyndikats, das inzwischen verstorben ist) war die treibende Kraft hinter dieser Operation. Nach Lanskys Tod wurde der Posten dem israelischen General Ariel Sharon übertragen, den er bis zu seinem Tod innehatte. Sharon unterhielt sehr starke Verbindungen zu "Produktionsländern" wie Bolivien und Peru, die beide große Produzenten des Kokablattes waren, aus dem Kokain gewonnen wird. Der Libanon wurde überfallen, um ihn in Lehen aufzuteilen, und wie ich in einem meiner Berichte enthüllte, wurde Rifaad Assad, der Bruder des syrischen Präsidenten Hafez Assad, wegen seiner "privaten" Vereinbarungen mit Sharon zunächst unter Hausarrest gestellt und dann aus Syrien verbannt. Die Ausweisung von Rifaad Assad aus Syrien wurde zur Staatsaffäre, doch der wahre Grund für die Ausweisung - Drogendelikte - wurde nie öffentlich bekannt gegeben.

Aus geheimen Senatsberichten geht hervor, dass das US-Außenministerium die Direktive von Präsident Reagan, wonach die drogenproduzierenden Länder gemaßregelt werden sollten, nicht befolgt hat. Dies sollte angesichts des Hintergrunds und der Kontrolle durch Chatham House über den britischen Agenten George Shultz, den von Präsident G.H.W. Bush ernannten ehemaligen Außenminister, nicht überraschen. Shultz ist ein ehemaliger ordentlicher Leiter des östlichen liberalen Establishments mit sehr starken Verbindungen zum Drogenhandel.

Die drogenproduzierenden Länder sind der Ansicht, dass das

Drogenproblem amerikanisch ist und dass, solange es eine amerikanische Nachfrage nach Drogen gibt, die produzierenden Länder lediglich auf diese Nachfrage reagieren. Diese Ansicht lässt völlig außer Acht, dass es in China ursprünglich keine Nachfrage nach Opium gab, bis sie von denselben skrupellosen "adligen" Familien "geschaffen" wurde, die dann auf den "Bedarf" reagierten und das Opium lieferten. Einige Senatoren sind der Ansicht, dass der Weg, diesem Handel ein Ende zu setzen, darin besteht, Drogen zu "legalisieren", angefangen bei Marihuana und Kokain. Natürlich fügen sie schnell hinzu, dass es sich dabei um kleine Mengen handeln muss, die nur für den privaten Gebrauch bestimmt sind.

Dies entspricht der Bekämpfung eines Brandes, indem man Benzin hineinschüttet! Dieselben Personen haben in Peru, Bolivien und Kolumbien Privatarmeen aufgestellt, um ihre enormen Investitionen in den Drogenhandel in diesen Ländern zu schützen. Die Senatorin Paula Hawkins aus Florida bestätigte dies ebenso wie private Informationsquellen, die natürlich nicht namentlich genannt werden dürfen. In Bolivien, Kolumbien und Peru haben diese gut bewaffneten Privatarmeen den Regierungstruppen schwere Schlachten geliefert und sie oft besiegt!

Infolgedessen haben die Banditen nun die volle Kontrolle in den "Anbaugebieten" und Regierungsbeamte müssen die Erlaubnis einholen, um diese Gebiete zu betreten! Natürlich wird die Erlaubnis nie erteilt und Regierungsbeamte, die die "Sperrzone" betreten, tun dies auf die Gefahr hin, ermordet zu werden, wie es vielen von ihnen passiert. Senatorin Hawkins war sehr dafür, die "ausländische Hilfe" für Länder, die gegen das Gesetz verstoßen, zu streichen, und kündigte ihre Absicht an, dies zu tun. Senatorin Hawkins war Vorsitzende des Senatsausschusses für Alkohol- und Drogenmissbrauch, verlor diesen Posten jedoch schnell, als sie zu aufdringlich wurde. Frau Hawkins stieß auf sehr starken Widerstand im Außenministerium, das der Ansicht ist, dass "Auslandshilfe" strikt in seine Zuständigkeit fällt und man sich nicht einmischen sollte. Seit 1946, als David Rockefeller diese heimtückische Spende von US-Steuergeldern einführte und der

CFR sie in Gesetzestexten verankerte, hat das Außenministerium eine Haltung der Nichteinmischung in Bezug auf den Betrug mit der Auslandshilfe eingenommen. Der ehemalige amtierende stellvertretende Staatssekretär für Drogen, Clyde D. Taylor, stellte die Position des Außenministeriums wie folgt dar:

> Wir müssen das Drogenproblem im Blick behalten - wir haben andere diplomatische Interessen in diesen Ländern, und wenn wir sie wegen der Drogen entfremden, könnten wir es bereuen, wenn wir sie ein paar Jahre später für etwas anderes brauchen. Die Idee, die ausländische Hilfe zu widerrufen, ist nicht so einfach, wie es scheint. Wir haben nicht so viel Einfluss, wie Sie vielleicht denken.

Was für ein Geständnis!

Dennoch wurden in den letzten fünf Jahren trotz des Widerstands des von den Briten kontrollierten Außenministeriums zumindest auf dem Papier einige Fortschritte erzielt. Mit Pakistan, Bolivien, Peru, Mexiko und Kolumbien wurden Abkommen zur Drogenkontrolle ausgehandelt, allerdings auf sehr schmaler Basis.

Was Pakistan, die weltweit größte Handelsroute für Rohopium, betrifft, ist es zweifelhaft, ob das Abkommen irgendeine Auswirkung auf den Opiumfluss nach Amerika haben wird, da sich die Militärführer und andere Ordnungskräfte jeder wirklichen Kontrolle widersetzen. Ali Bhutto, der ehemalige Präsident Pakistans, war der einzige, der sich dem Drogenhandel unter dem Schutz des Militärs aktiv widersetzte, und wurde von seinem Nachfolger General Zia ul Haq ermordet. Bhutto hatte sich voll und ganz für die Ausrottung des Drogenhandels in Pakistan eingesetzt, und ihre entschiedene Haltung gegen Drogen hat wahrscheinlich zu ihrem Tod geführt. Erwarten Sie daher nicht, dass sich der Opiumhandel in Pakistan verlangsamen wird. Er geht weiter, obwohl der Generalstaatsanwalt der Vereinigten Staaten, William French Smith, Pakistan besucht und die Regierung persönlich aufgefordert hat, ihn mit substanzieller Hilfe der Vereinigten Staaten zu unterbinden. Die Antwort von Präsident ul Haq bestand darin, William French

Smith zu warnen, Pakistan zu verlassen, da er nicht in der Lage sei, seine persönliche Sicherheit zu gewährleisten. Seitdem hat kein amerikanischer Generalstaatsanwalt mehr Pakistan besucht.

Auf der anderen Seite der Welt ist Kolumbien der größte Kokainproduzent, obwohl es dank der jüngsten Entdeckung neuer Kokaplantagen in Brasilien den Anschein hat, dass Kolumbien seinen Platz an Brasilien verlieren könnte.

Kokain wird als "nicht süchtig machend" eingestuft und mehrere prominente Ärzte, die im Sold der Drogenhändler stehen, haben erklärt, dass es keine dauerhaften schädlichen Auswirkungen hat. Alles änderte sich jedoch, als ein mutiger Arzt der *New York Times* sagte, dass Tests mit Kokain zeigen, dass die Konsumenten langfristig schwere Gehirnschäden davontragen. Laut den Statistiken der DEA, die ich eingesehen habe, stammen 75 % des Kokains und 59 % des Marihuanas, das nach Amerika gelangt, aus Kolumbien.

Bolivien produziert 10%, ebenso wie Peru, wobei Mexiko 9% des Marihuanas produziert. Lokal angebautes Marihuana macht 11% des Marktes aus, davon stammen 9% aus Jamaika.

Die "Herstellung" von Kokain ist ein relativ einfacher Prozess. Die Pflanze, aus der das Blatt gewonnen wird, wächst wild, aber heutzutage wird sie auch auf Plantagen angebaut. Die Blätter werden von billigen lokalen Bauernarbeitern aus dem Busch gezupft, auf Planen gelegt und dann gestempelt, woraufhin Kerosin und Kalziumkarbonat über die teilweise zerdrückten Blätter gegossen werden, wodurch eine weiße Paste entsteht. Dann wird Schwefelsäure hinzugefügt und die Mischung gefiltert, woraufhin man die tödliche Chemikalie Aceton hinzufügt und die Mischung trocknen lässt. Manche fügen der Mischung Weißwein hinzu, der sich nach einiger Zeit in ein reines, weißes, kristallines Pulver verwandelt - Kokain. Man braucht etwa 300 Pfund Kokablätter, um ein Pfund Kokain herzustellen. Die Kosten für Arbeit und Rohstoffe sind so billig, dass Gewinne von bis zu 5000 % auf der Stufe des Primärproduzenten üblich sind.

Der Drogenhandel in Kolumbien war bis vor kurzem vollständig durch das Militär, das Justizsystem und die Banken geschützt, doch damit war es vorbei, als Präsidentin Betancourt 1991 ihr Amt antrat. Abtrünnigen Militäroffizieren, die es gewohnt waren, große Gewinne aus ihrem Anteil am Kokainhandel zu erzielen, und die nicht bereit waren, Betancourts Anti-Drogen-Programm zu unterstützen, wurden ihre Ränge und Posten entzogen. Seit Betancourts Abreise sind die Dinge jedoch wieder "normal". Der Großteil des Geldes aus diesem Geschäft befindet sich in Banken in Florida und in Schweizer Banken. Die Schweizer Presse ging sogar so weit, Präsidentin Betancourt offen zu kritisieren und zu behaupten, dass ihre Anti-Kokain-Politik der kolumbianischen Wirtschaft einen schweren Schlag versetzen und dem Land teure Devisen kosten würde. Dies ist natürlich eine große Lüge, da die meisten "Devisen" nie nach Kolumbien zurückkehren, sondern in den Tresoren der Schweizer Banken landen. Kein Wunder, dass den Schweizer Bankiers Betancourts Anti-Kokain-Haltung nicht gefiel!

Teile der gnostischen Kirche haben sich entschieden gegen Betancourt gestellt. In Kolumbien bestreitet die MI9-Guerilla (bekannt unter ihrem spanischen Akronym FARC), dass der Großteil ihrer Einkünfte aus drogenbezogenen Quellen stammt. Betancourt brachte den Anführer, Dr. Carlos Toledo Plata, dazu, ein Abkommen mit der kolumbianischen Regierung zu unterzeichnen, was zu einem Waffenstillstand der Kämpfe führte, doch Plata wurde bald darauf von den Drogenhändlern ermordet.

Kurz nach diesem Mord erschossen zwei auf einem Motorrad reitende Schläger am Nachmittag des 30. April 1984 den kolumbianischen Justizminister Rodrigo Lara Bonilla. Die beiden Männer flohen in die Drogenhauptstadt Santa Marta, wo sie von den Privatarmeen der Revolutionsarmee FARC geschützt wurden. Die beiden Morde wurden von den Drogenhändlern mit Wohlwollen betrachtet, da sie viel zu verlieren haben, wenn es Kolumbien gelingt, seinen Drogenhandel auszurotten. Der ehemalige Präsident Lopez Michelson war stark in den Kokainhandel verwickelt, bevor er aus dem Amt gedrängt wurde.

Er floh nach einem gescheiterten Entführungsplan eines Anti-Drogen-Abgeordneten aus dem Land und hielt sich in Paris versteckt. Sein Cousin Jamie Michelson Urbane bewahrt eine große Summe Geld in Miami auf.

Michelson geriet in große Schwierigkeiten, weil er vorgeschlagen hatte, dass die kolumbianische Regierung einen Deal mit den Drogenhändlern aushandeln sollte.

Der Drogengeldbanker Urbane, einst Präsident der Banco de Colombia, floh am selben Tag nach Miami, als zwei seiner Direktoren von Betancourt gemäß dem Dekret Nummer 2920 festgenommen wurden. Der Befehl an die Armee, mit dem Besprühen aller Felder, auf denen Pflanzen zur Drogenherstellung wachsen, mit Paraquat (einem chemischen Mittel, das Pflanzen und Büsche entlaubt) zu beginnen, war ein schwerer Schlag für die Barone der Drogenhändler und für diejenigen, die am meisten vom Kokaingeld profitierten - die Oligarchen des schwarzen Adels in Europa.

Mit der Demonstration ihrer Absicht, den Drogenhandel zu zerschlagen, hat Betancourt nicht nur rhetorisch gehandelt, sondern sich auch einer ernsthaften Morddrohung gestellt. Niemand sollte glauben, dass die Drogenbarone und Mitglieder des "Adels" in Europa Angriffe auf ihr Geschäft auf die leichte Schulter nehmen würden.

Ich erinnere mich noch gut daran, dass, als amerikanische Beamte 1985 bei einem sehr geheimen Treffen in Cambridge, England, an ihre britischen Kollegen herantraten und sie um Hilfe bei der Bekämpfung des Drogenhandels auf den Bahamas baten, ihnen jegliche Hilfe oder Informationen verweigert wurden. Das überrascht niemanden, der die Bahamas kennt, wo die gesamte Regierung in den Drogenhandel verwickelt ist, der von einigen Freimaurerlogen in England gesteuert wird, und wo die Einnahmen von der Royal Bank of Canada gewaschen werden (man darf nicht vergessen, dass Kanada nur ein Außenposten des britischen Königshauses und kein Land im gleichen Sinne wie Amerika ist).

Einige der größten US-Banken in Ländern wie Panama erleichtern den Geldfluss - der derzeit auf 550 Millionen Dollar pro Jahr geschätzt wird -, indem sie als bequeme Kanäle für hochrangige Personen in Großbritannien, Kanada und den Vereinigten Staaten dienen. Es sei daran erinnert, dass General Manuel Noriega in Schwierigkeiten geriet, als er den Deckel einer der Rockefeller-Banken in Panama, die in die Wäsche von Drogengeldern verwickelt war, abriss, in der irrigen Annahme, er führe die Wünsche der US-amerikanischen DEA aus. Die Banken sind nicht die einzigen, die dieses lukrative Geschäft schützen und beherbergen. Der Internationale Währungsfonds (IWF) spielt eine immer wichtigere Rolle in diesem Geschäft. Es gibt zahlreiche Beweise dafür, dass der IWF den Drogenhandel seit 1960 schützt, allerdings vor allem in Bezug auf die führenden britischen Institutionen und die "adligen" Familien, die sie leiten.

In England ist es völlig legal, Drogen zu konsumieren, aber nicht, mit ihnen zu handeln. Dies steht im Einklang mit der Politik des IWF, der in Bezug auf Kolumbien die Auffassung vertritt, dass das Land das Recht hat, Devisen zu verdienen, indem es Drogen dorthin exportiert, wo eine Nachfrage besteht. Diese Position stützt sich auf die Tatsache, dass die Einnahmen aus dem Drogenhandel dabei helfen, die Kredite des IWF zurückzuzahlen, was absolut falsch ist. Die Zentralbankabteilung des IWF arbeitet ausschließlich mit Offshore-Banken zusammen, die große Bareinlagen aus dem Drogenhandel erhalten.

Nach der brutalen und eklatanten Ermordung des kolumbianischen Justizministers Rodrigo Lara Bonilla gerieten die "Beziehungen" des IWF und des Club of Rome in Panik und begannen, sich von den "Truppen" der M19 zu distanzieren, denn Betancourt mobilisierte wütend alle verfügbaren Reserven und bezeichnete den Mord als "Schandfleck auf dem Namen Kolumbiens". In einer direkten Ansprache an die Öffentlichkeit forderte Betancourt alle Bürger auf, ihr bei ihrem Kampf gegen die Drogenhändler zu helfen, und sagte, dass "die nationale Würde von diesen Drogenhändlern als Geisel genommen wird".

Die katholische Kirche wurde aufgefordert, sich dem Kampf

anzuschließen, und erklärte sich bereit, den Präsidenten zu unterstützen, nur der Jesuitenorden blieb außen vor. Präsident Reagan hätte gut daran getan, Betancourts Taktik nachzuahmen, und ich glaube, er hätte eine Unterstützung der Bevölkerung in einem bisher nicht gekannten Ausmaß erhalten. Doch leider tat Reagan dies nicht. Es ist erfreulich, dass, obwohl Jesuiten und Gnostiker ihre Kräfte mit denen der M19-Guerilleros vereinten, um die Aktivitäten der Organisation zu stören.

Trotz Betancourts Drogenbekämpfungsbemühungen erzielten sie nur geringe Fortschritte, trotz der mächtigen "verborgenen Hand", die ihre kombinierten Störungstaktiken unterstützte. Betancourt gewährte der DEA das Recht, nach Kolumbien einzureisen und die Drogenpflanzen mit Paraquat zu besprühen. Außerdem gab sie mehreren Auslieferungsanträgen von führenden kolumbianischen Drogenhändlern statt, die die USA seit langem zu fassen versuchen. Bisher haben sich die USA jedoch nicht revanchiert und Michelson Urbane nicht nach Kolumbien zurückgeschickt.

Bei ihrem Besuch in Kolumbien lobte Senatorin Hawkins die entschlossenen Bemühungen des kolumbianischen Präsidenten, die Drogenhändler auszurotten. Meine Quellen sagten mir jedoch, dass trotz einer deutlichen Verlangsamung des Kokaintransports nach Amerika, die durch einen starken Preisanstieg belegt ist, dies nicht bedeutet, dass die Drogenbosse nicht zurückschlagen. Es gibt Beweise dafür, dass sie ihre Aktivitäten in Argentinien und Brasilien ausgeweitet haben, um neue Standorte für Kokaplantagen zu erhalten.

Einige kolumbianische Beamte, die nicht ganz hinter Präsidentin Betancourt stehen, haben behauptet, sie könnten nicht in die abgelegenen Dschungelorte eindringen, in denen die Drogenhändler operieren. Die Frage ist: Wenn die Drogenhändler dort eindringen können, warum können die Antidrogenkräfte der Regierung nicht dasselbe tun? Es ist dringend notwendig, gegen diese Plantagenstandorte vorzugehen, da es Beweise dafür gibt, dass in diesen abgelegenen Regionen Versuchsfelder für Schlafmohn (aus dem Heroin gewonnen wird) wachsen, die laut John T. "undurchdringlich" sind. Cassack vom House Select Committee on Narcotics Abuse and Control.

"Los grandes mafioses" haben seit 1970, als sie den Kokainverkauf in den USA erstmals richtig in Schwung brachten, einen weiten Weg zurückgelegt. Im Jahr 2006 begannen sie, Flotten von Schiffen, Flugzeugen, Hubschraubern und eine schwer bewaffnete Privatarmee einzusetzen. Sie achteten darauf, sich als öffentliche Wohltäter zu betätigen und finanzierten zahlreiche öffentliche Projekte. Die öffentliche Meinung sieht sie als "intelligente Betreiber", die von einem rein amerikanischen Problem profitieren, einer unersättlichen amerikanischen Nachfrage nach Kokain und Marihuana. Einer der Lords, Pablo Escobar Gavira, zahlte riesige Summen zur Verbesserung der Slums, ein Programm, das von den Jesuiten verwaltet wurde, die den unermesslich reichen Gavira stets begünstigten.

Gavira gab einmal 50.000 Dollar für die Hochzeit seiner Tochter aus und ließ sich als Abgeordneter ins Parlament wählen, wodurch er parlamentarische Immunität gegen Verhaftungen erlangte. Er wurde jahrelang von der US-amerikanischen Drogenbehörde DEA gesucht. Doch nachdem Justizminister Lara mit 22 Kugeln aus einer Uzi-Maschinenpistole erschossen worden war, überkam das kolumbianische Volk ein großer Ekel. Sie wandten sich gegen "los grandes mafioses" (die große Mafia) und die Dinge begannen sich zu bewegen. Sogar die Jesuiten distanzierten sich von Gavira. Da die Zuständigkeit für Drogenfälle dem Militär übertragen wurde, wurden die vielen Richter, die es gewohnt waren, an den prunkvollen Festen der Drogenhändler teilzunehmen, ihrer alten Macht beraubt. Auch Bischof Dario Castrillon versuchte, seine Verbindungen zu den Drogenhändlern zu leugnen, und behauptete, dass er das Geld, das er von ihnen erhielt, zum Bau von Kirchen verwendete. Die Korruption von Richtern ist nicht länger hinnehmbar, und die Militärgerichte, die zur Aburteilung von Drogenfällen eingerichtet wurden, dürfen von den Korrumpierern nicht erreicht werden.

Selbst die mächtige Ochoa-Familie hatte sich in Sicherheit gebracht, aber selbst ihr Mann, Präsident Lopez Michelson, war in Schwierigkeiten. Ochoa rief ihn in Panama an, wo er sich mit anderen großen Drogenhändlern beriet, um ihn vor den Massenverhaftungen in seinem Land zu warnen. Außerdem gingen Gavira und die drei Ochoa-Brüder, die rund 100 große Drogenhändler vertraten, zu Michelson, um ihn um Hilfe zu bitten, der ihnen jedoch nicht antwortete. Die Gangster waren jedoch noch nicht fertig. In einer erstaunlichen Entwicklung trafen sich die Ochoas in Panama mit dem kolumbianischen Generalstaatsanwalt Carlos Jimenez Gomez. Aus irgendeinem Grund informierte Gomez die US-Behörden nicht über dieses Treffen. Hätte er dies getan, hätten die US-Agenten der DEA in Panama zahlreiche Verhaftungen vornehmen können! Der US-Botschafter Alexander Watson wurde von Gomez bis zwei Monate nach der Veranstaltung nicht über das Treffen informiert. Dies wirft eine weitere Frage auf. Da bekannt ist, dass US-Drogenbekämpfer alle wichtigen kolumbianischen Drogenhändler genau beobachten, wie ist es möglich, dass diese Agenten nicht über das Treffen in Panama informiert waren? Die verborgene Hand, die mächtigen Familien in Amerika und Europa, die Schweizer Bankiers, der IWF und der Club of Rome, die Freimaurer der Loge P2 und wahrscheinlich auch das CFR scheinen an dieser Stelle eingegriffen zu haben.

Die Ochoas übergaben dem Generalstaatsanwalt ein 72-seitiges Memo, in dem sie anboten, die gesamte Kokainoperation in Kolumbien zu zerschlagen, wenn sie im Gegenzug die Erlaubnis erhielten, nach Kolumbien zurückzukehren, ohne eine Verhaftung befürchten zu müssen. Das Memo wurde den US-Behörden übergeben, die daraufhin antworteten, dass sie keine Deals mit Kriminellen machen würden. Was Generalstaatsanwalt Gomez betrifft, so lautete seine fadenscheinige Entschuldigung dafür, dass er sich mit den Drogenbaronen getroffen hatte, ohne seine Regierung im Voraus zu informieren, dass er wegen anderer Fälle (die er nicht näher erläuterte) nach Panama gereist sei und die Ochoas zufällig getroffen habe. Gomez erklärte nicht, warum er nicht sofort Präsident Betancourt anrief, um ihn über die Vorgänge zu informieren. Die Wahrheit ist, dass Gomez auf Befehl der "verborgenen Hand" des kolumbianischen Drogenkartells handelte. In Kolumbien wird der Generalstaatsanwalt vom Kongress ernannt und ist nicht verpflichtet, dem Präsidenten Rede und Antwort zu stehen. Viele Kongressabgeordnete waren jedoch zutiefst verärgert über Gomez' seltsame Handlungen und forderten seinen Rücktritt, den er jedoch ablehnte.

Escobar Gavira begann, von Nicaragua aus unter dem Schutz von Jesuitenpriestern der sandinistischen Regierung zu operieren. Heimlich aufgenommene Fotos, die Gavira und seine Männer dabei zeigten, wie sie in diesem Land Kokain in ein Flugzeug luden, erschienen mir absolut authentisch, waren jedoch nicht datiert. War dies ein Hinweis darauf, dass sich die damalige nicaraguanische Regierung, die von den Jesuiten dominiert wurde, dem Drogenkrieg gegen Amerika angeschlossen hatte? Dennoch weigerten sich die Mehrheit der Abgeordneten und die Mitglieder des Senats stets, Präsident Reagan die Autorität zu gewähren, die er brauchte, um die sandinistische Regierung zu stürzen.

> ➤ Die Frage ist, warum "unsere" Vertreter sich allen Bemühungen widersetzen, die jesuitisch-kommunistische Regierung in Nicaragua loszuwerden.

> ➤ Mehr noch: Warum stimmten so viele von ihnen für "Auslandshilfe" und "Kredite" für Nicaragua?

> ➤ Warum haben die Senatoren von Concini und Richard Lugar dafür gestimmt, den kommunistischen Sandinisten unser Steuergeld zu geben?

> ➤ Warum unterstützen Sie Leute wie Manuel de Escoto, der den Ruf hat, nicht nur Drogenhändlern dabei zu helfen, ihre gefährliche Fracht nach Amerika zu bringen, sondern auch um die Welt zu reisen, um Amerika bei jeder möglichen Gelegenheit anzugreifen?

Solange die Macht der verborgenen Hand, der Club of Rome-CFR- das trilaterale orientalische Establishment und ihre hochrangigen Verbündeten nicht entlarvt werden, kann und wird Amerika diesen schrecklichen Krieg nicht gewinnen. All unsere Bemühungen werden ins Leere laufen. Solange die US-Regierung nicht darauf besteht, dass Panama die enormen Importe dessen, was ich als Drogenchemikalien bezeichne, einstellt, wird der Kokainhandel in Kolumbien nicht ausgerottet werden.

Was macht Panama mit riesigen Mengen an Kerosin, Äther und Aceton? Diese Chemikalien dürfen bekanntlich nicht direkt nach Kolumbien importiert werden. Es ist daher offensichtlich, dass die Importe aus Panama indirekt und illegal in Kolumbien umgeschlagen werden.

Seit dieser Text im Jahr 2003 geschrieben wurde, wurde Kolumbien gezwungen, sich immer mehr zu einem totalen Drogenstaat zu entwickeln. Die Guerillas sind mittlerweile viel besser organisiert, was auf drei Faktoren zurückzuführen ist:

> Die Übernahme der Kontrolle über Panama, was zu einem Anstieg der Drogen, die in die Panamakanalzone gelangen, um 65% führte.

> Waschen von leicht verdientem Geld durch die Banken in Panama.

> Verstärkte Unterstützung der von Castro bereitgestellten MI9-Guerillakämpfer.

So gelangen nun bessere Waffen in größeren Mengen zum MI9, und die Bargeldreserven steigen, was die Ausweitung des Drogenhandels in Kolumbien begünstigt. Pablo Escobar wurde bei einer viel beachteten Razzia auf sein luxuriöses Haus und den Gebäudekomplex "verhaftet", doch neuere Geheimdienstberichte besagen, dass er nach einem kurzen Aufenthalt in einem US-Gefängnis aus den Vereinigten Staaten gebracht wurde.

Als ich meine Hunderte von Stenoheften zu diesem wichtigen Thema durchforstete, stieß ich auf eine interessante Statistik, die ich bei meiner investigativen Arbeit in London aufgeschrieben hatte. Es ging darum, dass 1930 das in Südamerika investierte britische Kapital die Summe seiner Investitionen in den sogenannten "Dominions" bei weitem überstieg. Am 30. November erklärte ein gewisser Mr. Graham, eine Autorität auf diesem Gebiet, dass die britischen Investitionen in Südamerika "eine Billion Pfund überschritten" hätten. Das war 1930, und damals war das eine gigantische Summe. Was war der Grund dafür, dass die Briten so hohe Investitionen in Südamerika tätigten? Die Antwort besteht aus einem Wort: DROGEN.

Die Plutokratie, die die britischen Banken kontrollierte, hielt die Fäden in der Hand und präsentierte sich damals wie heute mit einer äußerst respektablen Fassade. Niemand hat sie jemals mit schmutzigen Händen erwischt; sie hatten immer Strohmänner und willige Lakaien zur Verfügung, die bereit waren, die Verantwortung zu übernehmen. Damals wie heute sind die Verbindungen immer noch am dünnsten. Niemand hat jemals den Finger auf die respektablen "edlen" Bankfamilien in Großbritannien legen können, weder damals noch heute. Aber es liegt eine große Bedeutung in der Tatsache, dass 15 Parlamentsmitglieder die Kontrolleure dieses riesigen Imperiums in Südamerika waren, darunter die Chamberlain-Familie und die Familie von Sir Charles Barry.

Die britischen Finanz- und Ehrbarkeitsherren, die sich immer noch mit der Unterdrückung in Südafrika brüsten, wo die Schwarzen die besten Bedingungen in ganz Afrika haben, waren auch an Orten wie Trinidad und Jamaika sehr beschäftigt, wo sie ebenfalls die Zügel des Drogenhandels in der Hand hielten. In diesen Ländern hielten die Plutokraten aus den angesehenen Familien der britischen Aristokratie die Schwarzen auf einem Niveau, das kaum über dem der Sklaverei lag, und zahlten sich selbst hübsche Dividenden aus. Natürlich versteckten sie sich hinter respektablen Unternehmen wie Trinidad Leaseholds Ltd (einer Ölgesellschaft), aber die eigentliche Gans, die goldene Eier legt, war und ist im Drogenhandel zu finden.

Bis vor Kurzem war der Opiumhandel in China kein bekanntes Thema. Er war so gut verheimlicht worden, wie es nur ging.

Viele meiner Schüler kamen zu mir und fragten mich, warum die Chinesen so gerne Opium konsumierten. Sie waren ratlos angesichts der widersprüchlichen Berichte über das, was wirklich in China passiert war. Einige glaubten, dass es sich lediglich um einen Fall handelte, in dem chinesische Arbeiter Opium vor Ort kauften und es in einer Opiumräucherei rauchten. Ich tat mein Bestes, um diese neugierigen Geister aufzuklären.

Die Wahrheit ist, dass der Opiumhandel in China ein britisches Monopol war, das der offiziellen britischen Politik unterworfen war. Der indisch-britische Opiumhandel in China ist eines der bestgehüteten Geheimnisse und eines der schändlichsten Kapitel in der Geschichte des europäischen Kolonialismus. Statistiken zeigen, dass fast 13% der Einnahmen Indiens unter britischer Herrschaft aus dem Verkauf von Opium an chinesische Drogensüchtige stammten. Die Drogenabhängigen tauchten nicht aus dem Nichts auf; sie wurden geschaffen. Mit anderen Worten: Zuerst wurde ein Opiummarkt unter den Chinesen geschaffen, und dann wurde die "Nachfrage" von der britischen Oligarchie, den Besitzern der verschiedenen Banken in London, befriedigt.

Dieses lukrative Geschäft ist eines der schlimmsten Beispiele für die Ausbeutung menschlichen Elends und ein einzigartiges Zeugnis für die schmutzigen Geschäfte, die in der Londoner City abgewickelt werden, die bis heute das Zentrum der "schmutzigen Geschäfte" der Finanzwelt ist. Natürlich zweifeln Sie diese Behauptung an: "Schauen Sie sich die *Financial Times an*", sagen Sie, "sie ist voll von legitimen Geschäften". Natürlich tun Sie das, aber Sie glauben doch nicht, dass adlige Aristokraten die wahre Quelle ihres Einkommens in der *Financial Times* bekannt geben werden, oder?

Die Briten machten nicht publik, dass Opium aus den Tälern von Benares und Ganges in Indien nach China verschifft wurde, wo es teilweise im Rahmen eines staatlich verwalteten Monopols weiterverarbeitet wurde, einer Behörde, die nur zur Überwachung des Opiumhandels existierte. Sie hätten nicht erwartet, dies in der damaligen *London Times zu* lesen, oder?

Doch dieser Handel wurde seit 1652 von der illustren East India Company betrieben, in deren Vorstand die wichtigsten Mitglieder der britischen Aristokratie saßen. Sie waren von einer Art, die der gewöhnlichen Herde der Menschheit überlegen war. Sie waren so hoch und mächtig, dass sie glaubten, dass sogar Gott zu ihnen kam, um Rat zu suchen, wenn er im Himmel ein Problem hatte! Später schloss sich die britische Krone dieser schurkischen East India Company an und benutzte sie, um in Bengalen und anderswo in Indien Opium zu produzieren und die Exporte durch die sogenannten "Transitgebühren" zu kontrollieren - eine Steuer, die von allen Opiumproduzenten erhoben wurde, die ordnungsgemäß bei den staatlichen Behörden registriert waren und ihre Produktion nach China schickten. Vor 1885, als Opium noch "illegal" war (es war lediglich ein Wort, das für einen höheren Tribut seitens der Opiumproduzenten verwendet wurde - es gab nie einen Versuch, diesen Handel zu unterbinden), wurden absolut gigantische Mengen Opium nach China verschifft. Die Briten waren so dreist geworden, dass sie in der Ferne, am anderen Ende der Welt, versuchten, den Armeen der Union und der Konföderierten diese tödliche Substanz in Pillenform zu verkaufen. Können Sie sich vorstellen, was aus Amerika geworden wäre, wenn der Plan erfolgreich gewesen wäre? Jeder Soldat, der diese schreckliche Tragödie überlebt hätte, hätte das Schlachtfeld verlassen und wäre völlig opiumsüchtig gewesen.

Die bengalischen Kaufleute und Bankiers wurden fett und zufrieden mit den riesigen Geldsummen, die dank des Handels mit bengalischem Opium, das von der British East India Company (BEIC) gekauft wurde, in ihre Kassen flossen. Daher lagen ihre Gewinne in der Größenordnung der Gewinne, die der führende Arzneimittelhersteller Hoffman La Roche erzielte - derselbe Hoffman La Roche, der unter anderem LSD herstellt. Hoffman La Roche beruft sich auf das Schweizer Gesetz über Industriespionage gegenüber jedem, der es wagt, seine raffgierige Gier anzuprangern, so dass man vorsichtig sein muss, wenn man eine Meinung äußert.

Auf jeden Fall stellt Hoffman La Roche ein häufig verwendetes

Medikament namens Valium her. Es kostet sie etwa 3,50 Dollar pro 2,5 Pfund. Sie verkaufen es für 20.000 Dollar pro Kilo, und bis die amerikanische Öffentlichkeit, die Valium in astronomischen Mengen verwendet, es sich zugelegt hat, liegt der Preis bei 50.000 Dollar pro Kilo! Hoffman La Roche macht ungefähr das Gleiche mit Vitamin C, auf das er ein ähnliches Monopol hat. Seine Produktion kostet ihn etwa einen Cent pro Kilo und er verkauft es mit einem Gewinn von etwa zehntausend Prozent.

Als ein mutiger Mann namens Adams, der für sie gearbeitet hatte, diese Information an die Europäische Wirtschaftskommission (EWG-Monopolkommission) weitergab, wurde er verhaftet und von der Schweizer Polizei misshandelt, die ihn drei Monate lang in Einzelhaft hielt. Dann wurde er von seiner Arbeit und aus der Schweiz entlassen, verlor seine Rente und alles andere. Als britischer Staatsbürger setzte er seinen Kampf gegen Hoffman La Roche fort. Denken Sie daran, wenn Sie das nächste Mal diese so korrekten und höflichen Schweizer Geschäftsleute sehen. Die Schweiz ist mehr als nur alpine Skipisten und saubere Luft unter blauem Himmel. Ihr Bankensektor steht seit langem im Verdacht, durch den Handel mit legalen und illegalen Drogen und die enormen Gewinne der Spitzenmänner des Drogenhandels, dieser Höllenhunde, zu florieren. Das "saubere" Image der Schweiz beginnt zu trüben, wenn man die Ecke der Bettdecke herauszieht. Als Premierministerin machte Frau Thatcher auf dem Londoner Flughafen Heathrow einen Rundgang durch die britischen Zollstationen. Ihr Ziel war es, den Zollbeamten eine "aufmunternde Rede" über den Kampf gegen die Drogenbedrohung zu halten. Was für eine Heuchelei! Die größte konservative Zeitung Großbritanniens machte sich über Frau Thatchers Bemühungen lustig, nannte sie aber weder eine Heuchlerin noch legte sie die Wahrheit über die Verantwortlichen für die Bedrohung offen.

"Oh", sagen Sie, "aber die Amerikaner und Briten haben in letzter Zeit einige nennenswerte Drogen beschlagnahmt." Ja, aber das sind nur 0,0009% des Gesamtwerts der auf dem Markt erhältlichen Drogen. Das ist das, was die großen Drogenhändler und ihre respektablen Banker "einen Teil der Geschäftskosten" nennen. Jeder, der an der Beerdigung eines jungen Drogenabhängigen teilgenommen hat - und das sind jeden Tag viele -, kann nicht anders, als von den Bemerkungen des Premierministers über die Drogenprobleme, mit denen Großbritannien konfrontiert ist, bewegt zu sein. Niemand war wahrscheinlich von ihrer harten Gangart gegenüber Drogendealern schockiert. "Wir sind hinter euch her", erklärte sie. "Wir werden euch unerbittlich verfolgen".

Frau Thatcher :

> "Die Anstrengungen werden immer größer werden, bis wir euch besiegen. Die Strafe werden lange Gefängnisstrafen sein. Die Strafe wird die Beschlagnahmung all dessen sein, was ihr durch den Drogenschmuggel erlangt habt. Viele Briten werden auch Aufrufe aus dem Ausland ablehnen, um Briten zu helfen, die beim Drogenschmuggel erwischt wurden. Dazu gehört auch der Aufruf eines jungen Briten, der in Malaysia zum Tode verurteilt wurde, weil er versucht hatte, Heroin über den Flughafen von Penang zu schmuggeln. Es ist nicht sinnvoll, sich an uns zu wenden. In ganz Malaysia werden Sie Plakate finden, auf denen steht, dass die Strafe für Drogenhandel der Tod ist. "

Das ist schön und gut, aber dann müsste man es mit der gleichen Härte auf alle an der Spitze der englischen Aristokratie anwenden. Als ein junger Brite in Malaysia wegen Drogenschmuggels hingerichtet wurde, hätte das Gleiche für die Hälfte der Personen gelten müssen, die in Debretts Peerage (einer Liste der Oberschicht englischer Familien mit Titel) aufgeführt sind. Wen glaubte Frau Thatcher von ihrer neuen "harten" Haltung betroffen zu haben? Glaubte sie, dass die großen Familien in Hongkong, die Keswicks und die Mathesons, von ihrer Rhetorik eingeschüchtert würden? Ihre Worte hatten vielleicht den Effekt, etwas Kleinvieh zu verscheuchen, aber der große, glatte Fisch entkam ihrem Netz und das Kleinvieh, das gefangen wurde, wurde schnell durch Tausende andere ersetzt, die ihren Platz einnehmen wollten.

Die Bedrohung durch Drogen wird nicht auf der Ebene der Straßenecken bekämpft. Was mich betrifft und meiner Meinung nach, die auf meiner jahrelangen Recherche zu diesem Thema beruht, wird der Drogenhandel, zumindest in Großbritannien, von den höchsten Personen in der britischen Hierarchie geleitet, die sogar auf Institutionen wie den ehrwürdigen Orden des Heiligen Johannes von Jerusalem zurückgreifen.

Bereits 1931 wurden die Geschäftsführer der fünf größten englischen Unternehmen mit der Ernennung zu Peers of the Kingdom belohnt. Wer wählt die Ehrungen aus, die den Führungskräften der obersten Ebene der Pharmaindustrie zuteil werden? In England ist es Königin Elizabeth Guelph, besser bekannt als das Oberhaupt des Hauses Windsor. Die an diesem Geschäft beteiligten Banken sind zu zahlreich, um sie alle aufzuzählen, aber einige der wichtigsten sind die Midland Bank, die National and Westminster Bank, die Barclays Bank und natürlich die Royal Bank of Canada.

Viele sogenannte "Investmentbanker" aus der City of London sind bis zum Hals im Drogenhandel verwickelt, ehrwürdige Finanzinstitute wie Hambros zum Beispiel. Erlauben Sie mir, etwas genauer zu werden und illustre Namen wie die Familie von Sir Anthony Eden zu nennen.

Nach den geheimen Dokumenten, die ich gesehen habe, und nach meinen besten Analysen dieser Dokumente hätte sich die Familie Eden für Mrs. Thatchers "Ehrenliste" qualifiziert. Wenn man die Archive des India Office in London so untersuchen könnte, wie ich es tun durfte, würde meiner Meinung nach deutlich werden, dass es keine andere Schlussfolgerung gibt, die man ziehen könnte. Ich bin dem Verwahrer der Papiere des verstorbenen Professors Frederick Wells Williamson zu tiefem Dank verpflichtet für die Hilfe und Unterstützung, die er mir bei meinen Studien dieser Dokumente gewährt hat. Wenn diese Dokumente veröffentlicht würden, was für ein Sturm würde über den Köpfen der gekrönten Nattern in Europa losbrechen! Die Heroinflut droht die westliche Welt zu verschlingen. Dieses riesige Unternehmen wird auf beiden Seiten des Atlantiks geleitet und finanziert - von einigen Mitgliedern des liberalen anglo-amerikanischen Establishments.

Was ist Heroin?

Es ist ein Opiumderivat, und Opium ist laut dem berühmten Galen eine Droge, die die Sinne betäubt und Schlaf herbeiführt. Es ist auch eine der am stärksten süchtig machenden Drogen auf dem Markt. Der Mohnsamen, aus dem die Opiumpaste gewonnen wird, war den Moguln in Indien seit langem bekannt. Sie verwendeten Mohnsamen gemischt mit Teeblättern und servierten dieses Getränk ihren Feinden, wenn es nicht angemessen war, ihnen den Kopf abzuschlagen.

Bereits 1613 gelangte das erste Opium über die Ostindische Kompanie aus Bengalen nach England, aber diese Importe betrafen nur kleinste Mengen. Es war unmöglich, die englische Bourgeoisie dazu zu bringen, diese Droge zu konsumieren, weshalb die Britische Ostindien-Kompanie sie überhaupt erst importierte. Angesichts eines solchen Misserfolgs begann die Oligarchie, sich nach einem Markt umzusehen, der nicht so unflexibel war, und China war ihre Wahl.

In den Dokumenten *The Miscellaneous Old Records of the India Office* fand ich die Bestätigung, dass der Opiumhandel mit der Einführung der Droge in China erst richtig in Schwung kam. Dies wurde auch in den persönlichen Unterlagen von Sir George Birdwood, einem Beamten der British East India Company (BEIC), bestätigt. Bald wurden große Mengen Opium nach China verschifft. Wo die BEIC in England scheiterte, hatte sie über ihre optimistischsten Erwartungen hinaus Erfolg unter den "Kulis" in China, deren elendes Leben durch die Drogen erträglich gemacht wurde.

Erst 1729 wurde das erste von vielen Gesetzen gegen den Opiumkonsum von der chinesischen Regierung erlassen, und von diesem Zeitpunkt an begann die britische Oligarchie einen Kampf gegen die chinesischen Behörden, einen Kampf, den die Chinesen verloren. Die US-Behörden führen in ähnlicher Weise einen Kampf gegen die heutigen Drogenbarone, und genauso wie die Chinesen ihren Kampf verloren haben, sind die USA dabei, den aktuellen Kampf zu verlieren.

Wenn ich von bengalischem Opium in Indien spreche, meine ich das Opium, das aus den Samenschoten des Schlafmohns hergestellt wird, der im Gangesbecken angebaut wird. Das beste Opium kommt aus Bihar und Benares, und natürlich gibt es auch viel minderwertiges Opium aus anderen Teilen Indiens. In letzter Zeit wird Opium von ausgezeichneter Qualität (wenn man das Wort "ausgezeichnet" auf ein so gefährliches Produkt anwenden kann) in sehr großen Mengen aus Pakistan herausgebracht. Die Gewinne aus diesem umfangreichen Handel waren viele Jahre lang als "Beute des Empire" bekannt.

In einem viel beachteten Prozess im Jahr 1791 wurde ein gewisser Warren Hastings angeklagt, dazu beigetragen zu haben, einen Freund auf Kosten der Ostindien-Kompanie zu bereichern. Die heutige Formulierung ist interessant, da sie die enorme Geldmenge, die gemacht wurde, bestätigt.

Die Anklage lautete, dass Hastings "einen vierjährigen Opumliefervertrag an Stephen Sullivan Esq. ohne Werbung für den Vertrag, zu offensichtlich offensichtlichen und missbräuchlichen Bedingungen, mit dem Ziel, ein sofortiges Vermögen für besagten Stephen Sullivan Esq. zu schaffen", vergeben hatte. Da die halboffizielle und später offizielle Ostindien-Kompanie das Monopol innehatte, waren die einzigen Personen, die "Sofortvermögen" machen durften, die sogenannten "adligen", "aristokratischen" und oligarchischen Familien Englands. Ausländer wie Mr. Sullivan, gerieten schnell in Schwierigkeiten, wenn sie die Kühnheit besaßen, ihnen beim Einstieg in das Milliarden-Pfund-Geschäft helfen zu wollen!

1986 sah ich eine Veröffentlichung aus der zweifelhaftesten Quelle (damit meine ich, dass es sich offensichtlich um ein Produkt der dritten Abteilung des KGB handelte), die angeblich zeigen sollte, dass der Drogenhandel mit den mythischen "Nazis" in Verbindung steht. Die Organisation, die das Ding gedruckt hat, ist immer noch hinter den Nazis her. Wenn sich ein Kamel im New Yorker Zoo erkälten würde, wären die mythischen "Nazis" schuld.

Fünf Jahre Nachforschungen, einschließlich mehrerer

persönlicher Gespräche mit dem Mann, der angeblich der Anführer und geniale Organisator der legendären Nazi-Bankkonten bei Schweizer Banken war, haben mich davon überzeugt, dass die Autoren der gedruckten Dokumente nur billige Desinformation betrieben haben. Die sogenannten "Nazis" hatten im Gegensatz zu den Briten und Amerikanern absolut nichts mit dem Drogenhandel zu tun - eine Tatsache, die der amerikanischen DEA wohlbekannt ist.

Wie ich bereits mehrfach angemerkt habe und es immer noch Skeptiker gibt, kümmerte sich die ehrenwerte BEIC mit ihrer langen Liste von Direktoren, die ehrenwerte Mitglieder des Parlaments waren und nur den besten Gentlemen's Clubs in London angehörten, um den lukrativen Opiumhandel und duldete keinerlei Einmischung der britischen Regierung oder sonst irgendjemandes. Der Handel zwischen Großbritannien und China war das Monopol der BEIC. Die Gesellschaft hatte einen kleinen Trick: Die meisten ihrer Mitglieder in Indien und im Land waren gleichzeitig Richter. Sogar die von der Gesellschaft ausgestellten Pässe waren notwendig, um in China an Land zu gehen.

Als eine Reihe von Ermittlern in China eintraf, um die in England erhobenen Vorwürfe des Opiumhandels zu untersuchen, wurden ihre britischen Pässe von den "Magistraten" der Ostindien-Kompanie schnell widerrufen. Reibereien mit der chinesischen Regierung waren an der Tagesordnung. Offiziell hatte China ein Gesetz (das Edikt von Yung Cheng aus dem Jahr 1729) erlassen, das die Einfuhr von Opium verbot. Dennoch sorgte die Britische Ostindien-Kompanie dafür, dass Opium bis 1753 immer noch im chinesischen Zollbuch aufgeführt wurde, wobei der Zollsatz drei Tael pro Ration Opium betrug. Zu dieser Zeit sorgte der Sondergeheimdienst des Monarchen von England (die damaligen "007") dafür, dass unbequeme Personen bestochen oder, wenn sie nicht bestochen werden konnten, weil sie viel Geld hatten, einfach beseitigt wurden.

Der britische Kolonialkapitalismus war schon immer der Hauptaufenthaltsort der Feudalsysteme der Oligarchen Englands und ist es bis zum heutigen Tag geblieben. Als die armen, ungebildeten und militärisch schlecht ausgerüsteten südafrikanischen Farmer-Guerillas 1899 in die drogenbesudelten Hände der britischen Aristokratie fielen, hatten sie keine Ahnung, dass der grausame und unerbittliche Krieg gegen sie nur durch die unglaublichen Geldsummen aus dem "Sofortvermögen" des britischen Drogenhandels in China ermöglicht wurde, die in die Taschen der Plutokraten flossen, die den Krieg organisierten. Die eigentlichen Drahtzieher des Krieges waren Barney Barnato und Alfred Belt, beide aus Deutschland, und Cecil John Rhodes, ein Agent der Rothschild-Bank, einer Bank, die von einem Meer aus Geld überschwemmt wurde, das durch den Drogenhandel erwirtschaftet wurde. Unbefriedigt wollten sie die Reichtümer an Gold und Diamanten, die unter dem unfruchtbaren Boden des südafrikanischen Velds lagen. Diese drei Männer beraubten die Buren, die rechtmäßigen Besitzer des Goldes und der Diamanten, mit Hilfe, Ermutigung und Schutz des britischen Parlaments eines riesigen Vermögens.

Die Joels und die Oppenheimers, die die wichtigsten Familien waren, die am Gold- und Diamantenbergbau beteiligt waren, sind meiner Meinung nach die größten Diebe, die diese Erde je verunstaltet haben, und ich entschuldige mich nicht dafür, dass ich ein so hartes Urteil fälle.

Der durchschnittliche Südafrikaner, der von den Abermilliarden Dollar an Gold und Diamanten, die aus dem südafrikanischen Boden geholt wurden, hätte profitieren sollen, hat von diesem immensen Reichtum praktisch nichts abbekommen. Kurz gesagt, die Südafrikaner wurden um ihr Geburtsrecht betrogen, denn im Gegensatz zum echten Kapitalismus lässt das in Südafrika herrschende babylonisch-kapitalistische System keine Teilung des Reichtums zu; er fließt nicht zu denjenigen, die ihn erwirtschaftet haben.

Es handelt sich finanziell gesehen um das Verbrechen des Jahrhunderts, und all das wurde durch den immensen Reichtum aus dem Opiumhandel ermöglicht, mit dem Königin Victoria einen großen Unterdrückungskrieg gegen die Buren finanzieren konnte. Für einen Außenstehenden ist es praktisch unmöglich, die Geheimnisse der britischen Oligarchie und der voneinander abhängigen Familien, aus denen sie sich zusammensetzt, zu ergründen. Ich schätze, dass 95% der britischen Bevölkerung sich mit weniger als 20% des nationalen Reichtums des Landes begnügen müssen, und das nennen sie "Demokratie". Kein Wunder also, dass die Gründerväter der amerikanischen Republik die "Demokratie" hassten und verachteten.

Die Tarnung, die die Oligarchen wie eine Schutzfärbung auf sich selbst gemalt haben, ist sehr schwer zu durchdringen. Dennoch wirkt sie sich auf das Leben jedes Amerikaners aus, denn was Großbritannien diktiert, wird von Amerika ausgeführt.

Die Geschichte ist voll von solchen Beispielen. Man muss sich nur die britische Propaganda ansehen, die Amerika mit der großen Lüge vom Untergang der Lusitania in den Ersten Weltkrieg hineingezogen hat, um zu sehen, wie wahr meine Behauptung ist. Hier geht es nicht um "nette britische Gentlemen", sondern um eine rücksichtslose Elite, die entschlossen ist, ihren Lebensstil zu schützen, und die untrennbar mit dem Drogenhandel verbunden ist.

Die Mehrheit der britischen Politiker von einiger Bedeutung sind allesamt Nachkommen sogenannter titulierter Familien, wobei der Titel nach dem Tod des Inhabers auf den ältesten Sohn übergeht. Dieses System hat es ermöglicht, ein besonders fremdes Element zu verschleiern, das sich in die Hocharistokratie eingeschlichen hat. Nehmen Sie als Beispiel den Mann, der die Führung des Zweiten Weltkriegs diktierte, Lord Halifax, den britischen Botschafter in Washington. Sein Sohn, Charles Wood, heiratete eine Miss Primrose, die mit dem äußerst niederträchtigen Haus Rothschild verwandt ist. Hinter Namen wie Lord Swaythling verbarg sich der Name Montague, der mit Queen Elizabeth in Verbindung gebracht wird und Mehrheitsaktionär der Shell Oil Company ist. Man wagt es natürlich nicht, etwas über ihr immenses Vermögen aus dem Drogenhandel zu sagen, einem Handel, der, wie ich gezeigt habe, bis ins 18ème Jahrhundert zurückreicht.

Einer der wichtigsten Akteure im chinesischen Opiumhandel war Lord Palmerston, der hartnäckig an der Überzeugung festhielt, dass der Handel unbegrenzt fortgeführt werden könne. In einem Brief eines seiner Männer vor Ort, eines gewissen Mr. Elliott, hieß es, dass eine ausreichende Menge Opium, die der chinesischen Regierung übergeben wird, ein Monopol schaffen würde. In der Folge würden die Briten die Lieferungen einschränken und den chinesischen "Kuli" dazu zwingen, mehr für seine Dosis zu bezahlen. Wenn die chinesische Regierung dann in die Knie ging, würden die Briten erneut anbieten, sie zu einem höheren Preis zu beliefern, und so ihr Monopol über die chinesische Regierung aufrechterhalten. Der Plan war jedoch nicht sehr lange erfolgreich. Als die chinesische Regierung reagierte, indem sie große Opiumlieferungen, die in einem Lagerhaus gelagert waren, zerstörte, und die britischen Händler angewiesen wurden, eine individuelle Vereinbarung zu unterzeichnen, kein Opium mehr in die Stadt Kanton einzuführen, schlugen sie zurück, indem sie Verträge mit verschiedenen Tarnfirmen abschlossen, um in ihrem Namen zu importieren, und es dauerte nicht lange, bis viele Schiffe auf den Straßen von Macau ganze Ladungen Opium enthielten.

Der chinesische Kommissar Lin erklärte:

> "An Bord der englischen Schiffe, die sich derzeit auf den Straßen dieses Ortes (Macao) befinden, befindet sich viel Opium, das niemals in das Land zurückgeschickt wird, aus dem es stammt. Es muss hier an der Küste verkauft werden, und es würde mich nicht überraschen zu erfahren, dass es unter den amerikanischen Farben geschmuggelt wird. "

Aber kommen wir zur neueren Geschichte dieses schändlichen Handels, der sich auf große Mengen Kokain und legal produzierte Drogen mit enormen Gewinnen wie Valium und andere sogenannte "verschreibungspflichtige Medikamente" ausgeweitet hat. Die Oligarchenfamilien aus Großbritannien verlegten ihren Firmensitz von Kanton nach Hongkong, blieben aber im selben Geschäft. Sie sind dort auch heute noch im Jahr 2009, wie eine Liste prominenter Namen aus der Kolonie zeigt.

Wie ich bereits in meinen früheren Werken erwähnt habe, hat eine aus dem Opiumhandel hervorgegangene Sekundärindustrie Hongkong zum wichtigsten Goldhandelsplatz der Welt gemacht. Mit dem Gold werden die Bauern bezahlt, die das Rohopium produzieren; was würde ein chinesischer Bauer schließlich mit einem 100-US-Dollar-Schein anfangen? Opium macht 64% des chinesischen Bruttosozialprodukts aus, was Ihnen eine Vorstellung vom Ausmaß dieses "außerbilanziellen" Handels vermittelt. Inoffiziell wird geschätzt, dass er dem kombinierten Bruttosozialprodukt (BSP) von fünf der kleinsten Nationen Europas entspricht, nämlich Belgien, den Niederlanden, der Tschechischen Republik, Griechenland und Rumänien.

Das Goldene Dreieck ist vielleicht der wichtigste Lieferant von Rohopium außerhalb Afghanistans, obwohl seine Position von Pakistan, Indien, dem Libanon und dem Iran bestritten wird. Welche Rolle spielen die Banken in diesem lukrativen Geschäft? Das ist eine sehr lange und komplizierte Geschichte, die auf ein weiteres Buch warten muss. Eine Möglichkeit ist die indirekte Methode, bei der die Banken Briefkastenfirmen finanzieren, die die Chemikalien importieren, die für die Umwandlung von Rohopium in Heroin benötigt werden.

Im Zentrum der Affäre steht die Hongkong and Shanghai Bank, die eine große Niederlassung in London hat. Eine Firma namens Tejapaibul betreibt Bankgeschäfte mit der Hongkong and Shanghai Bank, die liebevoll als "Hongshang Bank" bezeichnet wird. Was macht diese Firma? Sie importiert sehr große Mengen an Essigsäureanhydrid, der wichtigsten Chemikalie für den Raffinationsprozess. Dieses Unternehmen ist der Hauptlieferant von Essigsäureanhydrid für das Goldene Dreieck. Mit der Finanzierung dieses Handels ist eine Tochtergesellschaft der Hong Shang Bank, die Bangkok Metropolitan Bank, betraut. Somit sind die Nebentätigkeiten im Zusammenhang mit dem Opiumhandel im Goldenen Dreieck zwar nicht so wichtig wie der Opiumhandel selbst, bringen den Banken aber dennoch ein sehr substanzielles Einkommen.

Man hat mir vorgeworfen, den Goldpreis mit den Höhen und

Tiefen des Opiumhandels in Verbindung zu bringen. Betrachten wir, was 1977, einem kritischen Jahr für den Goldpreis, geschah. Die Bank von China schockierte Goldliebhaber und die schlauen Prognostiker, die es in Amerika in großer Zahl gibt, indem sie plötzlich und ohne Vorwarnung 80 Tonnen Gold auf den Markt freigab.

Die Experten wussten nicht, dass China seit langem Gold kauft und lagert. Das hat den Goldpreis gedrückt. Alles, was die Experten sagen konnten, war, dass sie nicht wussten, dass die Volksrepublik China so viel Gold besaß! Woher kam das Gold? Es stammt aus dem Opiumhandel, wo es in Hongkong als "Währung" diente, aber das konnten unsere genialen Goldpreisprognostiker nicht wissen!

Die Briten sind nicht die einzigen, die im Goldenen Dreieck tätig sind. Wichtige Käufer (oder ihre Vertreter) reisen regelmäßig aus dem gesamten Westen nach Hongkong, um dort einzukaufen. Vom Hafen Hongkongs wird Heroin in großen Mengen verschifft, Heroin, das seinen Weg in den Westen finden und auf selbsternannten "Rockkonzerten" verteilt werden soll. Das rote China kooperiert gerne mit beiden Seiten bei einem so lukrativen Geschäft. Übrigens hat sich Chinas Politik gegenüber England in Bezug auf den Drogenhandel im Vergleich zum 19ème Jahrhundert kaum verändert. Die chinesische Wirtschaft, die mit der Wirtschaft Hongkongs verbunden ist, hätte einen schrecklichen Schlag erlitten, wenn es nicht zu einem Abkommen gekommen wäre.

Einer der Beweise dafür ist der Kredit, den China bei der Standard and Chartered Bank angenommen hat. Seitdem hat die Familie Matheson 300 Millionen Dollar in ein neues Immobilienprojekt investiert, das gemeinsam von der Volksrepublik China und den Matheson Banks entwickelt wurde. Wohin man in der modernen Innenstadt von Hongkong auch blickt, überall sieht man neue Hochhäuser, die von den engen Verbindungen zwischen den Großbanken, dem Opiumhandel und Rotchina zeugen.

Ich möchte zitieren, was der venezolanische Botschafter vor

einiger Zeit bei den Vereinten Nationen gesagt hat, und ich denke, es war eine sehr gut durchdachte Aussage:

> "Das Drogenproblem wird bereits nicht mehr nur als ein Problem der öffentlichen Gesundheit oder als ein soziales Problem behandelt. Es handelt sich um ein ernstes und weitreichendes Problem, das unsere nationale Souveränität beeinträchtigt; ein Problem der nationalen Sicherheit, da es die Unabhängigkeit der Nation untergräbt. "

Drogen in all ihren Erscheinungsformen der Produktion, des Handels und des Konsums entnationalisieren und entnaturalisieren jeden, indem sie unser ethisches, religiöses und politisches Leben, unsere historischen, wirtschaftlichen und republikanischen Werte verletzen. Genau auf diese Weise operieren der IWF und die Bank für Internationalen Zahlungsausgleich (BIZ). Ich sage ohne zu zögern, dass diese Banken nichts anderes sind als Clearinghäuser für den Drogenhandel.

Die BIZ hilft jedem Land, das der IWF versenken will, indem sie Mittel bereitstellt, die den leichten Umlauf von Fluchtkapital ermöglichen. Die BIZ unterscheidet auch nicht zwischen "Fluchtkapital" und gewaschenem Drogengeld. Selbst wenn sie den Unterschied machen könnte, sagt die BIZ nie etwas, wie aus ihrem Jahresbericht für 2005 klar hervorgeht. Um auf die Erklärung des venezolanischen Botschafters zurückzukommen, stellen wir fest, dass die BIZ dabei ist, viele Länder ernsthaft zu entnationalisieren, indem sie sich mit ihren Forderungen über den IWF in ihr soziales, religiöses, wirtschaftliches und politisches Leben einmischt. Und wenn ein Land (einschließlich der USA) sich weigert, das Knie zu beugen, sagt die BIZ im Grunde: "Na gut, dann werden wir euch mit narkotisierenden Dollars erpressen, die wir in sehr großen Mengen für euch halten". Es ist jetzt leicht zu verstehen, warum das Gold enthedged und durch Papier-"Dollars" als Weltreservewährung ersetzt wurde. Es ist nicht so einfach, eine Nation, die Goldreserven hält, zu erpressen wie eine Nation, die wertlose Papier-"Dollars" hält.

Der Mini-Gipfel der Internationalen Währungskonferenz in Hongkong, an dem ein Insider teilnahm, der eine meiner Quellen ist, befasste sich mit genau dieser Frage, und nach dem, was mir berichtet wurde, ist sich der IWF völlig sicher, dass er genau das tun kann - Nationen mit "gedopten Dollars" erpressen, die sich nicht an seine Bedingungen halten wollen.

Rainer E. Gut von der Credit Suisse sagte, er sehe eine Situation voraus, in der das nationale Kreditwesen und die nationale Finanzierung bald unter einer einzigen Organisation stehen würden. Obwohl er dies nicht näher erläuterte, ist klar, dass Gut von der BIZ im Rahmen einer einzigen Weltregierung sprach. Daran soll niemand auch nur den geringsten Zweifel haben.

Von Kolumbien bis Miami, von Palermo bis New York, vom Goldenen Dreieck bis Hongkong: Drogen sind ein großes Geschäft. Es ist kein Geschäft, das ein Dealer an der Straßenecke betreibt. Sie wissen genauso gut wie ich, dass man viel Geld und Fachwissen braucht, um das größte Geschäft der Welt erfolgreich zu organisieren.

Diese Talente findet man nicht in den U-Bahnen und an den Straßenecken von New York, obwohl Händler und Hausierer ein integraler und wichtiger Teil des Systems sind, auch wenn sie nur Kleinstverkäufer sind, die leicht ersetzt werden können. Wenn ein paar von ihnen verhaftet oder getötet werden, was macht das schon? Es gibt viele Ersatzleute. Nein, es ist keine kleine Organisation, sondern ein riesiges Imperium, dieses schmutzige Drogengeschäft. Und notgedrungen wird es von oben nach unten verwaltet, von den höchsten Personen in jedem Land, das es berührt.

Wäre dies nicht so, wie der internationale Terrorismus, wäre er längst beseitigt worden - die Tatsache, dass er nicht nur immer noch aktiv ist, sondern auch wächst, sollte jedem vernünftigen Menschen zeigen, dass diese Aktivität ihre Grundlagen auf den höchsten Ebenen hat.

Die wichtigsten Länder, die an diesem Handel, dem größten der Welt, beteiligt sind, sind die UdSSR, Bulgarien, die Türkei, der

Libanon, die USA und Frankreich, Sizilien, Südwestasien, Indien, Pakistan, Afghanistan und Lateinamerika, allerdings nicht in der Reihenfolge ihrer Bedeutung. Aus Verbrauchersicht sind die USA, Europa und in letzter Zeit auch das Vereinigte Königreich die wichtigsten Märkte.

Wie ich bereits erwähnt habe, werden in der UdSSR, in den Ländern des Eisernen Vorhangs oder in Malaysia keine Drogen verkauft. Viele Produktionsländer, wie die Türkei, verhängen sehr harte Strafen gegen Drogenkonsumenten und kleine Dealer. Einige Länder verhängen sogar die Todesstrafe - nur für kleine Fische, um der ganzen Welt zu zeigen, wie "drogenfeindlich" sie sind.

Das Drogenimperium lässt sich in zwei "Produkte" unterteilen, nämlich das traditionelle Heroin und das relativ neu hinzugekommene Kokain. Es gibt eine dritte Kategorie von Drogen, die von "legalen" Unternehmen wie dem berühmten Hoffman La Roche hergestellt werden, die tödliche Substanzen wie LSD, Quaaludes und Amphetamine produzieren; die "Aufputschmittel und Depressiva" in dem, was die Leute auf der Straße "das Poppers-Paradies" nennen. Ist dieses Imperium ein lose strukturiertes Geschäft? Die Antwort scheint ein nuanciertes "Ja" zu sein. Es gibt einige Ausnahmen. Kintex, das berühmte bulgarische Pharmaunternehmen, ist zweifellos ein bulgarisches Staatsunternehmen. Die meisten Banken, die mit schmutzigem Geld handeln (und sie wissen, dass es sich um schmutziges Geld handelt), sind bekannte multinationale Banken, die über ein Netz von Tochtergesellschaften arbeiten.

Das Unternehmen Kintex beispielsweise verfügt über eigene Lagerhäuser, Lkw-Flotten, darunter auch Fahrzeuge, die unter den internationalen Vertrag des Gemeinsamen Marktes (EWG) fallen, und ein ausgeklügeltes Netzwerk von Kurieren, darunter auch Piloten und Besatzungen von Fluggesellschaften.

Für diejenigen, die mit der EWG nicht vertraut sind, möchte ich erklären, dass TIR-Fahrzeuge Triangle International Routier-Lastwagen sind, die eindeutig so gekennzeichnet sind; sie sollen nur verderbliche Waren transportieren. Sie sollen im

Abgangsland von den Zollbeamten dieses Landes inspiziert und mit einem speziellen Siegel versiegelt werden.

Gemäß den internationalen vertraglichen Verpflichtungen der Mitgliedsländer dürfen diese Lastwagen an den Grenzen nicht angehalten werden und passieren immer ohne Inspektion. Es geht darum, die Bulgaren und Türken beim Wort zu nehmen und zu hoffen, dass sich in den TIR-LKWs kein Heroin, Kokain oder Rohopium, Haschisch oder Amphetamine befinden. Das Problem ist, dass TIR-Lastwagen in vielen Fällen tatsächlich große Drogenverstecke enthalten.

Schließlich ist es allgemein bekannt, dass Drogenbarone internationale Verträge nicht einhalten und dass sie ohnehin immer ihre bezahlten Lakaien in anderen Ländern bitten können, Dokumente auszutauschen, die die Tatsache verschleiern, dass der TIR-Lkw aus Sofia in Bulgarien stammt.

Die einzige Möglichkeit, diese riesigen Mengen an Heroin und Haschisch aus dem Fernen Osten fernzuhalten, ist die Abschaffung des TIR-Systems. Aber das ist genau das, wofür es eingeführt wurde! Vergessen Sie verderbliche Waren und Handelserleichterungen. Das ist alles nur Rauch in den Augen der Welt. TIR ist in viel zu vielen Fällen gleichbedeutend mit Drogen. Denken Sie daran, wenn Sie das nächste Mal lesen, dass am Kennedy-Flughafen eine große Menge Heroin in einem Koffer mit doppeltem Boden gefunden und ein unglücklicher "Drogenkurier" festgenommen wurde. Für die Nachrichtenmedien ist dies strikt "Peanuts".

Auch in anderen Regionen wird Schlafmohn angebaut: in der Türkei, in Pakistan und im Iran. Aber wie schon seit über dreihundert Jahren kommt der "beste" Stoff aus Indien-Pakistan und Thailand. In diesen abgelegenen Regionen mit hohen Bergen und Tälern bauen die Hügelstämme die Pflanze an und sammeln den dicken Saft aus den Schoten, nachdem sie diese mit einer Rasierklinge aufgeschnitten haben.

Die meisten dieser Ressourcen befinden sich in den Händen wilder thailändischer Stämme und in Indien sind es die Stämme der Balutschen, die den kommerziellen Goldanbau betreiben und ernten. Sie nennen es "Goldenes Dreieck", weil die Stämme darauf bestehen, in Gold bezahlt zu werden. Um ihnen die Arbeit zu erleichtern, hat die Credit Suisse damit begonnen, Barren aus reinem Gold von einem Kilogramm (im Handel als vier Neuntel bezeichnet) zu verkaufen, da diese kleinen Barren leicht zu transportieren und zu tauschen sind. Das meiste dieses Goldes wird über Hongkong gehandelt, wo auf dem Höhepunkt der "Dope Season", wie die Goldhändler in Hongkong sie nennen, mehr Gold gehandelt wird als in New York und Zürich zusammen. Es wird geschätzt, dass allein in dieser Region in einem guten Jahr etwa 175 Tonnen reines Heroin produziert werden. Das Heroin wird dann über Pipelines an die sizilianische Mafia und den französischen Teil des Geschäfts weitergeleitet, um in den Labors veredelt zu werden, die die französische Küste von Marseille bis Monte Carlo heimsuchen (einschließlich der Familie Grimaldi - obwohl ich nicht vorschlagen würde, dass es in ihrem Palast ein Labor gibt!)

Die verfolgte Route führt durch den Iran und die Türkei sowie durch den Libanon. Der pakistanische Handel wird über die Küste von Maccra abgewickelt. Im Iran wird die "Verschiebung" von den Kurden durchgeführt, wie es seit Jahrhunderten üblich ist. Eines der wichtigsten Transitgebiete ist natürlich die Türkei, aber in letzter Zeit ist Beirut extrem wichtig geworden, daher der Krieg, der dort stattfindet, während jeder lokale Baron versucht, sich ein Lehen zu sichern, sind die Schweizer und libanesischen Banken da, um zu helfen, die finanzielle Seite der Dinge zu verwalten. In der Türkei gibt es mittlerweile sehr große Raffinerien, was eine recht neue Entwicklung ist. Auch in Pakistan wird in neuen Labors, die als "militärische Verteidigungslabors" fungieren, Rohopium raffiniert, was den Weitertransport nach unten erleichtert.

Könnte dies der Grund sein, warum die USA Pakistan und nicht Indien unterstützen; denn einige Banken haben große Investitionen in Pakistan, und zwar nicht in Currypulver oder Teppiche! Aber die endgültige, aufwendigere Raffination findet immer noch in Labors in der Türkei und an der französischen

Küste statt.

Halten Sie hier inne und überlegen Sie, was ich geschrieben habe. Ist es möglich, dass die Strafverfolgungsbehörden mit all den ausgeklügelten Techniken, Methoden und Ausrüstungen, die uns zur Verfügung stehen, nicht in der Lage sind, diese Heroinfabriken zu entdecken und zu zerstören? Wenn das die Wahrheit ist, dann brauchen unsere westlichen Geheimdienste eine geriatrische Behandlung, nein, sie müssen schon lange tot sein, und wir haben vergessen, sie zu beerdigen!

Selbst ein Kind könnte unseren Drogenbekämpfungsbehörden sagen, was sie tun sollen. Es wäre ganz einfach, alle Fabriken zu kontrollieren, die Essigsäureanhydrid herstellen, den wichtigsten chemischen Bestandteil, der für die Raffination von Heroin benötigt wird. Es ist so einfach, dass es lachhaft ist, und es erinnert mich an "Inspektor Clouseau" aus der Zeichentrick- und Filmserie "Der rosarote Panther". Ich denke, selbst dieser arme alte Clouseau wäre in der Lage, die Labore zu finden, indem er die Route und den Bestimmungsort des Essigsäureanhydrids verfolgt. Die Regierungen sollten Gesetze erlassen, die die Hersteller dazu verpflichten, ein spezielles Register zu führen, aus dem hervorgeht, an wen das Produkt verkauft wird. Aber halten Sie in diesem Punkt nicht den Atem an; denken Sie daran, dass der Drogenhandel gleichbedeutend ist mit großen Geschäften, die von der Oligarchie in Europa, England und den alten "edlen" Familien in Amerika kontrolliert werden. Nun regen Sie sich nicht auf, indem Sie sagen: "Nein, das stimmt nicht".

Natürlich werden die Adelsfamilien in Großbritannien und Amerika nicht in den Schaufenstern für ihre Produkte werben, und bei einem so schmutzigen Geschäft braucht man schmutzige Leute, die es leiten, daher die Mafia. Die Adligen haben sich während des Opiumhandels in China nie die Hände schmutzig gemacht und sind seitdem viel klüger geworden. Sollte einer von ihnen zufällig aufgegriffen werden, würden Sie nie etwas von ihm hören und er würde schnell wieder freigelassen werden.

Wird der Drogenhandel von einer lose organisierten

Organisation betrieben? Auch hier ein gemischtes Ja, aber bedenken Sie, dass Amerika und England von 300 Familien regiert werden und dass sie alle über Firmen, Banken und Ehen miteinander vernetzt und verflochten sind, ganz zu schweigen von ihren Verbindungen zum schwarzen Adel. Auch wenn es sich um ein lose strukturiertes Gebilde handelt, sollten Sie nicht versuchen, es zu durchdringen.

Wenn Sie im falschen Viertel Fragen stellen, laufen Sie Gefahr, dass Ihnen sehr seltsame Dinge widerfahren - zumindest, wenn Sie noch intakt sind. In gleichen Ladungen und in regelmäßigen Abständen kommen die "Waren" aus der Türkei herunter und gelangen nach Bulgarien. Dort werden sie in TIR-LKWs umgepackt und nach Triest an der Adriaküste oder an der französischen Küste verschifft. Auch hier gilt: Warum wird nicht jeder TIR-Lkw in diesen beiden Gebieten überwacht und rund um die Uhr unter Beobachtung gestellt? Es gibt auch See- und Flugrouten, die beide von den "höheren Behörden" gut geschützt werden.

Wie gesagt, ein Drogenkurier wird gefasst, manchmal wird sogar eine große Ladung aufgegriffen, aber nicht so sehr Heroin (weil es mehr Wert hat); es sind vor allem Kokain und Marihuana, die im Rahmen der Geschäftskosten konsumiert werden. So seltsam es auch klingen mag: Die "Tipps" kommen oft von den Drogenhändlern selbst, wenn es um kleine Mengen geht.

In Südamerika wird der Kampf gegen das Kokain geführt. Die "Herstellung" von Kokain ist relativ einfach und billig, da der Grundstoff leicht zu niedrigen Preisen zu bekommen ist. Man kann große Vermögen machen, wenn man bereit ist, das Risiko einzugehen - nicht so sehr das Risiko, die Strafverfolgungsbehörden einzuschalten, sondern vielmehr das Risiko, in die Fänge der Kokainkönige zu geraten.

Eindringlinge sind nicht willkommen und enden meist als Opfer der "Familienfehden", die ständig ausbrechen. Die Hauptproduktionsländer für Kokain sind Kolumbien, Bolivien und Peru, wobei es auch einige Versuche gibt, Kokain nach Brasilien einzuschleusen. In Kolumbien ist die Drogenmafia eine eng verbundene Gangsterfamilie, die den Behörden gut bekannt ist.

Das Problem ist, etwas gegen sie zu unternehmen. Da sie den Schutz der höchsten Behörden in England und Amerika genießen, verachten die Kokainbarone offen die Bemühungen von aufrichtigen Drogenbekämpfern wie Präsidentin Betancourt aus Kolumbien.

Betancourt hat so ziemlich alles getan, was ihre begrenzten Ressourcen zuließen, aber das war nicht genug. Die Geißel der Kokaindealer und -produzenten beherrscht weiterhin das nationale Leben Kolumbiens. Es scheint keine Möglichkeit zu geben, sie auszurotten. Betancourt hat einen enormen Kampf ums Überleben geführt. Die Drogenbarone hingegen erhielten jede erdenkliche Hilfe vom IWF und die Frage war nicht mehr, ob Betancourt überleben würde, sondern nur noch, wie lange er sich an der Macht halten konnte. Der andere Hauptlieferant von Kokain für die USA ist Bolivien und für kurze Zeit versuchte Präsident Siles Zuazo, die Kokainflut nach Amerika einzudämmen, doch seine Bemühungen scheiterten. Auch hier stieß er in jeder Phase des Prozesses auf den Widerstand des IWF und der Bank für Internationalen Zahlungsausgleich (BIZ). Jeder seiner Wirtschaftspläne wurde vom IWF für "inakzeptabel" erklärt. Arbeiterunruhen werden geschürt; Streiks und "Demonstrationen" behindern seine Verwaltung. Die gekrönten Häupter der Vipern Europas orchestrieren diese Anti-Silas-Kampagne. Silas genießt nicht die Unterstützung der bolivianischen Armee; zu viele hochrangige Offiziere waren von den Kokainbaronen gut bezahlt worden, bevor Silas an die Macht kam. Sie vermissten die "Vorteile", die mit der Arbeit einhergingen. Die vom IWF auferlegten Sparmaßnahmen gefielen ihnen nicht. Die Dinge spitzten sich am 14. Juli 1985 zu, als Silas bei den nationalen Wahlen aus dem Amt gedrängt wurde.

Der ehemalige Staatschef des Landes von 1971 bis 1978, Hugo Banzer Suarez, hat einen großen Sieg errungen. Das war nicht unerwartet, denn Suarez erhielt sehr starke Unterstützung von

Wall-Street-Bankern und Freunden von Henry Kissinger, und natürlich erhielt er auch einen Vertrauensvorschuss von der bolivianischen Offiziersklasse.

Als ehemaliger Diktator und Freund der bolivianischen Mafiosi wurde von Suarez erwartet, dass er den Kokainhandel ausbauen würde. Als "Belohnung" für die Hilfe, die er vom IWF erhalten hatte, erwartete man von Suarez, dass er die brutalen Bedingungen umsetzte, die der IWF Bolivien auferlegt hatte, und so mussten wir mit ansehen, wie viele Bolivianer in den folgenden Monaten an Hunger und Hungersnot starben. All dies steht natürlich im Einklang mit dem Global 2000-Bericht. Zur gleichen Zeit begann sich eine wahre Flut von Kokain über die Vereinigten Staaten zu ergießen.

Der IWF, der im Auftrag der Hierarchie des Drogenhandels in England und den USA handelte, hat es geschafft, Bolivien ins Chaos zu stürzen. Tatsächlich war das Land während der Zeit, in der die Wahlen stattfanden, unregierbar. Das meinte der venezolanische Botschafter, als er sagte, dass "der Drogenhandel die nationale Souveränität, die Politik und die Wirtschaft untergräbt". Ich kann mir kein deutlicheres Beispiel dafür vorstellen als Bolivien. Mit Banzers Wahlsieg kündigte die Patenfee des IWF plötzlich an, dass sie Bolivien bei den Verhandlungen mit ausländischen Gläubigern unterstützen würde. Die Schlüsselindustrien Boliviens sind der Bergbau und die Landwirtschaft. Beide Sektoren waren bankrott, was vom IWF bewusst in Kauf genommen wurde, um Siles aus dem Amt zu drängen und ihn für seine Haltung gegen den Kokainhandel zu bestrafen. Der Erfolg des IWF ist nur allzu offensichtlich. Auch Peru, ein weiterer großer Kokainproduzent, wurde vom IWF wegen der Anti-Kokain-Haltung seines neuen Machthabers angegriffen. Am 2. August 1985 kündigte die Regierung ein hartes Durchgreifen gegen illegale Devisenhändler mit über zweihundert Verhaftungen an, die Zinssätze wurden gesenkt und die Mindestlöhne um fünfzig Prozent erhöht.

Dies stand im absoluten Widerspruch zu den Forderungen und Bedingungen des IWF, der strenge Sparmaßnahmen forderte.

Der IWF ergriff rasch Maßnahmen.

Die praktisch zerschlagene Guerillabewegung gewann plötzlich neue Energie und verübte unter der Führung ihres Anführers Abinal Guzman ein Blutbad, bei dem Hunderte von Bauern getötet wurden. Bombenanschläge erschütterten Lima.

Die Wirtschaft war gelähmt. Angewidert von dem Chaos, verlangte die Nation nach einem starken Führer. Sie fand ihn in Alberto Fujimori, einem peruanischen Staatsbürger japanischer Abstammung. Fujimori war ein Mann von großer Ehre und Integrität und schien die beste Hoffnung zu sein, Peru von der Geißel des Drogenhandels zu befreien. Durch eine Flutwelle gewählt, stand Fujimori vor der schwierigen Aufgabe, an der Wirtschaftsfront gegen den IWF und die BIZ sowie gegen gut finanzierte und gut organisierte Lobbygruppen zu kämpfen.

Die USA und Großbritannien unterstützten Guzman und seine Guerillaarmee.

Kapitel 2

Die Rolle Afghanistans im internationalen Opium-/Heroinhandel

Afghanistan ist aus dem einfachen Grund wieder in den Fokus der Öffentlichkeit gerückt, weil es eine der Hauptquellen für Rohopium ist, wie es seit den Zeiten der British East India Company (BEIC), den Vorfahren des Komitees der 300, der Fall ist. Ich werde auch die Rolle Pakistans beim Anbau von Schlafmohn untersuchen und erklären, warum die USA mindestens dreimal weggeschaut haben, als die gewählte Regierung Pakistans gestürzt und durch ein Militärregime ersetzt wurde, während in Chile und Argentinien wegen desselben "Verbrechens" "Sondermaßnahmen" ergriffen wurden.

Afghanistan ist ein altes muslimisches Land, das nördlich des Hindukusch-Gebirges liegt. Einige der alten Instrumente, die im Haibak-Tal gefunden wurden, wurden mit Kohlenstoff datiert, was zeigte, dass sie mindestens tausend Jahre alt waren. Was die Menschen aus dem Westen in das Land zog, war, dass es das ideale Klima und den idealen Boden für den Anbau von Mohn hatte, aus dem Opium gewonnen wird. Das Land wurde von 1747 bis 1929 von der Barakzai-Dynastie regiert und war für seine langwierigen Konflikte zwischen den Mitgliedern der Dynastie und den Stammesführern bekannt.

Vor dem 18ème Jahrhundert stand das Land unter persischer und teilweise auch unter indischer Herrschaft. Die Barakzai-Familie regierte den Opiumhandel mindestens 150 Jahre lang. Als die US-Streitkräfte die Taliban stürzten, setzten sie bekanntlich ein Mitglied des Clans, Hamid Barakzai, an die Spitze Afghanistans, und das Land steht derzeit unter seiner Kontrolle.

1706 erklärte Kandahar seine Unabhängigkeit und 1709 besiegte Mir Vais, ein Ghilzain-Häuptling und sunnitischer Muslim, die gegen ihn gesandten persischen Armeen in Kandaha, wodurch der Opiumhandel in britischer Hand blieb.

1715 trat Mir Abdullah die Nachfolge von Mir Vais an, wurde jedoch beim Versuch, Frieden mit den Persern zu schließen, erwischt und 1717 gestürzt. Es folgte eine Zeit intensiver Rivalität, auf die eine Invasion der Afghanen in Persien folgte.

1763 kam Zaman Shah, Timurs Sohn, an die Macht, doch statt Einigkeit herrschten unter ihm totale und unaufhörliche Stammesrivalitäten und erbitterte Schlachten. Sein Vater, ein schüchterner Herrscher, konnte nicht verhindern, dass Indien einige seiner Gebiete an sich riss, darunter auch den Pandschab, der in den Schlachten von 1793-1799 an die Sikhs verloren ging.

1799 begannen Abgesandte der BEIC in Kandahar einzutreffen, um sich mit dem Herrscher, Shah Shuja, zu treffen. 1809, noch vor Shah Shujas Tod, schloss die BEIC mit ihm ein Abkommen, wonach sie ihm bei der Abwehr von "Ausländern", insbesondere aus Persien und Indien, helfen würde. 1818 übernahm Mahmud Schah die Kontrolle über das Land und begann, die Beziehungen zur BEIC zu intensivieren, die nun für die "landwirtschaftliche Expansion" in Form von ausgedehnten Mohnfeldern zuständig war. Da sie eine reiche Belohnung witterten, fielen die Perser 1816 in das Land ein, wurden aber von Path All Kahn, einem Soldaten und Vertrauten der BEIC, vertrieben.

Im Jahr 1818 rebellierten die Stämme gegen den Mohnanbau und die Einnahmen aus dem Verkauf von Rohopium an die BEIC. Daraufhin wurde Afghanistan in die Stammesenklaven Kabul, Kandahar und Ghazni usw. aufgeteilt. Während dieser Zeit der Teilung stahl Indien Afghanistan Kaschmir, da es ein Stück des lukrativen Opiumkuchens haben wollte. Nach einer Reihe von Stammeskriegen eroberte Dost Mohammed 1819 Kabul und wurde Herrscher über Ghazni und Kandahar. Da Persien eine Chance sah, vom Opiumhandel zu profitieren, der unter dem

BEIC-Regime florierte, griff es 1837 Herat an und ein Stammeskonflikt brach aus, der bis Juli 1838 andauerte. Auslöser des Konflikts war der Opiumhandel, der fest in britischer Hand war. Immer auf der Suche nach Lösungen schloss die britische Regierung ein Abkommen mit Ranjit Singh und Shah Suju, das unter der Schirmherrschaft der BEIC den Thron von Shah Shuja wiederherstellen, die Stämme vereinen und Persien wirksam blockieren würde. Ohne das Wissen der Briten bereicherte sich Dost Mohamed jedoch am Opiumhandel, indem er außerhalb der BEIC Abkommen schloss.

Im Jahr 1839 marschierten die in Indien stationierten britischen Truppen im ersten Afghanischen Krieg in Afghanistan ein. Sie setzten Dost Muhammad ab und verbannten ihn nach Indien. Sein Besitz wurde von der BEIC beschlagnahmt und die britischen Truppen übernahmen die Kontrolle über die wichtigsten Städte und Ortschaften, merkten aber bald, dass sie es mit einer schwer fassbaren Streitmacht von Stämmen zu tun hatten, die der einen oder anderen Allianz angehörten.

Während des gesamten Zeitraums sollte der Mohnanbau durch nichts behindert werden und große Mengen an Rohopium wurden aus Afghanistan heraus verschifft, meist über das spätere Pakistan. Weil das Unternehmen wusste, wie es die lokalen Stämme kontrollieren und den Schutz seiner lukrativen Investitionen gewährleisten konnte, erzielte es in dieser Zeit enorme Gewinne. Im Unterhaus in London wurden Fragen aufgeworfen, warum britische Truppen in einem so trostlosen Land wie Afghanistan eingesetzt wurden, obwohl es nichts Wichtiges gab, was ihre Anwesenheit rechtfertigen würde. Die armen Abgeordneten ahnten nicht, welch immensen Reichtum die BEIC jedes Jahr machte. Während die Briten Werbung für ihren Kampf gegen die chinesischen "Kriegsherren" (in Wirklichkeit die Zollbeamten der chinesischen Regierung) machten, hielten sie ihre Kriege in Afghanistan geheim.

Als der Krieg von den Stämmen Dost Mohammeds gegen die Briten entfesselt wurde, stellten die britischen Zeitungen dies als "Stammesscharmützel" dar, wenn es überhaupt erwähnt wurde.

Eine britische Streitmacht auf dem Marsch nach Kandahar wurde von Dost Mohammeds Streitkräften angegriffen, die zurückgeschlagen wurden, ihr Anführer wurde gefangen genommen und nach Indien verbannt. Im Jahr 1842 setzte Sir Alexander Burns Shah Shuja wieder auf den Thron. London glaubte, dass dies die Stämme besänftigen würde, doch stattdessen führte es zu großen Unruhen, die in der Ermordung von Sir Alexander und einem britischen Gesandten namens Sir William McNaughton gipfelten. Dies war das Signal für eine allgemeine Revolte gegen die britische Herrschaft, und Lord Auckland schickte eine britische Streitmacht von 16.000 englischen und Sepoy-Soldaten, um Kabul zu besetzen. Die Revolte war jedoch so stark, dass sich die britischen Streitkräfte aus Kabul nach Kandahar zurückziehen mussten. Auf dem Rückweg gerieten die britischen Streitkräfte jedoch in einen Hinterhalt von 3000 Stammesangehörigen, die ihnen zahlreiche Verluste zufügten. Auch Shah Shuja, den die Stämme als Marionette der Briten betrachteten, wurde getötet.

Die Afghanen übernahmen daraufhin die Kontrolle über die Opiummohnfelder und verschiedene Warlords begannen, ihre Kontrolle über die Opiumrouten aus dem Land heraus zu behaupten. Schlimmer noch, sie begannen, von den BEIC-Karawanen, die durch Indien zogen, Tribut zu verlangen.

Karawanen von Lasttieren, die mit Rohopium beladen waren, wurden überfallen, wenn der Tribut nicht gezahlt und das Opium gestohlen wurde, und viele wurden von den Kriegsherren getötet. Während dieser Episoden schrieb Rudyard Kipling seine Tapferkeitsberichte über die britischen Streitkräfte, die die Straße über den Khyber-Pass bewachten. Die gewöhnlichen britischen Bürger waren von diesen Tapferkeitsberichten begeistert. Sie hatten keine Ahnung, dass britische Soldaten im Namen eines milliardenschweren Privatunternehmens geopfert wurden, das nichts mit "Gott, der Königin und dem Vaterland" zu tun hatte.

Während dieser Zeit waren die Kriegsherren unter der Führung von Akbar Kahn, dem Sohn von Dost Mohammed, lose angegliedert.

1842 kommt eine Streitmacht der britischen Armee unter dem Kommando von Sir George Pollock aus Indien und erobert Kabul zurück. Hunderte von Stammesangehörigen, die verdächtigt werden, an dem Angriff beteiligt gewesen zu sein, der die britische Armee so viel Geld gekostet hat, werden summarisch hingerichtet. Dorst Mohammed wird von Sir George erneut auf den Thron gesetzt. Er macht sich sofort daran, die Opium-Stammesfraktionen zu besiegen und bestraft diejenigen, die sich der Mohnfelder von BEIC bemächtigt haben.

Aufgrund seiner "edlen" Arbeit unterzeichnete die britische Regierung am 30. März 1855 mit Mohammed den Vertrag von Peschawar, wodurch sie die Kontrolle über Kandahar und Kabul erhielt, nicht aber über die wichtigen Opiummohnfelder Helmet in Herat, die die Perser der BEIC abgenommen hatten. Trotzdem begann der Handel mit dem von der BEIC in Afghanistan produzierten Rohopium mit dem Handel im Ganges-Tal und in Benares zu konkurrieren.

Daraufhin erklärte Großbritannien Persien den Krieg. Dem unschuldigen britischen Publikum wurde gesagt, dass der Krieg deshalb geführt wurde, weil Persien versuchte, britisches Kolonialgebiet zu erobern. 1857 wurden die Perser besiegt und entschieden sich in einem in Paris unterzeichneten Vertrag, in dem sie die "Unabhängigkeit" Afghanistans anerkannten und auf alle Ansprüche auf das Gebiet verzichteten, für den Frieden. Der britische Marionettensoldat Dost Mohammed wurde entsandt, um die Kontrolle über Herat zu übernehmen, doch Stammesrivalitäten hielten die Region in den nächsten fünf Jahren in Unruhe, und Dost gelang es erst 1863, sie unter britische Gerichtsbarkeit zu stellen. Wenn die Briten etwas über Afghanistan gelernt haben, dann dies: Beanspruche niemals die Kontrolle über eine Region, bevor sich nicht alle Fraktionen untereinander geeinigt haben, was eine Ewigkeit dauern kann. Herat ist ein gutes Beispiel dafür. Es bedurfte einer zehnmonatigen Belagerung, um die Umklammerung durch einen der Stämme der Region zu lockern. Als sie glaubten, alles "befriedet" zu haben, starb Dost 1870 und fast unmittelbar danach wurde Herat in einen Bürgerkrieg gestürzt, als Dosts Bruder, ein gewisser Sher Ali, versuchte, seinen Anspruch auf die Erbfolge geltend zu machen. Da es Ali nicht gelang, die Stämme zu einer Einigung zu bringen, rief er Russland zu Hilfe, da er jegliches Vertrauen in die Briten verloren hatte, und im Juni 1878 traf eine russische Mission unter der Leitung von General Stolietov in Kabul ein. Die BEIC schlägt sofort Alarm und erneut ziehen die Parteien in den Krieg, da Sher All sich weigert, das Gegenangebot der britischen Mission anzunehmen. Der Krieg dauert ein Jahr (1878- 1879), in dessen Verlauf Sher Ali getötet wird. Zutiefst alarmiert durch die Tatsache, dass die Russen ihren lukrativen Opiumhandel mit Afghanistan beenden könnten, marschierten die britischen Streitkräfte unter der Führung ihrer Marionette Yakub, dem Sohn Sher Alis, in die gesamte Region ein. Die britischen Streitkräfte verteilten sich anschließend und hielten Garnisonen im ganzen Land. Zu dieser Zeit wurde ein Vertrag unterzeichnet, demzufolge die Briten eine "Schutzgebühr" von 75.000 US-Dollar pro Jahr zahlen würden, um die ungehinderte Passage von Opiumkarawanen über den Khyber-Pass zu gewährleisten, wo britische Truppen stationiert waren, um bei der Durchsetzung des Abkommens zu helfen.

Natürlich wurde in Rudyard Kiplings Erzählungen nicht erwähnt, warum die Konvois von den Truppen Ihrer Majestät bewacht wurden, und es besteht kein Zweifel daran, dass die Hölle losgebrochen wäre, wenn der wahre Auftrag der Truppen enthüllt worden wäre.

Da sie sich über den vermeintlichen vollen Erfolg ihrer Mission in Kabul freuten, begannen die britischen Streitkräfte ihre Wachsamkeit zu lockern, da es keine Razzien auf Mohnfeldern und keine Angriffe auf Konvois über den Khyber-Pass mehr gab. Doch im Hintergrund lauerte ein böses Erwachen für London. Am 3. September 1879 wurde Sir Louis Cavagnari (ein Nachkomme des alten schwarzen Adels von Venedig) mit seiner Eskorte ermordet und das Land erneut in einen Krieg gestürzt. Yakub, der beschuldigt wurde, sich hinter dem Rücken der Briten mit rebellischen Stämmen verschworen zu haben, wurde am 19.

Oktober 1879 abgesetzt.

Als sich die Briten 1880 auf einen Krieg gegen die Burenrepubliken in Südafrika vorbereiteten, um das Land seiner immensen Goldvorkommen zu berauben, trat ein neuer afghanischer Herrscher auf den Plan: ein gewisser Abd-Ar-Rahman, der Neffe von Ali Sher Ali. Die Briten waren mit dem neuen Mann zufrieden, da es ihm gelang, den Frieden zu wahren und den sich ständig zankenden Stammesfraktionen seine Autorität aufzuzwingen.

In dieser Zeit der relativen Stabilität verließ eine große Menge hochwertigen Rohopiums das Land und landete in den Lagerhäusern der BEIC. Es wird angenommen, dass in dieser Zeit (1880-1891) Milliarden Pfund Sterling in die BEIC-Kassen flossen, genug, um das Zehnfache der Kosten des 1899 ausgebrochenen Anglo-Boarischen Krieges zu bezahlen. Es gab auch viel Einmischung seitens Russlands, das versuchte, in Afghanistan Fuß zu fassen und einen Puffer für seine Grenzen zu bieten. Russland war nicht am Opiumhandel interessiert; sein einziges Anliegen war es, einen territorialen Puffer zu erhalten. Schließlich, nach fünf Jahren ernster Probleme mit Großbritannien, schlossen die beiden Länder ein Abkommen, in dem Russland zustimmte, sich aus den afghanischen Angelegenheiten herauszuhalten.

Im Laufe seiner bewegten Geschichte produzierte Afghanistan weiterhin einige der besten Qualitäten von Rohopium, die bei den westlichen Verbrauchern sehr begehrt waren, und die Hauptroute, über die diese Ladung transportiert wurde, führte über Pakistan. Die Geschichte des Opiums in Afghanistan ist daher eng mit der Geschichte des Opiumhandels in Pakistan und seinen Transitrouten zur Küste und weiter in den Nahen Osten und nach Westeuropa verknüpft.

Auf dem Höhepunkt ihrer Macht erhielt die BEIC jedes Jahr 4000 Tonnen Opium aus Afghanistan. Der geschätzte Wert dieser enormen Produktion in einem einzigen Jahr (1801) betrug 500 Millionen Dollar, ein kolossales Vermögen zu dieser Zeit. Der größte Teil des Opiums gelangte über den Khyber-Pass nach

Indien (der Teil, der heute Pakistan heißt) und dann hinunter an die trostlose Küste von Maccra, wo es von arabischen Dhows aufgelesen und nach Dubai gebracht wurde, wo es mit Gold bezahlt wurde. Für diesen Handel wird kein Papiergeld akzeptiert. Dank dieses Handels gibt es in Dubai nicht weniger als 25 Banken, die mit Gold handeln, darunter die British Bank of the Middle East, die den größten Anteil am Handel mit Gold für Opium hat. Die Muslime in Afghanistan konsumieren im Gegensatz zur chinesischen Arbeiterklasse kein Opium und sind daher auch nicht davon abhängig geworden. Sie waren glücklich damit, Mohnkulturen anzubauen, den Opiumsaft zu extrahieren, ihn zu Rohopium zu verarbeiten und dann zu verkaufen. So entging Afghanistan den Verwüstungen durch die schreckliche Geißel der Opiumsucht, die schließlich auch China heimsuchte. Damals wie heute ist der Anbau von Schlafmohn und das Sammeln des begehrten Saftes die vorherrschende Beschäftigung der männlichen Bevölkerung Afghanistans.

Die Geheimnisse werden sorgfältig gehütet, und solange der Status quo vorherrscht, wird dies bis ans Ende der Zeit so bleiben! Ich habe Mohnfelder gesehen, die von Sämlingen bis zu blühenden Pflanzen angebaut werden - und dann, wenn der Saft in die Schoten steigt, wie sie mit Rasiermessern abgeschnitten werden, aus denen das gummiähnliche Harz herausfließt und erstarrt. Ich sah auch, dass es keine Versuche gab, den Mohnanbau zu bremsen oder einzuschränken. Ich habe mich bemüht, Einzelheiten über die Art des Regimes zu nennen, das Afghanistan von ausländischen Mächten aufgezwungen wurde, in der Hoffnung, dass die Leser verstehen, dass sich seither nur sehr wenig geändert hat. Die USA glauben, dass sie das Land durch die Invasion und die Bombardierung unterworfen haben, doch sie irren sich gewaltig. Afghanistan ist ein Land der Warlords und rivalisierenden Fraktionen, die alle versuchen, einen Anteil am Opium zu bekommen, ein Bild verwirrender Loyalitäten und intensiver Rivalitäten. Das können die USA und ihre Verbündeten niemals besiegen.

Die Taliban - von der Central Intelligence Agency (CIA) als Gegenkraft geschaffen, bewaffnet und angeführt, um Russland an der Übernahme des Landes zu hindern - sind nun der Feind! Als die Taliban an die Macht kamen, wurden sie verspottet, verhöhnt und verachtet, doch sie behaupteten sich schnell und nachdem sie die Russen besiegt hatten, wandten sie sich gegen ihre amerikanischen Wohltäter und ordneten an, den Mohnanbau und den Export von Rohopium zu stoppen. Kilometer um Kilometer von Mohnfeldern wurden niedergebrannt, ebenso wie die Opiumvorräte. Plötzlich sahen die Drogenfürsten in der Londoner City und an der Wall Street einen enormen Einkommensverlust auf sich zukommen, und die Situation musste radikal umgekehrt werden.

Ich kann nicht mit Sicherheit sagen, wie es zu dem Angriff auf das World Trade Center kam, aber was ich weiß, ist, dass das amerikanische Volk niemals eine Invasion Afghanistans durch die US-Streitkräfte akzeptiert hätte, wenn es nicht die Katastrophe vom 11. September 2001 gegeben hätte, und es ist daher mehr als wahrscheinlich, dass die Geschichte enthüllen wird, dass die Tragödie vom 11. September eine "erfundene Situation" war. Zum Entsetzen der Banken in Dubai und der Opiumhändler in den USA und Großbritannien beseitigten die Taliban die vom Barakzai-Clan angeführten Warlords, die Opium an den Westen verkauft hatten und von denen die meisten nach Pakistan oder in die Bergregionen des Landes geflohen waren. Der Opiumhandel kam abrupt zum Erliegen. Die Taliban erließen ein Dekret, wonach jeder, der Schlafmohn anbaute oder mit Opium handelte, erschossen werden sollte. Die Opiumkriegsherren zerstreuten sich mit ihren kriminellen Lakaien.

Das ließ in ganz Westminster und New York die Alarmglocken läuten. In Dubai sahen die 90 Banken, die den Opiumhandel bedienten, den Ruin ihnen ins Gesicht blicken. Es musste etwas getan werden, und das wurde auch getan. Die USA zogen gegen Afghanistan in den Krieg, genau wie die Briten, Russen und Perser vor ihnen. Das Ziel des Krieges, so wurde uns gesagt, war es, "die Taliban und ihre Al-Qaida-Terroristen zu entwurzeln". Ein riesiges Bombergeschwader flog rund um die Uhr Einsätze und die wenigen Gebäude, die in Kandahar nach dem Krieg mit

Russland noch standen, wurden zu beeindruckenden Schutthaufen reduziert. Die Kriegsfalken Rumsfeld, Wolfowitz, Cheney und Perle jubeln. Zu Hause trompeteten die New Yorker Zeitungen, dass die USA den Krieg in Afghanistan "gewonnen" hätten. Das amerikanische Volk konnte nicht ahnen, dass der Krieg gerade erst begonnen hatte. Die US-Truppen werden jahrzehntelang in Afghanistan bleiben müssen, um die Opiumfraktionen getrennt zu halten und den reibungslosen Fluss des Opiums über die alten Handelsrouten zu gewährleisten. Die hohen Offiziere der pakistanischen Armee werden von dem aus Afghanistan abfließenden Kokain in hohem Maße profitieren, wie sie es schon immer getan haben. Aus diesem Grund wurde Pervez Musharraf als unser wichtigster "Verbündeter im Krieg gegen den Terrorismus" ausgewählt.

Nach dem Verschwinden der Taliban und der Wiedererlangung der Kontrolle durch den Barakzai-Clan blüht der Opiumhandel in Afghanistan nach dem Sturz der Taliban und es ist unklar, ob die neue Regierung versuchen wird, ihn zu stoppen oder zumindest einzudämmen. Wir wagen die Vermutung, dass der Opiumhandel unter dem von den USA verhängten Regime nicht nur zu seiner früheren Produktion zurückkehren, sondern die Menge des produzierten Rohopiums sogar noch erhöhen wird. In seinem Jahresbericht über den internationalen Drogenhandel erklärte das Außenministerium, dass die Taliban, die 2005 von der US-Armee von der Macht vertrieben wurden, den Anbau von Schlafmohn in den von ihnen kontrollierten Gebieten praktisch ausgerottet hätten.

Die globale Opiumproduktion sank dramatisch von etwa 3656 Tonnen im Jahr 2000 auf etwa 74 Tonnen im Jahr 2001. Fast die gesamte Produktion fand in den Gebieten Afghanistans statt, die von der Nordallianz, Washingtons Verbündetem im Krieg gegen die Taliban, gehalten wurden. Hier haben wir ein Zeugnis aus erster Hand: Unser "Krieg gegen die Drogen" ist so falsch wie eine gefälschte Banknote der Federal Reserve. Während die Taliban die Opiumkulturen und -vorräte zerstörten, versicherte die CIA unseren "Verbündeten" - den "Kriegsherren", einer Auswahl von skrupellosen, mörderischen Gangstern -, sie sollten sich keine Sorgen machen, sie würden bald wieder an die Macht kommen. Die Drug Enforcement Agency (DEA) versuchte nicht, diese Bande von Ungeziefer zu zerschlagen, obwohl sie eine bemerkenswerte Gelegenheit dazu gehabt hätte. Stattdessen schützten die USA die drogenschmuggelnden Schläger. Afghanistan ist traditionell einer der größten Opiatproduzenten der Welt, zusammen mit Indien, das 2008 aufgrund des Verbots der Taliban seine Position als größter Produzent zurückeroberte.

Opium ist der Grundstoff für die Opiate Heroin und Morphin, und Afghanistan war der Hauptlieferant dieser Drogen in der Region sowie in Westeuropa und den USA. Einem kürzlich veröffentlichten US-Bericht zufolge ist der weit verbreitete Mohnanbau in Afghanistan nach dem Zusammenbruch der Taliban wieder aufgenommen worden und die Drogenhändler sind trotz der massiven Präsenz der US-Streitkräfte vor Ort weiterhin im Land aktiv. Obwohl die von den USA unterstützte Übergangsbehörde in Kabul, die Marionette von Cheney, Rumsfeld und Wolfowitz, Hamid Karzai (Barakzai), ein eigenes Verbot des Opiumanbaus verkündet hatte, ging dieses Verbot kaum über die Hauptstadt hinaus und war das Papier nicht wert, auf dem es geschrieben stand. Hätte Karzai versucht, sein Dekret durchzusetzen, wäre er eines Morgens mit von einem Ohr zum anderen durchschnittener Kehle aufgefunden worden. Seine Dealer hätten niemals zugelassen, dass er am Leben bleibt, um sich in ihre lukrativen Geschäfte einzumischen.

Im Bericht heißt es:

> "Der Behörde fehlen die Mittel, um ihr Verbot durchzusetzen, und sie muss mit den lokalen Machtzentren und der Gebergemeinschaft zusammenarbeiten, um sicherzustellen, dass das Verbot tatsächlich eingehalten wird. Es ist nicht klar, ob die Ermahnungen und sogar die finanzielle Unterstützung der internationalen Gemeinschaft ausreichen, um den Mohnanbau in Afghanistan schnell zu beseitigen... Infolge von Feindseligkeiten variiert die Fraktion, die eine Region tatsächlich kontrolliert. Es ist nicht sicher, dass sich die Fraktionen an das von der Interimsbehörde verhängte Verbot des Mohnanbaus halten werden. "

Was für eine völlige Absurdität.

Und warum wird sie nicht durch die Anwesenheit einer großen Anzahl von DEA-Agenten, die vom US-Militär unterstützt werden, durchgesetzt? Wir wissen, dass unsere Kontrolleure davon überzeugt sind, dass das amerikanische Volk das leichtgläubigste der Welt ist, aber der Versuch, der Bevölkerung einen solchen Unsinn aufzuzwingen und zu glauben, dass er geglaubt wird, sprengt jede Erklärung. Die Nordallianz, die Karsais Regierung dominiert, scheint in den von ihr kontrollierten Teilen des Landes keine Maßnahmen gegen Drogen ergriffen zu haben. Die Vereinten Nationen haben auch wiederholt berichtet, dass Bauern in den von der Nordallianz kontrollierten Gebieten eine zweite Opiumernte einbrachten, heißt es in dem Bericht weiter.

Können Sie die Dreistigkeit dieser Leute glauben, die von uns erwarten, dass wir an einen so eklatanten Unsinn glauben? "Erscheint nicht"? Tatsache ist, dass die Taliban zwar alles taten, um die Geißel auszurotten, Washington aber nicht nur wusste, dass ihre "Verbündeten" Mohn anbauten, sondern ihnen auch versicherte, dass sich niemand in ihren Handel einmischen würde, solange sie unsere "Verbündeten" im Krieg gegen die Taliban waren. Daraufhin machte sich Washington daran, sie zu bewaffnen und auszubilden, damit sie gegen ganz Afghanistan in den Krieg ziehen konnten, während ihr tödliches Geschäft intakt blieb. Dies sind die wahren Tatsachen, die sich hinter dem Krieg in Afghanistan verbergen.

Die Vereinigten Staaten setzen ein wenig Hoffnung in die regionalen Bemühungen, afghanische Opiate durch die Gruppe Sechs plus Zwei, in der die Vereinigten Staaten, Russland und die sechs unmittelbaren Nachbarn Afghanistans vertreten sind, daran zu hindern, das Land zu verlassen. Es handelt sich um eine weitere Maskerade. Es wurde nichts getan und es wird auch nie etwas getan werden, um den afghanischen Opiumhandel zu stoppen. Sollte es ernsthafte Bemühungen in diese Richtung geben, würde der Führer Pakistans, General Pervez Musharraf, vor die Tür gesetzt werden. Das halbe Führungsestablishment

Pakistans ist völlig abhängig von der Maut auf die lukrativen Einnahmen aus dem Opiumhandel, der über Pakistan nach Europa und in die USA führt. In der Zwischenzeit wird der Drogenhandel in der Provinz Helmand trotz aller Bemühungen der Interimsbehörde und der internationalen Gemeinschaft weitergehen, heißt es in dem Bericht des Außenministeriums weiter.

Es gibt absolut keine Beweise dafür, dass die Taliban-Führung in Afghanistan jemals in den Opiumhandel verwickelt war oder dass die Droge eine wichtige Finanzierungsquelle für Osama Bin Ladens Al-Qaida-Netzwerk war. Wir haben alle uns bekannten Akten durchsucht und keine derartigen Beweise gefunden. Wir weisen die Behauptungen des Außenministeriums schlicht und einfach als Propaganda zurück. Die Beamten erklärten jedoch, dass das in Afghanistan ansässige Al-Qaida-Netzwerk indirekt von der Beteiligung der Taliban am Schmuggel profitiert, und sie befürchten, dass es engere Verbindungen zu den Schmugglern entwickeln könnte, da es nach den Terroranschlägen vom 11. September unter dem Druck der USA steht. Wo sind die Beweise? Behauptungen sind keine Beweise, und bislang wurden auch keine Beweise vorgelegt. Es handelt sich um Propaganda, die darauf abzielt, Zweifel an den religiösen Überzeugungen der Taliban zu wecken.

> "Jedes Mal, wenn Sie eine Terrororganisation haben, die Geldquellen haben muss und sich geografisch neben Drogenorganisationen befindet, die Geld produzieren, dann gibt es offensichtlich das Potenzial für eine stärkere Verbindung zwischen den beiden",

sagte Asa Hutchinson, ein ehemaliger DEA-Chef, vor dem Unterausschuss für Regierungsreform des Repräsentantenhauses für Strafrechtspflege, Drogenpolitik und Personalwesen. Nun, jetzt antworten wir, dass die Ernennung von Herrn Hutchinson eine politische Ernennung war und dass er wenig bis gar nichts über den Drogenhandel weiß, da er seine Zeit im Repräsentantenhaus verbracht hatte, bevor er seinen Sitz wegen seiner Rolle im Clinton-Anklageverfahren verlor.

US-Beamte erklärten, dass der Opiumhandel eine wichtige Finanzierungsquelle für die Taliban, die harte islamische Miliz, die den größten Teil des Landes regiert, gewesen sei. Hutchinson und William Bach, ein für die Drogenbekämpfung zuständiger Beamter des Außenministeriums, erklärten, dass die Taliban-Wachen manchmal Rohopium anstelle von Bargeld akzeptierten.

Diese erbärmliche Behauptung kommt direkt aus dem Mund der Raufbolde der "Nordallianz", die nicht die Wahrheit sagen können, denn wenn sie es täten, würden sie ihren günstigen Status bei Washington verlieren. Hier ist eine weitere "Perle":

> "In Erwartung der militärischen Vergeltung der USA für die Terroranschläge scheinen die Taliban ihre Vorräte zu veräußern. Der Opiumpreis in der Region fiel unmittelbar nach den Anschlägen plötzlich von 746 US-Dollar pro Kilogramm auf 95 US-Dollar. Seitdem hat er sich wieder auf 429 Dollar erholt. "

Man könnte meinen, dass die Taliban, nachdem sie uns gesagt haben, dass sie Waffen brauchen, kaum ihren direktesten Weg zur Beschaffung von Waffen "aufgegeben" hätten! Wie dem auch sei, es gibt keinen Beweis dafür, dass die Taliban jemals mit Opium gehandelt hätten. Diejenigen, die in Versuchung geraten wären, wären gemäß ihrem religiösen Kodex einem Schnellverfahren unterzogen und hingerichtet worden. In den späten 1790er Jahren wurde Afghanistan zum weltweit größten Produzenten von Opium, dem Grundstoff für Heroin. Auf seinem Höhepunkt lieferte es über 70% der BEIC-Einnahmen, eine Auszeichnung, die das Land während der beiden Weltkriege und bis Ende der 1990er Jahre behielt.

Als die Taliban an die Macht kamen, ordneten sie unter Berufung auf religiöse Grundsätze die Einstellung des Opiumanbaus an. Internationale Beobachter bestätigten, dass die Produktion in den von den Taliban gehaltenen Gebieten nahezu ausgelöscht worden war, da das wenige verbliebene Opium auf Land angebaut wurde, das der sogenannten Opposition "Nordallianz" gehörte, einer Bande von Schurken, Drogenhändlern und Mördern unter dem Schutz des ehemaligen Verteidigungsministers Donald Rumsfeld.

Erklärt dies nicht eine ganze Reihe von Dingen, die einer Erklärung bedürfen? Und es ist nicht das erste Mal, dass die USA direkt in den Drogenhandel involviert sind. Wir haben es in Vietnam, im Libanon, in Mexiko, in Pakistan und jetzt auch in Afghanistan gesehen. US-Beamte behaupten jedoch, dass das Verbot kaum Auswirkungen auf den Handel hatte, weil die Taliban weder die massiven Opiumvorräte der vergangenen Jahre beseitigt noch die Drogenhändler festgenommen haben. Was ist die Wahrheit? Das Außenministerium und der neue Chef der DEA sagen uns, dass die Taliban ihre riesigen Opiumvorräte "entsorgt" haben, und gleichzeitig sollen wir glauben, dass die Taliban nichts dergleichen getan haben! Glauben Sie uns, wenn wir sagen, dass es keine Notwendigkeit gegeben hätte, die Bestände "abzubauen". Die pakistanischen Drogenbarone - einschließlich des Militärs - hätten den Taliban jedes Kilo Rohopium zum Höchstpreis abgekauft.

Diese Geschichte ist nichts weiter als ein Haufen Unsinn. Was passiert ist, ist, dass sich die wichtigsten Akteure des Handels alle in einem von der Nordallianz "geschützten" Gebiet befanden und dass die Taliban dieses Gebiet nicht betreten konnten, weil Donald Rumsfeld sie mit Panzern, Artillerie und allem Zubehör einer modernen Armee bewaffnet hatte, mit freundlicher Genehmigung der Steuerzahler. Der Vorsitzende des Unterausschusses, Mark Souder, R-Indiana, bezeichnete das Verbot der Taliban als

> "kühl kalkulierte Strategie, um den Weltmarktpreis für ihr Opium und Heroin zu kontrollieren".

Hier scheint es sich um einen Fall zu handeln, in dem ein Blinder den Blinden führt! Schweißer scheint schlimmer zu sein als Hutchinson. Warum sagen Sie nicht die Wahrheit und lassen das amerikanische Volk entscheiden? Warum lügen und die Spuren verwischen? "Amerikanische Beamte haben geschätzt, dass Opium die Taliban mit bis zu 50 Millionen Dollar pro Jahr versorgen könnte", sagen Hutchinson und Bach. Al-Qaida profitiert indirekt davon, da sie von den Taliban geschützt wurde.

Bach sagte jedoch, dass der Drogenhandel "nicht die

Hauptressource von Al-Qaida zu sein scheint", während Souder darauf hinwies, dass US-Beamte dem afghanischen Opiumhandel wenig Aufmerksamkeit schenkten, da nur ein geringer Teil davon in die USA gelangte :

> "Wir müssen uns nun einer neuen Realität stellen: Der afghanische Drogenhandel, der unsere Grenzen praktisch nicht überschritten hat, hat unserem Land genauso viel Schaden zugefügt wie die Drogen vom anderen Ende der Welt, die die Straßen Amerikas erreicht haben. "

Wenn der Durchschnittsamerikaner diesen widersprüchlichen Aussagen einen Sinn abgewinnen kann, dann sind wir sehr überrascht. Aber unabhängig davon, ob wir sie verstehen können oder nicht, handelt es sich - und wir wiederholen dies - um reine Doppelzüngigkeit. Wir bitten Sie noch einmal, Folgendes zu bedenken:

> ➢ Uns wird gesagt, dass die Taliban den größten Teil ihrer Opiumvorräte "abgestoßen" haben.

> ➢ Uns wurde gesagt, dass die Taliban Einnahmen aus Opium benötigten.

> ➢ Uns wird gesagt, dass die Taliban jährlich 50 Millionen US-Dollar aus den Einnahmen des Opiumhandels erhalten haben.

> ➢ Uns wird gesagt, dass die Taliban ihre riesigen Bestände "weggeworfen" haben. Wurden 50 Millionen Dollar "weggeworfen"? Warum sollte jemand 50 Millionen Dollar "wegwerfen"?

> ➢ Uns wird gesagt, dass sich die DEA bislang kaum für den weltweit größten Lieferanten von Rohopium interessiert hat. Ist dies von Bedeutung? Wenn die DEA dem Opium, das aus Afghanistan fließt, keine Aufmerksamkeit geschenkt hat, dann hat sie sich einer Pflichtverletzung schuldig gemacht.

> ➢ Uns wird gesagt, dass der Grund, warum die DEA ihre Pflichten nicht erfüllt, darin besteht, dass so wenig

Opium in die Vereinigten Staaten gelangt!

Können Sie diesen Leuten glauben? Sie müssen glauben, dass das amerikanische Volk das dümmste Volk der Welt ist. Nach den Anschlägen vom 11. September in New York und Washington stand Afghanistan im Mittelpunkt des weltweiten Interesses. Die von den USA angeführte "Allianz gegen den Terrorismus" bombardierte Afghanistan und Teile von Al-Qaida flohen aus dem Land. Der illegale Opiumanbau in Afghanistan wurde zu einem Bestandteil des Propagandakriegs. Der Heroinhandel wurde wiederholt als eine der Hauptquellen für die Netzwerke von Osama bin Laden genannt. Aber irgendwie wurden wir zu der Annahme verleitet, dass Bin Laden geflohen ist und in Afghanistan frei herumläuft und immer noch den Terrorismus gegen den Westen anführt. Unserer Meinung nach sollte man dies mit großer Skepsis betrachten.

> "Die Waffen, die die Taliban heute kaufen, werden mit dem Leben junger Briten bezahlt, die ihre Drogen auf den Straßen Großbritanniens kaufen. Das ist ein weiterer Teil ihres Regimes, den wir zu zerstören suchen müssen",

sagte der ehemalige britische Premierminister Tony Blair.

Seine Aussage ist ein Beispiel für die verzerrenden Aussagen, die über tatsächliche Situationen in Bezug auf die Opiumwirtschaft in Afghanistan gemacht werden. In Wirklichkeit ist es Blairs Verbündeter in Afghanistan, die "Nordallianz", die jeden Tag mehr von der kriminellen Opiumwirtschaft profitiert. Es gibt keine Beweise dafür, dass die Taliban mit Opium handeln.

Als der ehemalige Premierminister Blair die britische Armee in Afghanistan hielt, hatte er viel Zeit, um die Mohnfelder auszurotten, Suchmissionen durchzuführen und die Bestände an Rohopium zu vernichten. Warum hat Herr Blair seinen Truppen nicht befohlen, diese Maßnahmen zu ergreifen? Es wäre eine hervorragende Gelegenheit gewesen, das Land koordiniert zu durchsuchen und die Mohnbauern unschädlich zu machen, die Drogenhändler zu verhaften und ihre Bestände zu vernichten. Die Mittel und das Geld wären vorhanden gewesen, um eine solche Operation durchzuführen, aber nein, offenbar war Herr

Blair der Meinung, dass seine Worte mächtiger seien als seine Taten. So etwas nennt man "Propaganda". Blair muss wissen, was Souder und Hutchinson gesagt haben. Sie stören sich offenbar nicht am Tod junger britischer Heroinsüchtiger, denn das geht Amerika nichts an! Glauben Sie dieses Zeug auch auf die Gefahr hin, dass Sie Ihr IQ-Niveau verlieren.

Als die Taliban 1996 in Kabul an die Macht kamen, traten sie nur das Erbe einer Situation an, die Afghanistan seit dem Ende des 18.ème - 19.ème Jahrhunderts zum weltweit größten Opiumproduzenten gemacht hatte. Zwischen 1994 und 1998 belief sich die Opiumproduktion auf 2000 bis 3000 metrische Tonnen Rohstoff pro Jahr. Der Großteil der Produktion wurde über Indien (und später Pakistan) transportiert, zunächst unter der Aufsicht der besten Soldaten der britischen Armee, die in Rudyard Kiplings Tapferkeitsgeschichten verewigt wurden. Später waren es die Generäle der pakistanischen Armee, die über die lukrativen Einkünfte aus diesem Handel wachten. Nachdem in Dubai Opium gegen Gold getauscht worden war, wurde das Rohopium in der Türkei und in Frankreich zu Heroin und Morphin veredelt. Nur ein winziger Teil des Opiums wurde in Afghanistan weiterverarbeitet. Alle bisherigen Rekorde wurden in den Jahren 1999 und 2000 gebrochen, als die Opiumproduktion in Afghanistan 4500 Tonnen erreichte.

Die Bush-Regierung möchte uns glauben machen, dass am 27. Juli 2000 "... nach vielen Jahren internationalen Drucks der Führer der Taliban, Mullah Omar, ein vollständiges Verbot des Opiumanbaus für die nächste Saison verhängt hat." Dies ist nicht der Fall. Die Taliban haben den Anbau von Schlafmohn und die Produktion von Rohopium sofort nach ihrer Machtübernahme verboten. Der globale Druck hat damit nichts zu tun.

Wenn der "globale Druck" der Grund für das Handelsverbot der Taliban war, warum hatte es dann vor dem Aufkommen der Taliban keine Auswirkungen? In den von den Taliban kontrollierten Gebieten ging der Anbau zurück, während er in den von der "Nordallianz" kontrollierten Gebieten florierte. Der schnelle Vormarsch der US-Streitkräfte aufgrund der massiven

Bombenkampagne der USA in ihrem Krieg gegen das Bin-Laden-Netzwerk und die Übernahme der Kontrolle über Kabul durch die Gangster der "Nordallianz" haben der Opiumwirtschaft keineswegs ein Ende bereitet. Genau das Gegenteil war der Fall; die Opiumwirtschaft erlebte ein Wiederaufleben, obwohl die USA und ihre britischen Verbündeten nun alle wichtigen Mohnanbaugebiete kontrollierten. Afghanistan ist in den Fokus des Programms der Vereinten Nationen für internationale Drogenkontrolle (UNDCP) gerückt, seit klar wurde, dass das Land den Status der weltweit größten Opiumquelle erlangt hatte, und das zwanzig Jahre vor dem Auftreten der Taliban. Die Projekte des UNDCP zur Eindämmung des illegalen Opiumflusses in Afghanistan hatten keine messbaren Auswirkungen. Im sogenannten "Krieg gegen Opium" in Afghanistan standen die wichtigsten Anbaugebiete unter der Kontrolle der sogenannten "Nordallianz", ein Name, den Rumsfeld erfunden hatte, um seine wahre Zusammensetzung aus Banditen und Schurken zu verbergen.

Seit 1994 ist die jährliche Opiummohnerhebung des UNDCP-Kulturüberwachungsprogramms die zuverlässigste Quelle für Zahlen über den Mohnanbau und das Potenzial für die Opiumproduktion. Die jüngste, im Oktober 2008 veröffentlichte Studie bestätigte den dramatischen Rückgang des Opiummohnanbaus im Detail, d. h. nach der Übernahme durch die Taliban. Davor hatte der "globale Druck" keine Auswirkungen auf die Opiumfürsten, die anschließend in Rumsfelds sogenannte "Nordallianz" eingezogen werden sollten.

Um die komplexen Zusammenhänge der afghanischen Opiumwirtschaft zu verstehen, ist die Reihe der Strategischen Studien des UNDCP recht hilfreich, auch wenn sie keine Details über die Kontrolleure hinter den Kulissen liefert. Sie dokumentiert die Ausweitung der Mohnfelder in Afghanistan und die Gründe dafür; die Rolle von Opium als Kreditquelle und in den Strategien zur Sicherung des Lebensunterhalts von Kleinbauern und Kriegsflüchtlingen; die Rolle der Frauen in der Opiumwirtschaft und die ländliche Dynamik hinter dem illegalen Handel, der dem BEIC Milliarden Pfund eingebracht hat und denjenigen, die das Opium verteilen, wie den Generälen der pakistanischen Armee, immer noch ein beträchtliches Vermögen einbringt. Die neueste Ausgabe von Global Illicit Drug Trends (2008) des Drogenprogramms des Rates der Vereinten Nationen (UNDCP) unter der Aufsicht von Sandeep Chawla, dem Leiter der Forschungsabteilung des UNDCP, enthält einen Sonderteil über Afghanistan mit einem recht nützlichen, aber begrenzten Überblick über die Trends der Opiumwirtschaft seit den ersten Tagen, in dem erklärt wird, wie Afghanistan zum größten Opiumlieferanten der Welt wurde.

In meinem Buch *Geschichte des Komitees der 300,*[2] habe ich ausführlich darüber berichtet, wie diese gigantische Gruppe so viel Geld mit dem Elend des Opiumhandels machen konnte, der dem chinesischen Volk von der Regierung Großbritanniens aufgezwungen wurde. Das Buch liefert einen detaillierten Bericht über die Geschichte des berüchtigten Opiumhandels und des Heroinschmuggels in der Region, einschließlich der von der CIA und dem pakistanischen Geheimdienst ISI sanktionierten Transaktionen während des Dschihads gegen die sowjetische Besatzung in den 1980er Jahren. Es gibt zahlreiche Berichte des "Establishments" über die kriminalisierte afghanische Wirtschaft, die sich weitgehend mit der Erklärung von zwei Jahrzehnten Schmuggeltrends vor und nach 1989 befassen und den Eindruck zu erwecken versuchen, dass der Opiumschmuggelhandel eine relativ neue Sache ist.

Die meisten von ihnen nennen den Zeitraum 1987-1989 als "Anfangsdatum" des Opiumhandels und der damit verbundenen illegalen Aktivitäten, während Dokumente, die im British Museum und im India House gefunden wurden, zeigen, dass der illegale Handel mit Heroin und Morphin mit der Ankunft der Briten in Afghanistan begann. Indien (später Pakistan) war tief in diesen kriminellen Handel verwickelt, der unter der britischen Herrschaft 1868 begann und bis heute andauert. Der folgende

---

[2] *Die Hierarchie der Verschwörer, Geschichte des Komitees der 300,* Omnia Veritas Ltd, www.omnia-veritas.com.

Text wird als Beispiel für die weichgespülte Art der Berichterstattung des Establishments angeführt:

> Afghanistan ist nicht nur zum größten Opiumproduzenten der Welt und zu einem Zentrum des Waffenhandels geworden, sondern unterstützt auch einen Handel mit Waren im Wert von mehreren Milliarden Dollar, die von Dubai nach Pakistan geschmuggelt werden. Diese kriminalisierte Wirtschaft finanziert sowohl die Taliban als auch ihre Gegner. Sie hat die Beziehungen verändert und die Staaten und legalen Volkswirtschaften in der gesamten Region geschwächt. Um einen dauerhaften Frieden zu schaffen, müssen nicht nur die Kämpfe beendet und eine politische Einigung erzielt werden, sondern auch die regionale Wirtschaft umgestaltet werden, indem alternative Lebensgrundlagen geschaffen und die Rechenschaftspflicht gefördert werden.

Auf den ersten Blick ist alles, was der Bericht enthält, abgeschwächt und identifiziert niemanden. Aber seine Ziele scheinen möglich, obwohl in Wirklichkeit seit 1625 Opium über Afghanistan und Pakistan (den Teil, der früher Indien war) herrscht und nichts daran etwas ändern wird. Und hier ist das Ende der Geschichte: Die USA und ihre sogenannten "Nordallianzpartner" werden nichts unternehmen, um diesem lukrativen Geschäft ein Ende zu setzen, von dem nicht weniger als 23 in Dubai ansässige britische Banken für ihre Gewinne und ihre Existenz abhängig sind und deren Gewinne an die Banken in der City of London weitergeleitet werden. Wie naiv ist es zu glauben, dass diese Superbanken jedem erlauben würden, sich in ihre Geldvermehrungsmaschine einzumischen?

Die Dokumente der British East India Company, die im India House in London aufbewahrt wurden (bevor sie auf mysteriöse Weise zerstört wurden), lieferten einzigartige Informationen über den Opiumhandel in Afghanistan und enthielten detaillierte Angaben zu den nördlichen Schmuggelrouten von Afghanistan über Pakistan bis nach Dubai. Dieser Handel wurde zur Zeit der BEIC nie als "kriminelles Geschäft" betrachtet. Die einzige "kriminelle Aktivität", die in diesen Dokumenten festgehalten wurde, betraf Banditen, die versuchten, Züge mit Opiumkurieren über den Khyber-Pass zu entführen, wo sie von den besten

Kräften der britischen Armee abgewehrt wurden. Die US-Zahlen zu Afghanistan waren in den letzten 20 Jahren ungenau und stark politisiert. Interessanterweise verwendet die DEA in diesen jüngsten Erklärungen zum ersten Mal fast ausschließlich die Zahlen des UNDCP, die sie zumindest bis vor einigen Jahren für stark übertrieben hielt.

Man fragt sich, warum? Es ist politisch opportun, Statistiken als Teil der amerikanischen Masche zu zitieren, die Taliban zu diskreditieren und den "Krieg gegen den Terror" mit dem "Krieg gegen Drogen" zu verschmelzen. In Wirklichkeit gibt es weder das eine noch das andere, aber die Maskerade muss aufrechterhalten werden, um eine Entschuldigung für drakonische und völlig verfassungswidrige "Gesetze" zu liefern, die eklatant gegen die Bill of Rights verstoßen. Aus diesem Grund können wir Bin Laden nicht finden. Wenn wir ihn finden würden, gäbe es plötzlich keine Taliban mehr und keinen Grund mehr, den "Krieg gegen den Terror" fortzusetzen. In Afghanistan ist mit dem Verschwinden der Taliban die Zeit der Ernte ein Nicht-Ereignis für die Opiumbauern in Afghanistan und Pakistan, einer Region, die nun mit Südostasien als weltweit größte Quelle von Heroin, der aus Schlafmohn gewonnenen Droge, konkurriert.

Die Regierung von G.W. Bush hat beschlossen, den Opiumanbau in Afghanistan nicht zu zerstören. Seltsamerweise hat Präsident Bush, der zuvor eine direkte Verbindung zwischen dem Drogenhandel in Afghanistan und dem Terrorismus hergestellt hatte, plötzlich beschlossen, den Opiumanbau in Afghanistan nicht zu zerstören. Ein aus Afghanistan zurückgekehrter Beamter des US-Geheimdienstes berichtete diese Information einem europäischen Nachrichtenmagazin. Die Quelle, die darum bat, nicht genannt zu werden, merkte an, dass die Opiummohnfelder in voller Blüte stünden und bereit für die Ernte seien. Die US-Streitkräfte könnten die Kulturen mithilfe von Sprühtechniken aus der Luft zerstören, doch sind keine derartigen Aktionen geplant. Es werden keine Flammenwerfer auf die reifenden Knospen des Schlafmohns gerichtet, es gibt keine Anzeichen dafür, dass Truppen die Pflanzen ausreißen und verbrennen.

Tatsächlich ist auf den Mohnfeldern alles friedlich, denn die Bauern wissen, dass niemand sie stören wird. Sie machen sich auch keine Sorgen über "Terrorismus" in fernen Ländern, aber einige Geheimdienstler sind zutiefst beunruhigt über das amerikanische Verbot, Schlafmohnfelder zu zerstören.

Der UN-Bericht über den Drogenhandel vom Januar 2002 erklärte:

Wenn die geschätzten 3000 Tonnen Opium auf den Markt kommen, wird dies zu einem weiteren Anstieg des internationalen Terrorismus und einem großen Verlust an internationaler Glaubwürdigkeit für die Bush-Regierung und die Fähigkeit der USA zur Kriegsführung im 21ème Jahrhundert führen. Amerikas Feinde auf der ganzen Welt, von China über Nordkorea bis zum Iran, werden sich durch diesen Mangel an strategischer Vision und politischem Willen ermutigt fühlen. Die USA und alle ihre Verbündeten haben ein weltweites Verbot des Opiumverkaufs unterzeichnet. Im Januar 2002 veröffentlichten die Vereinten Nationen einen Bericht über die Opiumproduktion in Afghanistan und betonten, dass die alliierten Streitkräfte schnell handeln müssten, um die Opiummohnkulturen von 2002 bis zum Ende des Frühjahrs zu zerstören. Die US-amerikanischen und britischen Streitkräfte unternahmen keine derartigen Maßnahmen.

Die globale Bedeutung des Verbots des Anbaus von und des Handels mit Opiummohn in Afghanistan ist enorm. Afghanistan war die Hauptquelle für illegales Opium: 70% der weltweiten Produktion von illegalem Opium im Jahr 2000 und bis zu 90% des Heroins auf den europäischen Drogenmärkten stammten aus Afghanistan. Zuverlässigen Hinweisen zufolge wird seit Oktober 2001 in einigen Regionen (wie den südlichen Provinzen Uruzgan, Helmand, Nangarhar und Kandahar) wieder Schlafmohn angebaut, nachdem das von den Taliban 2001 verhängte Anbauverbot wirksam umgesetzt wurde. Dies ist nicht nur auf den Zusammenbruch der öffentlichen Ordnung zurückzuführen, sondern auch darauf, dass die Bauern verzweifelt nach einer Möglichkeit suchen, nach der lang anhaltenden Dürre zu überleben.

Geheimdienstquellen zufolge lehnt die CIA die Vernichtung des afghanischen Schlafmohnanbaus ab, da ein solcher Schritt den Sturz der pakistanischen Regierung zur Folge haben würde. Diesen Quellen zufolge hat der pakistanische Geheimdienst damit gedroht, Präsident Musharraf zu stürzen, falls er die Vernichtung der Kulturen anordnen sollte. Die Geschichte Pakistans lässt uns vermuten, dass es sich hierbei nicht um eine leere Drohung handelt. Der ehemalige pakistanische Präsident A.H. Bhutto wurde wegen des Versuchs, den Handel zu unterbinden, gerichtlich gehängt und sein Nachfolger, General Zia ul Haq, starb bei einem sehr mysteriösen Flugzeugabsturz, nachdem er Geld abgeschöpft hatte - Geld, das für die Banken der Londoner City bestimmt war. Die Drohung, Musharraf zu stürzen, wird teilweise von radikalen islamischen Gruppen angetrieben, die mit dem pakistanischen Geheimdienst Inter-Services Intelligence (ISI) in Verbindung stehen. Die radikalen Gruppen sollen ihre Hauptfinanzierung durch die Produktion und den Handel mit Opium erhalten. Hohe Offiziere der pakistanischen Armee sind tief in die Überwachung des Opiumschmuggels in ihr Land involviert - wie sie es schon immer waren - und würden keine Unterbrechung dieses Handels dulden. Die pakistanischen Geheimdienste sind völlig korrupt und unzuverlässig, ganz zu schweigen davon, dass sie instabil und illoyal sind. Sie beugen sich den Forderungen des Meistbietenden und scheren sich nicht um religiöse Grundsätze. Die CIA steckt seit vielen Jahren mit ihnen unter einer Decke und es ist unwahrscheinlich, dass sie ihren Kurs ändern wird. Wie Bhutto bitter abschließend feststellte:

> Wenn sie [die CIA] sich tatsächlich gegen die Zerstörung des Opiumhandels in Afghanistan stellt, wird dies nur dazu dienen, den Glauben aufrechtzuerhalten, dass die CIA eine Agentur ohne Moral ist, die ihre eigene Agenda verfolgt und nicht die unserer verfassungsmäßig gewählten Regierung. Wenn wir diese Gelegenheit nicht nutzen, um die Opiumproduktion in Afghanistan zu zerstören, sind wir schlimmer als die Taliban, die sie trotz gegenteiliger Behauptungen eingestellt haben.

Die Entscheidung der CIA, die Opiumproduktion in Afghanistan nicht zu stoppen, wurde vom 300er Komitee, ihrem obersten

Boss, gebilligt. Geheimdienstquellen zufolge haben die britische und die französische Regierung diskret ihre Zustimmung zu der US-Politik gegeben. Die CIA ist es gewohnt, den internationalen Drogenhandel zu unterstützen und handelte während des Vietnamkriegs fast genauso, was katastrophale Folgen hatte: Ein starker Anstieg des Heroinhandels in den USA ab den 1970er Jahren ist direkt auf die CIA zurückzuführen. Das berühmte Interview, das Chou En Lai der ägyptischen Zeitung *Al Ahram* gegeben hat, untermauert die Behauptung, dass die CIA seit Jahren am weltweiten Drogenhandel beteiligt ist. Das will auch das Komitee der 300. Geheimdienstquellen zufolge würde eine einfache Subvention von 2000 Dollar pro Jahr, die insgesamt nicht mehr als 20 Millionen Dollar betragen darf und direkt an afghanische Bauern gezahlt wird, die gesamte Opiumproduktion zum Erliegen bringen. Der US-Krieg in Afghanistan hat bereits rund 40 Milliarden US-Dollar gekostet, und kein einziger Cent wurde für die Ausrottung der Mohnfelder und die Unterbindung des Rohopiumflusses nach Pakistan ausgegeben (Zahlen des US-Außenministeriums von 2009).

Jetzt, da wir wissen, dass die Millionen Dollar, die in US-Werbekampagnen verschwendet wurden, die den Verkauf illegaler Drogen mit Terrorismus in Verbindung brachten, eine Lüge waren, und jetzt, da wir wissen, dass die Bush-Regierung die Opiumproduktion in Afghanistan geschützt hat, beginnen wir eine gute Vorstellung davon zu bekommen, wie groß der Fehler im Afghanistankrieg war und warum die USA Pakistan als "unseren wichtigsten Verbündeten im Kampf gegen den Terrorismus" auserkoren haben. Die Opiumproduktion in Afghanistan zu beenden, würde nicht ein Zehntel der Millionen Dollar kosten, die für Fernsehwerbung über unseren "Krieg gegen den Terrorismus - Krieg gegen Drogen" ausgegeben wurden, aber der seltsame Mangel an Maßnahmen in Afghanistan gegen den Drogenhandel durch den "Kriegsfalken" Rumsfeld und die Bush-Regierung im Allgemeinen zeigt, wie heuchlerisch und fehlerhaft der sogenannte "Krieg gegen den Terrorismus" ist. Wann immer Sie einen sprechenden Kopf wie Bill O'Reilly sehen, der einen neuen Erfolg bei der

Beschlagnahmung von Terroristengeldern verkündet, denken Sie daran, dass dies nur ein Tropfen auf den heißen Stein ist im Vergleich zu den Milliarden von Dollar, die in die Tresore der Banken in Dubai des Komitees der 300 fließen, und seien Sie sich bewusst, dass dies nicht den geringsten Unterschied im Fluss des illegalen afghanischen Opiumgeldes in die Banken der City of London und die Offshore-Banken machen wird, ganz zu schweigen vom Heroinfluss nach Amerika. Der Krieg in Afghanistan ist nicht gewonnen. Unsere Truppen werden nie nach Hause zurückkehren. Der Opiumhandel muss überwacht werden.

Das Büro der Vereinten Nationen für Drogen- und Verbrechensbekämpfung (UNODC) hat seine Rapid Assessment Survey zum Opiummohnanbau in Afghanistan veröffentlicht. Die Bundesregierung in Washington DC veröffentlichte ebenfalls ihren Jahresbericht über die Faktoren des Opiumanbaus. Daraufhin erklärte der britische Außenminister Kim Howells:

> Die britische Regierung will die Menge an Heroin aus Afghanistan, die auf unsere Straßen gelangt, reduzieren. Das Ausmaß des Drogenhandels in Afghanistan ist enorm und die Strategie zur Ausrottung dieses Handels wird Zeit brauchen - es gibt keine Patentlösung. Der Opiumanbau in Afghanistan wird mengenmäßig schwanken, wie es auch in der jüngsten Vergangenheit der Fall war.

Eine von den Vereinten Nationen 2008 durchgeführte Erhebung lieferte einen sehr frühen Hinweis auf mögliche Anbaustufen in diesem Jahr. Im Vergleich zu den guten Ergebnissen des Vorjahres, die einen Rückgang des Anbaus zeigten, deutet dieser Bericht auf stabile Anbaustufen in den meisten der 31 afghanischen Provinzen hin, auf einen Anstieg des Anbaus in 13 Provinzen und einen Rückgang des Anbaus in drei Provinzen. Wie der für das BKA erstellte Bericht der unabhängigen Fahrer jedoch deutlich macht, ist es irreführend, sich nur auf die Schlüsselzahlen zu konzentrieren, da das Gesamtbild komplexer ist. Es gibt eine große Vielfalt an Kulturen und Faktoren, die die Landwirte im ganzen Land beeinflussen.

In der Umfrage wurde nie der Fortschritt bei der Umsetzung der Ausrottungskampagne bewertet, sondern nur darauf hingewiesen, dass die Ausrottung 2009 besser organisiert sein wird und daher erfolgreicher sein sollte als 2008. Die derzeitige Zunahme des Mohnanbaus bedeutet nicht, dass keine Fortschritte bei der Bekämpfung des Handels erzielt werden. Die Ausrottung ist nur ein Teil der umfassenden afghanischen und internationalen Strategie zur Bekämpfung des Mohnanbaus: Es werden große Mengen beschlagnahmt, die afghanische Polizei ausgebildet, alternative Lebensgrundlagen geschaffen und Institutionen zur Drogenbekämpfung eingerichtet. Seit dem Einmarsch der USA in Afghanistan im Oktober 2001 ist der Opiumhandel des Goldenen Halbmonds explodiert. Laut den US-Medien wird dieser lukrative Schmuggel von den Taliban geschützt, ganz zu schweigen natürlich von den regionalen Warlords, unter Missachtung der "internationalen Gemeinschaft". Es heißt, dass der Heroinhandel "die Kassen der Taliban füllt". In den Worten des US-Außenministeriums :

> Opium ist eine Quelle, die extremistischen und kriminellen Gruppen buchstäblich Milliarden von Dollar einbringt... Die Reduzierung des Opiumangebots ist für den Aufbau einer sicheren und stabilen Demokratie sowie für den Sieg im globalen Krieg gegen den Terrorismus von entscheidender Bedeutung.

> Erklärung des stellvertretenden Staatssekretärs Robert Charles, Anhörung im Kongress, 1er April 2004.

Laut dem Büro der Vereinten Nationen für Drogen- und Verbrechensbekämpfung (UNODC) wurden 2008 in Afghanistan schätzungsweise 6000 Tonnen Opium produziert, wobei die Anbaufläche etwa 80.000 Hektar betrug. Das Außenministerium legt nahe, dass 2008 bis zu 120.000 Hektar angebaut wurden. Wir könnten uns auf dem Weg zu einem deutlichen Anstieg befinden. Einige Beobachter deuten darauf hin, dass die Ernte 2008 um 50 bis 100 Prozent höher ausfallen könnte als die bereits beunruhigenden Zahlen des Vorjahres. Als Reaktion auf den Anstieg der Opiumproduktion nach dem Sturz der Taliban verstärkte die Bush-Regierung ihre Aktivitäten zur

Terrorismusbekämpfung und stellte gleichzeitig große Summen an öffentlichen Geldern für die Initiative der Drug Enforcement Administration in Westasien bereit, die den Namen "Operation Containment" trägt. Die verschiedenen Berichte und offiziellen Erklärungen sind natürlich mit der üblichen "ausgewogenen" Selbstkritik vermengt, dass "die internationale Gemeinschaft nicht genug tut" und dass wir "Transparenz" brauchen. Bemerkungen im Namen des Exekutivdirektors des UNODC an die Generalversammlung der Vereinten Nationen, Oktober 2001 :

> Die Überschriften lauten: "Drogen, Warlords und Unsicherheit verdunkeln Afghanistans Weg zur Demokratie".

Im Chor beschuldigen die US-Medien das untergegangene "reine islamische Regime", ohne auch nur anzuerkennen, dass die Taliban - in Zusammenarbeit mit den Vereinten Nationen - im Jahr 2000 erfolgreich ein Verbot des Mohnanbaus durchgesetzt hatten. Die Opiumproduktion war 2001 um mehr als 90% zurückgegangen.

Tatsächlich fiel der Anstieg der Opiumproduktion mit dem Angriff der von den USA geführten Militäroperation und dem Sturz des Taliban-Regimes zusammen. Von Oktober bis Dezember 2001 begannen die Landwirte mit einer extensiven Neuanpflanzung von Schlafmohn. Der Erfolg des Drogenbekämpfungsprogramms, das Afghanistan im Jahr 2000 unter dem Taliban-Regime durchgeführt hatte, war auf der Sitzung der Generalversammlung der Vereinten Nationen im Oktober 2001 (die nur wenige Tage nach dem Beginn der Bombardierungen 2001 stattfand) anerkannt worden. Kein anderes Mitgliedsland des UNODC war in der Lage, ein vergleichbares Programm umzusetzen :

> Was zunächst den Kampf gegen Drogen betrifft, so wollte ich mich in meinen Ausführungen auf die Auswirkungen des Verbots des Opiummohnanbaus durch die Taliban in den von ihnen kontrollierten Gebieten konzentrieren...

Uns liegen nun die Ergebnisse unserer jährlichen Feldstudie über den Mohnanbau in Afghanistan vor. Die Produktion in diesem

Jahr (2001) betrug etwa 185 Tonnen. Sie liegt unter den 3300 Tonnen des Vorjahres (2000), was einem Rückgang von über 94% entspricht. Im Vergleich zur Rekordernte von 4700 Tonnen vor zwei Jahren liegt der Rückgang bei weit über 97%. Jeder Rückgang des illegalen Anbaus ist zu begrüßen, insbesondere in Fällen wie diesem, in denen es keine Verschiebungen, weder vor Ort noch in andere Länder, gab, die das Ergebnis geschwächt hätten.

Am Tag nach der US-Invasion änderte sich die Rhetorik. Das UNODC tut nun so, als hätte es das Opiumverbot von 2000 nie gegeben :

... Der Kampf gegen den Drogenanbau wurde in anderen Ländern geführt und gewonnen, und es ist möglich, dies auch hier (in Afghanistan) zu tun, mit einer starken und demokratischen Regierungsführung, internationaler Unterstützung und einer Verbesserung der Sicherheit und Integrität.

Erklärung des UNODC-Vertreters in Afghanistan auf der Internationalen Konferenz zur Drogenbekämpfung im Februar 2004.

Tatsächlich behaupten Washington und das UNODC heute, dass das Ziel der Taliban im Jahr 2000 nicht wirklich "die Ausrottung der Drogen" war, sondern ein hinterhältiger Plan, um "eine künstliche Angebotsverknappung" auszulösen, die die Weltmarktpreise für Heroin in die Höhe treiben würde. Ironischerweise wird diese verdrehte Logik, die nun Teil eines neuen "UN-Konsenses" ist, durch einen Bericht des UNODC-Büros in Pakistan widerlegt, der damals bestätigte, dass es keine Beweise für eine Lagerung durch die Taliban gebe.

Desert News, Salt Lake City, Utah, 5. Oktober 2003.

Nach der Bombardierung Afghanistans durch die USA im Jahr 2001 wurde die britische Regierung unter Tony Blair von der G8, der Gruppe der führenden Industrienationen, mit der Durchführung eines Drogenbekämpfungsprogramms beauftragt, das den afghanischen Landwirten theoretisch die Umstellung vom Mohnanbau auf andere Kulturen ermöglichen sollte. Die Briten arbeiteten von Kabul aus und standen in enger Verbindung mit den afghanischen Behörden.

Die Operation "Containment" der amerikanischen DEA. Das vom Vereinigten Königreich gesponserte Programm zur Ausrottung des Anbaus ist eine offensichtliche Nebelwand. Seit Oktober 2001 ist der Anbau von Schlafmohn sprunghaft angestiegen. Eines der "versteckten" Ziele des Krieges bestand gerade darin, den von der CIA gesponserten Drogenhandel auf sein historisches Niveau zurückzuführen und eine direkte Kontrolle über die Drogenrouten auszuüben. Unmittelbar nach der Invasion im Oktober 2001 wurden die Opiummärkte wieder aufgebaut. Die Opiumpreise stiegen rasant an. Anfang 2009 war der Opiumpreis (in Dollar/kg) fast 15-mal so hoch wie im Jahr 2000. Im Jahr 2001, unter dem Taliban-Regime, betrug die Opiatproduktion 185 Tonnen und stieg bis 2002 unter dem von den USA gesponserten Marionettenregime von Präsident Hamid Karzai auf 3400 Tonnen an. Während die Medien Karzais patriotischen Kampf gegen die Taliban hervorhoben, ließen sie unerwähnt, dass Karzai in Wirklichkeit mit den Taliban kollaborierte. Außerdem stand er im Dienst des großen US-amerikanischen Ölkonzerns UNOCAL. Tatsächlich fungierte Hamid Karzai seit Mitte der 1990er Jahre als Berater und Lobbyist für UNOCAL bei den Verhandlungen mit den Taliban. Laut der saudischen Zeitung *Al-Watan* :

> Karzai war seit den 1980er Jahren ein verdeckter Operateur der Central Intelligence Agency. Er leitete ab 1994 amerikanische Hilfe an die Taliban weiter, als die Amerikaner heimlich und über die Pakistani (genauer gesagt den ISI) die Machtübernahme der Taliban unterstützten.

Es lohnt sich, an die Geschichte des Drogenhandels im Goldenen Halbmond zu erinnern, die eng mit den verdeckten Operationen der CIA in der Region seit dem Ansturm des sowjetisch-afghanischen Krieges und dessen Folgen verknüpft ist. Vor dem sowjetisch-afghanischen Krieg (1979-1989) war die Opiumproduktion in Afghanistan und Pakistan für kleine regionale Märkte bestimmt. Eine lokale Heroinproduktion gab es nicht. Die afghanische Drogenwirtschaft war ein sorgfältig geplantes Projekt der CIA, das von der US-Außenpolitik unterstützt wurde. Wie die Skandale Iran-Contra und Bank of Commerce and Credit International (BCCI) aufdeckten, wurden die verdeckten Operationen der CIA zugunsten der afghanischen Mudschaheddin durch die Geldwäsche von Drogengeldern finanziert. Das "schmutzige Geld" wurde über eine Reihe von Bankinstituten (im Nahen Osten) sowie über anonyme CIA-Tarnfirmen zu "geheimen Geldern" recycelt, die zur Finanzierung verschiedener Gruppen von Aufständischen während des sowjetisch-afghanischen Krieges und seiner Nachwirkungen verwendet wurden. Weil die USA die Mudschaheddin-Rebellen in Afghanistan mit Stinger-Flugabwehrraketen und anderer militärischer Ausrüstung versorgen wollten, waren sie auf die uneingeschränkte Kooperation Pakistans angewiesen. Mitte der 1980er Jahre war die CIA-Operation in Islamabad eine der größten US-Geheimdienststationen der Welt.

> "Wenn BCCI für die USA so peinlich ist, dass keine ehrlichen Ermittlungen durchgeführt werden, hat das viel damit zu tun, dass die USA beim Heroinhandel in Pakistan ein Auge zugedrückt haben", sagte ein US-Geheimdienstmitarbeiter.

Die Studie des Forschers Alfred McCoy bestätigt, dass innerhalb von zwei Jahren nach dem Angriff der geheimen CIA-Operation in Afghanistan im Jahr 1979 die Grenzgebiete zwischen Pakistan und Afghanistan zum weltweit größten Heroinproduzenten wurden und 60% der US-Nachfrage lieferten. In Pakistan stieg die Zahl der Heroinabhängigen von fast null im Jahr 1979 auf 1,2 Millionen im Jahr 1985, ein viel stärkerer Anstieg als in jeder anderen Nation; die Mittel der CIA kontrollierten diesen Heroinhandel erneut. Als die Mudschaheddin-Guerillas in Afghanistan Gebiete eroberten, befahlen sie den Bauern, Opium als Revolutionssteuer anzubauen. Auf der anderen Seite der Grenze, in Pakistan, betrieben afghanische Führer und lokale Gewerkschaften unter dem Schutz des pakistanischen Geheimdienstes Hunderte von Heroinlabors. In diesem Jahrzehnt des groß angelegten Drogenhandels gelang es der US-Drogenbekämpfungsbehörde in Islamabad nicht, auch nur eine einzige größere Beschlagnahmung oder Verhaftung vorzunehmen.

Amerikanische Beamte hatten sich geweigert, die Vorwürfe des Heroinhandels durch ihre afghanischen Verbündeten zu untersuchen, weil die amerikanische Drogenpolitik in Afghanistan den Prioritäten des Krieges gegen den sowjetischen Einfluss in diesem Land untergeordnet worden war. 1995 gab der für den Einsatz in Afghanistan zuständige ehemalige CIA-Direktor Charles Cogan zu, dass die CIA den Drogenkrieg tatsächlich dem Kampf gegen den Kalten Krieg geopfert hatte :

> Unsere Hauptaufgabe bestand darin, den Sowjets so viel Schaden wie möglich zuzufügen. Wir hatten nicht wirklich die Ressourcen oder die Zeit für eine Untersuchung des Drogenhandels.

> Ich glaube nicht, dass wir uns dafür entschuldigen müssen. Jede Situation hat ihren Fallout. Es gab einen Fallout in Bezug auf Drogen, ja. Aber das Hauptziel wurde erreicht. Die Sowjets haben Afghanistan verlassen.

Die Rolle der CIA, die ausführlich dokumentiert ist, wird in den offiziellen Veröffentlichungen des UNODC, die sich auf die sozialen und politischen Faktoren im Inland konzentrieren, nicht erwähnt. Es versteht sich von selbst, dass die historischen Wurzeln des Opiumhandels grob verzerrt dargestellt wurden. Laut UNODC ist die Opiumproduktion in Afghanistan seit 1979 um mehr als das 15-fache angestiegen. Infolge des sowjetisch-afghanischen Krieges setzte sich das Wachstum der Drogenwirtschaft ungebremst fort. Die von den USA unterstützten Taliban trugen anfänglich dazu bei, dass die Opiatproduktion bis zum Opiumverbot im Jahr 2000 weiter wuchs. Dieses Recycling von Drogengeldern diente der Finanzierung der Aufstände nach dem Kalten Krieg in Zentralasien und auf dem Balkan, darunter auch Al-Qaida. Für weitere Einzelheiten siehe Michel Chossudovsky, *War and Globalization, The Truth behind September 11,* Global Outlook, 2002.

Drogen: Hinter dem Ölmarkt und dem Waffenhandel

Die Einnahmen aus dem von der CIA gesponserten afghanischen Drogenhandel sind beträchtlich. Der afghanische Opiathandel macht einen großen Teil des jährlichen weltweiten Drogenumsatzes aus, der von den Vereinten Nationen auf 400 bis 500 Milliarden US-Dollar geschätzt wurde. Als diese UN-Zahlen zum ersten Mal veröffentlicht wurden (1994), lag der (geschätzte) weltweite Drogenhandel in der gleichen Größenordnung wie der weltweite Ölhandel.

Der IWF schätzte die weltweite Geldwäsche auf 590 Milliarden bis 1,5 Billionen US-Dollar pro Jahr, was 2 bis 5% des weltweiten BIP entspricht. (*Asian Banker*, 15. August 2003.) Ein Großteil der vom IWF geschätzten weltweiten Geldwäsche steht im Zusammenhang mit dem Drogenhandel. Auf der Grundlage der Zahlen von 2003 ist der Drogenhandel "nach Öl und Waffenhandel die drittgrößte Ware der Welt in Bezug auf Bargeld". *The Independent*, 29. Februar 2004.

Darüber hinaus bestätigen die oben genannten Zahlen, einschließlich der Zahlen zur Geldwäsche, dass der Großteil der mit dem weltweiten Drogenhandel verbundenen Einnahmen nicht von Terrorgruppen und Kriegsherren vereinnahmt wird, wie der UNODC-Bericht nahelegt. Hinter den Betäubungsmitteln stehen mächtige kommerzielle und finanzielle Interessen. Aus dieser Perspektive ist die geopolitische und militärische Kontrolle der Drogenrouten genauso strategisch wie die von Öl und Pipelines. Was Drogen jedoch vom legalen Warenhandel unterscheidet, ist, dass Drogen eine wichtige Quelle der Vermögensbildung darstellen, nicht nur für das organisierte Verbrechen, sondern auch für den US-Geheimdienst, der zunehmend zu einem mächtigen Akteur im Finanz- und Bankwesen wird. Die CIA wiederum, die den Drogenhandel schützt, hat komplexe Geschäfts- und Infiltrationsbeziehungen zu den wichtigsten kriminellen Syndikaten aufgebaut, die in den Drogenhandel verwickelt sind. Mit anderen Worten: Die Geheimdienste und die mächtigen, mit dem organisierten Verbrechen verbündeten Geschäftssyndikate konkurrieren um die strategische Kontrolle der Heroinrouten. Die Einnahmen aus dem Drogenhandel in Höhe von mehreren Milliarden Dollar werden im westlichen Bankensystem deponiert.

Die meisten großen internationalen Banken sowie ihre Tochtergesellschaften in Offshore-Bankparadiesen waschen große Mengen an Narcodollars. Dieses Geschäft kann nur dann florieren, wenn die wichtigsten Akteure, die in den Drogenhandel verwickelt sind, "hochrangige politische Freunde" haben.

Legale und illegale Unternehmen sind zunehmend miteinander verflochten; die Trennlinie zwischen "Geschäftsleuten" und Kriminellen ist verschwommen. Die Beziehungen zwischen Kriminellen, Politikern und Geheimdienstmitarbeitern haben wiederum die Strukturen des Staates und die Rolle seiner Institutionen untergraben. Der Handel ist durch ein komplexes Netzwerk von Mittelsmännern gekennzeichnet. Es gibt mehrere Stufen des Drogenhandels, mehrere ineinander greifende Märkte, vom Anbauer des verarmten Mohns in Afghanistan bis hin zu den Groß- und Einzelhandelsmärkten für Heroin in den westlichen Ländern. Mit anderen Worten: Es gibt eine "Preiskontrollhierarchie" für Opiate.

Diese Hierarchie wird von der US-Regierung anerkannt:

> Afghanisches Heroin wird auf dem internationalen Drogenmarkt 100-mal teurer verkauft als der Preis, den die Bauern für ihr Opium direkt vom Feld erhalten.

> US-Außenministerium, zitiert von *Voice of America*.

Nach Angaben des UNODC erwirtschaftete Opium in Afghanistan im Jahr 2003 ... ein Einkommen von 1 Milliarde US-Dollar für die Bauern und 1,3 Milliarden US-Dollar für die Drogenhändler, was mehr als die Hälfte des Nationaleinkommens ausmachte. In Übereinstimmung mit diesen Schätzungen des UNODC lag der Durchschnittspreis für frisches Opium bei 350 US-Dollar pro kg. (2002); die Produktion im Jahr 2002 betrug 3400 Tonnen. Die Schätzungen des UNODC, die auf lokalen Farm- und Großhandelspreisen beruhen, machen jedoch nur einen sehr kleinen Prozentsatz des Gesamtumsatzes des afghanischen Drogenhandels aus, der sich auf mehrere Milliarden Dollar beläuft. Das UNODC schätzt den jährlichen "Gesamtumsatz des internationalen Handels" mit afghanischen Opiaten auf 30 Milliarden US-Dollar. Eine Untersuchung der Groß- und Einzelhandelspreise für Heroin in westlichen Ländern legt jedoch nahe, dass der insgesamt erzielte Umsatz, einschließlich des Umsatzes auf Einzelhandelsebene, wesentlich höher ist. Es wird geschätzt, dass aus einem Kilogramm Opium etwa 100 Gramm (reines) Heroin gewonnen werden.

Die amerikanische DEA bestätigt, dass SWA-Heroin (South West Asia, d. h. Afghanistan) Ende der 1990er Jahre in New York für 85.000 bis 190.000 US-Dollar pro Kilogramm Großhandel mit einem Reinheitsgrad von 75 % verkauft wurde. Seit diese Zahlen veröffentlicht wurden, berichten Quellen, dass die Preise für Heroin um 450% gestiegen sind.

Laut der Drug Enforcement Administration (DEA) der USA "schwankt der Preis für Heroin aus Südostasien (SEA) zwischen 70.000 und 100.000 Dollar pro Einheit (700 Gramm) und der Reinheitsgrad von SEA-Heroin lag zwischen 85 und 90%". Die SEA-Einheit von 700 Gramm (Reinheit zwischen 85 und 90%) führt zu einem Großhandelspreis pro kg. für reines Heroin zwischen 115.000 und 163.000 US-Dollar. Die von der DEA genannten Zahlen spiegeln zwar die Situation in den 1990er Jahren wider, stimmen aber im Großen und Ganzen mit den britischen Zahlen aus dem Jahr 2002 überein. Laut einem Bericht im *Guardian* (11. August 2002) lag der Großhandelspreis für (reines) Heroin in London (Vereinigtes Königreich) bei rund 50 000 Pfund Sterling, was etwa 80 000 Dollar entspricht (2002). Während es einen Wettbewerb zwischen den verschiedenen Heroinbezugsquellen gibt, muss betont werden, dass afghanisches Heroin einen eher geringen Prozentsatz des US-amerikanischen Heroinmarktes ausmacht, der größtenteils von Kolumbien beliefert wird.

Das New Yorker Police Department (NYPD) stellt fest, dass die

Einzelhandelspreise für Heroin sinken und der Reinheitsgrad relativ hoch ist. Heroin, das früher für etwa 90 US-Dollar pro Gramm verkauft wurde, wird nun für 65 bis 70 US-Dollar pro Gramm oder weniger verkauft. Anekdotische Informationen der New Yorker Polizei besagen, dass der Reinheitsgrad eines Beutels Heroin normalerweise zwischen 50 und 80% liegt, aber auch bis auf 30% sinken kann. Aus Informationen vom Juni 2008 geht hervor, dass Bündel (10 Säcke), die dominikanische Käufer von dominikanischen Verkäufern in größeren Mengen (ca. 150 Bündel) kauften, für so wenig wie 40 $ pro Stück oder 55 $ pro Stück im Central Park verkauft wurden. Die DEA berichtet, dass eine Unze Heroin normalerweise für 2.500 bis 5.000 Dollar verkauft wird, ein Gramm für 70 bis 95 Dollar, ein Paket für 80 bis 90 Dollar und ein Beutel für 10 Dollar.

Die DMP berichtet, dass der durchschnittliche Reinheitsgrad von Heroin auf Straßenebene 1999 bei etwa 62% lag. Die Zahlen des NYPD und der DEA zu den Einzelhandelspreisen scheinen übereinstimmend zu sein. Der DEA-Preis von 70 bis 95 Dollar bei einem Reinheitsgrad von 62% ergibt 112 bis 153 Dollar pro Gramm reines Heroin. Die Zahlen der New Yorker Polizei sind in etwa ähnlich, wobei die Schätzungen für den Reinheitsgrad vielleicht niedriger sind. Es ist zu beachten, dass, wenn Heroin in sehr kleinen Mengen gekauft wird, der Einzelhandelspreis tendenziell viel höher ist. In den USA wird häufig pro "Beutel" gekauft (ein typischer Beutel enthält 25 Milligramm reines Heroin). Eine Tüte für 10 Dollar in New York (nach der oben zitierten DEA-Zahl) würde sich in einen Preis von 400 Dollar pro Gramm umrechnen, wobei jede Tüte 0,025 Gramm reines Heroin enthält. Mit anderen Worten: Bei sehr kleinen Käufen, die von Straßenhändlern vermarktet werden, ist die Einzelhandelsspanne tendenziell deutlich höher. Beim Kauf eines Beutels für 10 $ beträgt sie etwa das 3- bis 4-fache des entsprechenden Einzelhandelspreises pro Gramm (112 $ - 153 $). In Großbritannien ist der Einzelhandelspreis pro Gramm Heroin laut Quellen der britischen Polizei "... von 74 £ im Jahr 1997 auf 61 £ (im Jahr 2004) gefallen. (d. h. von etwa 133 $ auf 110 $, auf der Grundlage des Wechselkurses von 2004) *Independent*, 3.

März 2004.

In einigen Städten betrug er nur 30 bis 40 £ pro Gramm bei einem geringen Reinheitsgrad. Der durchschnittliche Preis für ein Gramm Heroin in Großbritannien lag zwischen 40 und 90 £ (72 bis 162 $ pro Gramm). (Der Bericht erwähnt den Reinheitsgrad nicht.) Der Straßenpreis für Heroin lag im April 2007 laut dem National Criminal Intelligence Service bei 80£ pro Gramm. Hierbei handelt es sich um Preise, angefangen beim Bauernhofpreis im Erzeugerland bis hin zum endgültigen Straßenpreis im Einzelhandel. Letzterer ist oft 80- bis 100-mal höher als der Preis, der dem Landwirt gezahlt wurde. Mit anderen Worten: Das Opioidprodukt durchläuft mehrere Märkte, vom Erzeugerland über die Umschlagsländer bis hin zu den Verbraucherländern. In letzteren gibt es große Spannen zwischen dem "Anlandepreis" am Eingangsort, der von den Drogenkartellen gefordert wird, und den Groß- und Einzelhandelspreisen auf der Straße, die von der westlichen organisierten Kriminalität geschützt werden. In Afghanistan würde die gemeldete Produktion von 3.600 Tonnen Opium im Jahr 2003 die Herstellung von etwa 360.000 kg reinem Heroin ermöglichen. Die Bruttoeinnahmen der afghanischen Landwirte werden vom UNODC auf etwa 1 Milliarde US-Dollar geschätzt, wovon 1,3 Milliarden auf die lokalen Händler entfallen. Wenn Heroin auf den westlichen Märkten zu einem Großhandelspreis von rund 100.000 USD pro kg verkauft wird (bei einem Reinheitsgrad von 70%), würde der weltweite Erlös aus dem Großhandel (entsprechend 3600 Tonnen afghanischem Opium) rund 51,4 Milliarden USD betragen.

Die letztgenannte Zahl stellt eine vorsichtige Schätzung dar, die auf den verschiedenen Zahlen zu den Großhandelspreisen beruht, die im vorherigen Abschnitt vorgestellt wurden. Der Gesamterlös des afghanischen Drogenhandels (in Form von gesamten Wertschöpfung) wird unter Verwendung des endgültigen Einzelhandelspreises für Heroin geschätzt. Mit anderen Worten: Der Einzelhandelswert des Handels ist letztlich das Kriterium, mit dem die Bedeutung des Drogenhandels für die Generierung von Einkommen und die Bildung von Wohlstand gemessen wird. Eine aussagekräftige Schätzung des Einzelhandelswerts ist jedoch fast unmöglich, da die Einzelhandelspreise innerhalb von Stadtgebieten, von Stadt zu Stadt und zwischen den Abnehmerländern stark variieren, ganz zu schweigen von den Schwankungen bei Reinheit und Qualität. Die Daten zu den Einzelhandelsspannen, d. h. die Differenz zwischen Großhandels- und Einzelhandelspreisen in den Verbraucherländern, legen jedoch nahe, dass ein großer Teil des gesamten (monetären) Erlöses aus dem Drogenhandel auf der Einzelhandelsebene erzielt wird. Mit anderen Worten: Ein großer Teil der Einnahmen aus dem Drogenhandel fließt an die kriminellen und kommerziellen Syndikate der westlichen Länder, die in die lokalen Groß- und Einzelhandelsmärkte für Drogen involviert sind. Und die verschiedenen kriminellen Banden, die in den Einzelhandel involviert sind, werden ausnahmslos von "korporativen" Verbrechersyndikaten geschützt.

90% des in Großbritannien konsumierten Heroins stammt aus Afghanistan. Wenn man den britischen Einzelhandelspreis von 110 Dollar pro Gramm (bei einem angenommenen Reinheitsgrad von 50%) zugrunde legt, würde der gesamte Einzelhandelswert des afghanischen Drogenhandels im Jahr 2003 (3600 Tonnen Opium) etwa 79,2 Milliarden Dollar betragen. Die letztgenannte Zahl sollte eher als Simulation denn als Schätzung betrachtet werden. Unter dieser Annahme (Simulation) würde eine Milliarde US-Dollar Bruttoeinnahmen für afghanische Landwirte (2003) zu weltweiten Drogeneinnahmen - kumuliert in verschiedenen Phasen und auf verschiedenen Märkten - in der Größenordnung von 79,2 Milliarden US-Dollar führen.

Diese weltweiten Einnahmen fließen an Geschäftssyndikate, Geheimdienste, das organisierte Verbrechen, Finanzinstitute, Großhändler, Einzelhändler usw., die direkt oder indirekt in den Drogenhandel verwickelt sind. Die Erlöse aus diesem lukrativen Geschäft werden wiederum bei westlichen Banken deponiert, die einen wichtigen Mechanismus für die Wäsche von Schwarzgeld darstellen. Ein sehr geringer Prozentsatz geht an die Landwirte und Händler im Erzeugerland. Man darf nicht vergessen, dass das

Nettoeinkommen der afghanischen Landwirte nur einen Bruchteil des geschätzten Betrags von einer Milliarde US-Dollar ausmacht. Dieser beinhaltet nicht die Bezahlung von landwirtschaftlichen Betriebsmitteln, Zinsen für Kredite an Kreditgeber, politischen Schutz etc. Afghanistan produziert über 70% des weltweiten Heroinangebots und Heroin macht einen nicht unerheblichen Teil des weltweiten Drogenmarkts aus, der von den Vereinten Nationen auf etwa 400-500 Milliarden US-Dollar geschätzt wird.

Es gibt keine verlässlichen Schätzungen darüber, wie sich der weltweite Handel mit Betäubungsmitteln auf die Hauptkategorien verteilt:

➢ Kokain, Opium/Heroin,

➢ Cannabis, Amphetaminähnliche Stimulanzien (ATS),

➢ Andere Medikamente.

Die Erlöse aus dem Drogenhandel werden im normalen Bankensystem deponiert. Gewaschen wird das Drogengeld in den zahlreichen Offshore-Bankparadiesen in der Schweiz, in Luxemburg, auf den Kanalinseln, den Kaimaninseln und an rund 50 anderen Orten auf der ganzen Welt. Dort interagieren Verbrechersyndikate, die in den Drogenhandel verwickelt sind, mit Vertretern der größten Geschäftsbanken der Welt. Das schmutzige Geld wird in diesen Offshore-Paradiesen deponiert, die von den großen westlichen Geschäftsbanken kontrolliert werden. Diese haben ein großes Interesse daran, den Drogenhandel aufrechtzuerhalten und zu unterstützen.

Sobald das Geld gewaschen ist, kann es zu echten Investitionen recycelt werden, nicht nur in Immobilien, Hotels usw., sondern auch in anderen Bereichen wie der Dienstleistungswirtschaft und der verarbeitenden Industrie. Das schmutzige und geheime Geld wird auch in verschiedene Finanzinstrumente geleitet, darunter der Handel mit Derivaten, Rohstoffen, Aktien und Staatsanleihen. Die Außenpolitik der USA unterstützt das Räderwerk einer florierenden kriminellen Wirtschaft, in der die Grenzen zwischen organisiertem Kapital und organisierter

Kriminalität immer mehr verschwimmen.

Der Heroinhandel "füllt nicht die Kassen der Taliban", wie die US-Regierung und die internationale Gemeinschaft behaupten: Das Gegenteil ist der Fall! Die Einnahmen aus diesem illegalen Handel führen zur Bildung von Reichtum, von dem mächtige kommerzielle und kriminelle Interessen in den westlichen Ländern in hohem Maße profitieren.

Diese Interessen werden durch die Außenpolitik der USA unterstützt. Die Entscheidungen des US-Außenministeriums, der CIA und des Pentagons tragen dazu bei, dieses hochprofitable Milliardengeschäft zu unterstützen, das nach Öl und Waffenhandel den drittgrößten Wert hat.

Die afghanische Drogenwirtschaft wird "geschützt". Der Heroinhandel war Teil des Kriegsprogramms. Was dieser Krieg bewirkt hat, ist die Wiederherstellung eines selbstgefälligen Drogenstaates, der von einer von den USA ernannten Marionette geführt wird.

Die mächtigen Finanzinteressen, die hinter den Narkotika stehen, werden durch die Militarisierung der wichtigsten globalen Drogendreiecke (und Umschlagsrouten) unterstützt, darunter der Goldene Halbmond und die Andenregion Südamerikas (im Rahmen der Andeninitiative).

Der Anbau von Schlafmohn in Afghanistan

Jahr	Produktion (in Tonnen)	Kulturen (in Hektar)
1994	71,470	3,400
1995	53,759	2,300
1996	56,824	2,200
1997	58,416	2,800
1998	63,674	2,700

1999	90,983	4,600
2000	82,172	3,300
2001	7,606	185
2002	74,000	3,400
2007	88,000	4,000

Kapitel 3

Der falsche Krieg gegen Drogen

In der Geschichte jeder Nation gibt es einen klar definierten Punkt, an dem man einen markanten Niedergang nachvollziehen kann, der zu ihrem unvermeidlichen Untergang führt. Dies ist bei Indien der Fall, selbst wenn man bis zur Harappa-Kultur, der Invasion Indiens und den großen arischen Kulturen, die von den Skythen und Hellenen unter Alexander dem Großen eingeführt wurden, zurückblickt. Die wichtigsten kulturellen Veränderungen, die die Zivilisationen in Europa ruiniert haben, kamen von vier Hauptwegen.

> ➢ Von Westasien über Russland bis nach Mittel- und Westeuropa.

> ➢ Von Kleinasien über die Ägäis bis zum westlichen Mittelmeer.

> ➢ Vom Nahen Osten und der Ägäis bis zum westlichen Mittelmeer auf dem Seeweg.

> ➢ Von Nordafrika nach Spanien und Westeuropa.

Sowohl die griechische als auch die römische Zivilisation wurden durch diese Strömungen oder eine Kombination von ihnen zerstört. Es steht fest, dass Massenbewegungen von Menschen und die Verbreitung verschiedener Kulturen eine große Rolle bei der Gestaltung der Zukunft von Nationen gespielt haben. Es gibt klare Belege dafür, dass diese Massenbewegungen durch kommerzielle und politische Gründe ausgelöst wurden. Fremde Menschen und Kulturen begannen im antiken Rom, "Rechte" einzufordern. Aus politischen Gründen gingen die dekadenten römischen Herrscher auf diese Forderungen ein. Nirgendwo sonst lässt sich diese Strömung der Massenbewegung von Menschen aus politischen Gründen deutlicher nachzeichnen als in der Geschichte der Vereinigten Staaten von Amerika. 1933 öffnete Präsident Franklin Delano Roosevelt die Schleusen für eine Invasion osteuropäischer Völker weit, deren Kultur der christlichen angelsächsischen, nordisch-alpinen und germanisch-lombardischen Kultur, die die Masse der Bevölkerung der Vereinigten Staaten ausmachte, völlig fremd war. Er tat dies aus rein politischen Gründen, da er wusste, dass die ausländischen Einwanderer für ihn und seine Partei stimmen würden.

Diese riesige Flutwelle von sozial und kulturell nicht assimilierten Menschen ist das Ergebnis politischer Entscheidungen der Verschwörer, deren Ziel es war, das christliche Amerika zu zerstören. Diese Politik wird bis heute fortgesetzt. Die Vereinigten Staaten werden von fremden Völkern aus Kleinasien, dem Fernen Osten, dem Nahen Osten, den Pazifikinseln, Osteuropa, Mittel- und Südamerika überschwemmt, und zwar in einem solchen Ausmaß, dass man sagen kann, dass der 1933 begonnene Niedergang und Untergang der Vereinigten Staaten inzwischen weit fortgeschritten ist.

Die kulturellen Veränderungen waren vor allem seit 1933 weitreichend. Unter dem Deckmantel von "Toleranz" und "Internationalismus" wurde die christlich-westliche Bevölkerung der USA gezwungen, vor dem Druck des "Liberalismus" zurückzuweichen. Kompromisse wurden zur Tagesordnung. Die weiße christliche Ethik, die einst in den USA im Überfluss vorhanden war, begann in einem Meer von nichtchristlichen Ideen zu ertrinken, die, wenn sie nicht kontrolliert werden, in den USA in relativ kurzer Zeit das tun werden, was in Rom geschehen ist.

Einer der teuflischsten Versuche, die christlich-abendländische Ethik des, wie ich es nenne, indigenen Volkes Amerikas zu zerstören, d. h. der weißen Christen, deren Vorfahren aus England, Irland, Schottland, Wales, Deutschland, Skandinavien, Frankreich und Italien stammten, war die kulturelle Verwüstung durch Rock-and-Roll-Musik, die mit dem massiven Gebrauch von süchtig machenden Drogen wie Marihuana, chemischen Substanzen, Heroin und Kokain einherging. Wir dürfen niemals in die Falle tappen, dass diese katastrophalen kulturellen Veränderungen zufällig passiert sind. Der Zufall spielt bei diesen Umwälzungen keine Rolle. Hier geht es um Tatsachen, und Tatsache ist, dass der gesamte umfassende kulturelle Wandel von der christlichen Moral bis hin zur heidnischen Dekadenz sorgfältig geplant wurde.

In den zahlreichen Büchern, die ich geschrieben habe, werden diese Pläne offengelegt und die Namen der Institutionen, Unternehmen, Organisationen und Einzelpersonen genannt, die für den schrecklichen Krieg gegen das christlich-weiße Amerika verantwortlich sind. Zu meinen Werken gehören unter anderem die folgenden:

> ➢ Institutionen und Unternehmen der Verschwörer.

> ➢ Schwarzer Adel entlarvt.

> ➢ Wer sind die Verschwörer?

> ➢ Amerikas verborgene Herrscher.

> ➢ Neues Zeitalter des Wassermanns.

Das ist bei weitem nicht alles, was ich getan habe, um die Bedrohung durch Drogen aufzudecken. In allen meinen über fünfhundert Monographien und Audiokassetten wird auf diesen heimtückischen Handel und die Verantwortlichen hingewiesen. Gestützt auf ihre umfangreichen Erfahrungen und ihren Reichtum, den sie durch den Opiumhandel in China im 18.ème und 19.ème Jahrhundert erlangt hatten, begannen die britischen Oligarchenfamilien und ihre amerikanischen Cousins unmittelbar nach dem Zweiten Weltkrieg ihre Offensive an der Drogenfront in ernsthafter Weise gegen Amerika. Ich möchte Sie daran erinnern, dass die Recherchearbeit für meinen persönlichen Drogenkrieg hauptsächlich vor Ort durchgeführt wurde und dass meine Informationen aus Beziehungen innerhalb ehemaliger Geheimdienste stammen, die an der Überwachung des Drogenhandels in einer Reihe von Ländern beteiligt waren. In den 1930er Jahren schrieb eine gewisse Autorität für britische Auslandsinvestitionen, ein gewisser Mr. Graham, dass sich die britischen Investitionen in Lateinamerika auf "mehr als eine Billion Pfund" beliefen. Warum wird so viel Geld in Lateinamerika investiert? In einem Wort: Drogen. Es waren sicherlich keine Bananen, obwohl diese Frucht eine Rolle bei der Vertuschung von Drogenlieferungen gespielt hat, die unter Bananendiäten versteckt wurden.

Die Plutokratie, die damals die Fäden der Banken in der Hand hielt, ist dieselbe, die heute den Drogenhandel betreibt. Niemand wird den Adel Englands jemals mit schmutzigen Händen erwischen; er hat seine respektablen Fassaden, hinter denen er mithilfe von Strohmännern und Organisationen wie Frasers in Afrika und Trinidad Leaseholds Ltd. in der Karibik (große britische Firmen, die in London registriert sind) operiert.

Während der Herrschaft von Königin Victoria kontrollierten fünfzehn Mitglieder des englischen Parlaments den umfangreichen Handel in China und Lateinamerika, darunter Lord Chamberlain, Sir Charles Barry und Lord Palmerston. So wie der Opiumhandel in China ein britisches Monopol war, wurde auch der Drogenhandel in der Karibik, in Mittel- und Südamerika, im Nahen und im Fernen Osten zu einem britischen Monopol.

Später, bei der Verfolgung ihrer Ziele, Amerika kulturell zu zerstören, wurde einigen der alten "blaublütigen" Familien Amerikas erlaubt, sich am Handel zu beteiligen; Thomas Handiside Perkins, die Delanos und die Richardsons sind Beispiele für das, was ich meine. Beginnend mit der Verteilung durch die "Missionare" der China Inland Mission, die stark von der BEIC finanziert wurde, wurde das Opium der chinesischen Bevölkerung aufgezwungen. Es wurde eine Nachfrage geschaffen, die dann von der BEIC befriedigt wurde.

Ihr Diener Adam Smith bezeichnete es als "Freihandel". Als die chinesische Regierung versuchte, sich der Verwandlung ihres

Volkes in Opiumsüchtige zu widersetzen, führte Großbritannien zwei große Kriege, um das zu beenden, was es als "Einmischung in den freien Handel" bezeichnete.

Während meines Studiums in London lernte ich den Sohn einer Missionarsfamilie kennen, der in der China Inland Mission gedient hatte. Seine Familie war seit dem 19ème Jahrhundert missionarisch tätig. Nachdem ich eine recht enge Freundschaft mit einer der Töchter, die ebenfalls in China gedient hatte, aufgebaut hatte, erzählte sie mir, dass sie alle Opium rauchten und dass dies eine Tradition sei, die in ihrer Familie seit Generationen bestanden habe.

Der Opiumhandel in Indochina ist eines der bestgehüteten Geheimnisse und eines der schändlichsten Kapitel der westeuropäischen Geschichte. Man darf nicht vergessen, dass die britische Königsfamilie ihre Ursprünge in Venedig hat, diesem levantinischen Dolch im Herzen Westeuropas. Robert Bruce, der den schottischen Thron usurpierte, stammte aus Venedig und sein richtiger Name war nicht Bruce. Dasselbe könnte man über das sogenannte "Haus Windsor" sagen, das in Wirklichkeit das Haus der schwarzen Welfen ist.

Wie bereits erwähnt, hat das BEIC nach ihrem Erfolg in Indien und China seine Aufmerksamkeit auf die USA gerichtet, was einer der Gründe dafür ist, dass wir eine sogenannte "besondere Beziehung" zur britischen Aristokratie haben, und tatsächlich sind viele unserer "Führer" mit dem britischen Königshaus verwandt. Franklin D. Roosevelt, George Herbert Walker Bush und Richard Cheney sind Beispiele, die einem in den Sinn kommen. Der in China etablierte lukrative Drogenhandel ist eines der schlimmsten Beispiele für die Ausbeutung des menschlichen Elends zu Profitzwecken.

Unter dem Schutz des frei geltend gemachten Industriespionagegesetzes der Schweizer Regierung drohen hohe Haftstrafen, wenn irgendetwas über die Aktien dieser beiden Unternehmen oder auch über jedes andere Schweizer Unternehmen bekannt wird. Machen Sie in der Schweiz keine Wellen, wenn Sie nicht bereit sind, sehr unangenehme

Konsequenzen zu erleiden! Die Rhetorik von Personen wie Frau Thatcher und George Bush, die uns im Wesentlichen sagen, dass sie entschlossen sind, Drogen zu bekämpfen, kann völlig ignoriert werden.

Der angebliche "Krieg gegen Drogen" ist auf den höchsten Regierungsebenen absolut erfunden. Es gibt keinen Drogenkrieg und es hat auch nie einen gegeben. Erst wenn die britische und die amerikanische Regierung gegen die Personen vorgehen, die den Drogenhandel anführen, wird ihr proklamierter "Krieg" einen Sinn ergeben. Das bedeutet, Leute wie die Keswicks, die Jardines und die Mathesons zu verhaften und Banken wie die Midland Bank, die National and Westminster Bank, Barclays und die Royal Bank of Canada zu schließen. Ich erwähne diese Namen aus der britischen High Society nicht leichtfertig.

Bereits 1931 wurden die Leiter dieser Firmen und Banken zu Peers des Königreichs ernannt. Es war die Königin von England selbst, die den fünf großen Drogenhandelsunternehmen in England besonderen Schutz gewährte. Über einen vertrauenswürdigen Freund erhielt ich Zugang zu den Unterlagen des verstorbenen Frederick Wells Williamson, dem Verwalter der India Papers. Was ich sah, schockierte mich. Die Liste der "adligen" Familien aus England und Europa, die in den Drogenhandel verwickelt waren, würde in Großbritannien und Europa einen Sturm der Entrüstung auslösen, wenn die gekrönten Nattern jemals ans Licht kommen würden.

Nach dem Zweiten Weltkrieg drohte eine Flut von Heroin die westliche Welt zu verschlingen, mit besonderem Augenmerk auf Nordamerika. Dieser Handel wurde von sehr hochrangigen Personen geleitet und finanziert. Der KGB setzte ihn unter dem Befehl und der Führung des verstorbenen Juri Andropow als Waffe gegen den Westen ein. Vom KGB versorgt und finanziert, wurden in Kuba unter der Leitung von Raoul Castro, dem Bruder von Fidel Castro, Anlagen zur Herstellung von Kokain und Heroin errichtet.

Diese Tatsachen sind der US-Regierung bekannt, die jedoch nie etwas tun konnte, um die kubanischen Einrichtungen unschädlich zu machen, und die Politik scheint Kuba "unberührbar" zu lassen. Galen, die berüchtigte Autorität über Heroin sollte von jedem gelesen werden, der ein klares Verständnis davon haben möchte, was Heroin ist und was es mit dem menschlichen Körper anstellt. Die ersten verzeichneten Konsumenten von Opium (von dem Heroin abgeleitet wird) waren wahrscheinlich die alten Moguln in Indien, deren Dynastie von 1526 bis 1858 bestand und deren Zivilisation mit der Opiumproduktion und der zunehmenden Macht der Briten zusammenbrach.

Eine Karte von Indien, die ich aus den India Papers, India House, London, erhalten habe, zeigt die Gebiete, in denen Schlafmohn angebaut wurde, und entspricht dem Gebietserwerb der Briten ab 1785 entlang des gesamten Gangesbeckens, Bihars und Benares. Das hochwertigste Opium stammte von den in diesen Gebieten angebauten Mohnblumen. Es ist einfach beeindruckend, was die britischen Opiumherren, d. h. das in England herrschende britische Establishment, in Indien erreichen konnten.

Das Königshaus und seine Vertrauten nannten diesen fantastisch lukrativen Handel "die Beute des Reiches". Die Dokumente des India House, die sogenannten "Miscellaneous Old Records", erwiesen sich für mich als eine wahre Fundgrube an Informationen. Aus diesen Dokumenten geht hervor, dass hochrangige Vertreter der britischen Regierung, des Königshauses und der Oligarchie vollständig in den Opiumhandel in China verwickelt waren.

Diese Dokumente zeigen, dass "Sofortvermögen" vom "Adel" und der "Aristokratie" in Großbritannien gebildet wurden. Ausländer wie William Sullivan, der vor Gericht stand, weil er auf Kosten der Britischen Ostindien-Kompanie unerlaubterweise ein "Sofortvermögen" gebildet hatte, gerieten schnell in große Schwierigkeiten. Die Direktoren der Britischen Ostindien-Kompanie waren prominente Mitglieder der Konservativen Partei, darunter Lord Palmerston und andere. Sie hatten ihre eigenen Pässe der British East India Company, die notwendig wurden, wenn man nach China reisen wollte.

Die Lords und Ladies, denen die British East India Company gehörte, versuchten 1683 zunächst, Opium nach England zu bringen, aber sie konnten die robusten Yeomans und die Mittelschicht nicht davon überzeugen, drogenabhängig zu werden. Die Plutokraten und die Oligarchie begannen daher, nach einem Markt zu suchen.

Die arabische Halbinsel wurde versucht, aber auch das scheiterte an den Lehren des Propheten Mohammed. Also wandten sie sich China mit seinen wimmelnden Massen zu, das so bequem in der Nähe von Bengalen lag. Erst 1729 versuchte die chinesische Regierung, Anti-Opium-Gesetze zu verabschieden, was China auf Kollisionskurs mit Großbritannien brachte. Die britische Aristokratie und ihre oligarchische Struktur sind sehr schwer zu durchdringen. Für Personen ohne besondere Ausbildung ist eine solche Aufgabe unmöglich. Die große Mehrheit der britischen Politiker von einiger Bedeutung ist miteinander verwandt, wobei die sogenannten Titel nach dem Tod des ältesten Familienmitglieds vom ältesten Sohn übernommen werden, und praktisch alle diese Familien sind im Drogenhandel tätig, indirekt natürlich.

Vielleicht finden Sie dieses Detail etwas umständlich. Ich weiß, dass ich es so fand, als ich in London Berge von Dokumenten las und die Informationen in meinem Vorrat an Notizbüchern festhielt. Als es mir nicht erlaubt war, solche Notizen zu machen, leistete mir meine spezielle "Spionage"-Kamera gute Dienste. Ich gebe Ihnen diese Informationen, die viel Recherche erforderten, weiter, da sie die Vereinigten Staaten von Amerika tiefgreifend betreffen.

Dies ist Teil der Verschleierung der "besonderen Beziehung", die unsere eigenen "Adelsfamilien" des Drogenhandels mit ihren britischen "Cousins" verbindet. Diese "besondere Beziehung" verschleierte die unangenehme Situation, dass ein fremdes Element, das sich in die britische Aristokratie eingeschlichen hatte, von ihren amerikanischen Cousins geerbt wurde.

Nehmen wir den Fall von Lord Halifax, dem britischen Botschafter in Washington, der, um es vorwegzunehmen, die

Kontrolle über die Außenpolitik der Vereinigten Staaten vor und während des Zweiten Weltkriegs übernahm, einschließlich der Aufsicht über alle Geheimdienstkapazitäten der Vereinigten Staaten. Sein Sohn, Charles Wood, heiratete eine gewisse Miss Primrose, eine Blutsverwandte des schrecklichen und niederträchtigen Hauses Rothschild, mit Namen wie Lord Swayling und Montague, die mit Queen Elizabeth in Verbindung gebracht werden; die Mehrheitsmitaktionärin der Shell Company. Ich bringe all diese Personen und ihre Institutionen mit dem Drogenhandel in Verbindung.

Einer der Vorfahren dieser Brut war Lord Palmerston, vielleicht einer der angesehensten britischen Premierminister aller Zeiten. Außerdem stellte sich heraus, dass er der Hauptinitiator des Opiumhandels in China war. Diese "gekrönten Vipern" ermöglichten ihren britischen "Vettern" in Amerika die Teilnahme an diesem Handel, als sie große Opiumvorräte ins Innere Chinas bringen mussten. Der chinesische Kommissar Un stellte fest:

> Es befindet sich so viel Opium an Bord der englischen Schiffe, die sich derzeit auf den Straßen (Macau) befinden, dass es niemals in das Land zurückgebracht wird, aus dem es stammt. Hier an der Küste soll ein Verkauf stattfinden und es würde mich nicht überraschen, wenn ich erfahre, dass es unter amerikanischen Farben (nach China) geschmuggelt wird.

Kommissar Eins hat nie lange genug gelebt, um herauszufinden, wie genau seine Prognose war und was indirekt zur Drogenverseuchung der USA geführt hat. Wir müssen untersuchen, wie wir, die Öffentlichkeit, getäuscht und im Unklaren darüber gehalten werden, was vor sich geht.

Eines können wir mit Sicherheit sagen: Nach der Lektüre dieses Buches wird niemand daran zweifeln, dass die Bemühungen der USA, den Drogenfluss in dieses Land einzudämmen und dem Drogenhandel ein Ende zu setzen, mit fatalen Fehlern behaftet sind und dass diese Fehler und Misserfolge absichtlich begangen wurden.

Unsere Regierung will nicht, dass der Drogenhandel versiegt.

Die herrschenden Mächte, die "unsere" Vertreter im Kongress kontrollieren, haben schon vor langer Zeit verfügt, dass jeder Krieg gegen Drogen nur ein Scheinkrieg sein wird. Zwei wichtige Regierungsmitglieder sind aufgrund dieses mangelnden Willens, auf dem Gipfel des sogenannten Drogenkriegs etwas zu tun, zurückgetreten. Ein Generalstaatsanwalt wurde zum Rücktritt gezwungen, weil man davon ausging, dass er mit der mexikanischen Regierung unter einer Decke steckte und sie auf höchster Ebene schützte. Ein Präsident musste sein Amt aufgeben, weil er es gewagt hatte, zu versuchen, gegen die Verantwortlichen für den Drogenhandel vorzugehen. Die Briten hatten ihren Opiumhandel von Kanton nach Hongkong und dann nach Panama verlagert, weshalb es so wichtig war, General Noriega dauerhaft aus dem Verkehr zu ziehen.

Das Heroin wurde von Afghanistan nach Pakistan, über die trostlose Küste von Maccra und das Rote Meer bis nach Dubai geschmuggelt, wo es gegen Gold getauscht wurde. Es kam aus dem Libanon, aus dem von Syrien kontrollierten Bekka-Tal, was erklärt, warum die syrischen Streitkräfte den Libanon so lange besetzt hielten; es kam aus dem Goldenen Dreieck von Burma und Thailand und aus dem Goldenen Halbmond des Iran, was erklärt, warum der Schah zunächst abgesetzt und dann ermordet wurde, als er die Vorgänge entdeckte und versuchte, sie zu beenden.

Dieser sehr reale Drogenkrieg gegen die Vereinigten Staaten ist Teil der Verschwörung der einen Weltregierung, einer Verschwörung, die ihre Wurzeln im Komitee der 300 hat. Die Geschichte der Drogen ist so alt wie die Geschichte der Menschheit selbst. Die Verschwörung zum Sturz aller bestehenden Regierungen und Religionen ist eine dreigliedrige Anstrengung - spirituell, wirtschaftlich und politisch. Drogen sind ihre Hauptwaffe. Der Gnostizismus ist die Gegenkraft zum Christentum. Die Königin von England ist Gnostikerin, ebenso wie ihr Ehemann Prinz Philip. Man findet freien Drogenkonsum, die Verehrung der Mutter, der Erdgöttin, die Theosophie und die Rosenkreuzer, die die chinesischen Opiumbanden, die als "Triaden" bekannt sind, anführten. Die "Triaden" versorgten sich mit Opium aus den Lagerhäusern britischer Schiffe und zwangen dann die chinesischen Hausbesitzer, Opiumhöhlen zu eröffnen.

Alistair Crowley war das Vorbild des Drogendämons in der viktorianischen britischen Gesellschaft. Von hier aus wurde der "Rock and Roll" geboren, und zwar durch das Tavistock Institute, das "Rockbands" gründete, um den Gebrauch von LSD, Marihuana und später auch Kokain zu verbreiten. Wir wissen es vielleicht nicht, aber so dekadente Bands wie die "Rolling Stones" genießen die Schirmherrschaft der führenden britischen Familien und der deutschen Oligarchenfamilie Von Thurn und Taxis. Die verehrten britischen Adelsfamilien sind über die Hongkong and Shanghai Bank, die liebevoll als "Hongshang Bank" bekannt ist, seit langem im Drogengeschäft tätig. Das Geschäft der Hongkong and Shanghai Bank sind schlicht und einfach Drogen. Von diesen Adelsfamilien ging das Attentat auf Abraham Lincoln und später auf John F. Kennedy aus. Ihre Herrschaft über die Vereinigten Staaten ist total, sie agieren durch ihre Institutionen und Gesellschaften, "ausgeschnittene" religiöse Organisationen. Die englische Königsfamilie ist der wahre Eigentümer des Bronfman Spirituosenimperiums.

In der Zeit der Prohibition waren die Bronfmans die größten Alkoholschmuggler von Kanada in die USA. Die Amerikaner dürfen nie vergessen, dass diese mächtigen Männer und ihre Unternehmen für den riesigen Drogenfluss verantwortlich sind, in dem Amerika buchstäblich ertrinkt. Unsere wichtigste Kontrollinstanz ist das Royal Institute for International Affairs (RIIA). Der Vorsitzende von Morgan Guarantee ist auch Mitglied des Vorstands des RIIA.

Andere Mitglieder des Vorstands von Morgan gehören dem Vorstand der Hong Kong and Shanghai Bank an.

Lord Cato ist Mitglied des "Londoner Komitees" der Hong Kong and Shanghai Bank. Es ist die RIIA, die über ein Netzwerk von Unternehmen, Institutionen und Banken für die globale Drogenbedrohung verantwortlich ist. Es war die RIIA, die Mao Tse Tung in China an die Macht brachte und dann Hongkong zum weltweit führenden Handelsposten für Opium und Gold machte, eine Position, die sie bis zur jüngsten Expansion von Dubai beibehielt. Vor einiger Zeit schrieb ich über das australische Ende des Drogenhandels und erwähnte seine Methodik. Ich erhielt einen Brief von einem Mann, der mir mitteilte, dass er Kurier für eine der größten Geldwäschefirmen gewesen sei und dass meine Informationen sehr genau seien.

Die australische Firma wurde von England aus kontrolliert. Ich habe bereits die Drohung erwähnt, die Chou En-Lai dem ägyptischen Präsidenten Nasser aussprach. Beide sind inzwischen verstorben, aber was der chinesische Führer sagte, ist es wert, wiederholt zu werden:

> Einige von ihnen (die US-Truppen in Vietnam) versuchen es mit Opium. Wir helfen ihnen dabei. Erinnern Sie sich, als der Westen (d. h. die Briten) uns das Opium aufzwang? Sie haben uns mit Opium bekämpft. Und jetzt bekämpfen wir sie mit ihren eigenen Waffen. Der Effekt, den diese Demoralisierung auf die Vereinigten Staaten haben wird, wird viel größer sein, als irgendjemand denkt.

Dieses Gespräch wurde im Juni 1965 von Mohammed Heikel, dem hoch angesehenen ehemaligen Chefredakteur der ägyptischen Tageszeitung *Al Ahram*, aufgezeichnet. Die Offshore-Banken, die als Geldwäscher für Drogengelder bekannt sind und dem Royal Institute of International Affairs angehören, sind über die ganze Welt verstreut. Hier eine Liste der Länder, in denen sie sich befinden:

Singapur	14
Bahamas	23
Antigua	5
Westindis che Inseln	10
Bermuda	5

Trinidad	6
Kaimane	22
Panama	30

Diese Liste schließt RIIA-Banken unter chinesischer Kontrolle aus. Eine Liste dieser können Sie in Polk's Banking Directory nachlesen. Die Listen mit den Namen prominenter Personen würden Seiten füllen. Es genügt zu sagen, dass sich unter ihnen die prominentesten Vertreter der britischen Gesellschaft befinden, wie Sir Mark Turner, der die großen Banken des britischen Königshauses, einschließlich der Royal Bank of Canada, kontrolliert. Es war Turners Hintergrund, der sich mit König George III. verschworen hatte, um den amerikanischen Siedlern zu schaden. Der größte Handel mit Opium gegen Gold wird in Dubai von der British Bank of the Middle East abgewickelt. Die in Dubai gehandelte Menge an Gold übersteigt die in New York verkaufte Menge. Dieses Geschäft liegt in den Händen von Sir Humphrey Trevelyn.

Der Weltgoldpreis wird jeden Tag in den Büros der N.M. Rothschild, St. Swithins Court, London, "festgelegt". Er basiert ausschließlich auf dem Opiumpreis. Diejenigen, die sich in den Büros von N. M. Rothschild treffen, sind Vertreter von Harry Oppenheimers Anglo American Company of South Africa, von Moccato Metals, von Johnson Matthey Kleinwart Benson, von Sharps, von Pixley Wardley und Mitglieder des Londoner Komitees der Hongkong and Shanghai Bank.

Untereinander spiegeln diese Gesellschaften und ihre Vertreter das Kontrollorgan des Opium- und Heroinhandels wider, ob es um die anzubauende Menge, den zu zahlenden Preis und umgekehrt um den Goldpreis geht; wer den Handel betreiben soll; wo; und in welchen Mengen.

"Ausländer", die versuchen, sich einzuschleichen, werden schnell an David Rockefellers privates Polizeinetzwerk gemeldet, das als "Interpol" bekannt ist, wodurch manchmal relativ geringe Mengen an Drogen beschlagnahmt werden können. Diese Beschlagnahmungen werden von der Weltpresse als "große Siege" im falschen Drogenkrieg gefeiert. Der Großhandel mit Heroin und Kokain läuft über die folgenden Großbanken. Bisher hat es keine Regierung gewagt, gegen sie vorzugehen, obwohl es reichlich Beweise für ihre schädlichen Aktivitäten gibt:

U.S.A.

- Die Bank von Nova Scotia
- Harry Winston Diamantenhändler
- Metalle Mocatto
- Metalle N.M.R.
- Loeb Rhodes
- Mineralien Engelhard
- Bank von Dadeland
- First Bank of Boston
- Credit Suisse

KANADA

- Die Royal Bank of Canada
- Noranda Sales Corporation
- Canadian Imperial Bank
- Bank of Nova Scotia
- Hongkong. Sharp Pixlee Wardley
- Inchcape Company
- Konsolidierte Charta
- Bank von Hongkong und Shanghai
- Standard und Chartered Bank
- Chinesische Überseebank

- Jardine Matheson
- Sime, Darby
- Bangkok Bank

MITTLERER OSTEN

- Die Britische Bank für den Nahen Osten
- Barclays International Bank, Dubai
- Barclays Discount Bank
- Bank of Israel Leumi
- Hapolum Bank of India

PANAMA

- Bancoiberia Amerika
- Banconacional de Panama

ENGLAND

- National Westminster Bank
- Bank of the Midlands
- Barclays Bank

Panama ist in der Drogenwelt wichtig, da es als Handelszone für Kokain eingerichtet wurde. Zu diesem Zweck wurden dort große Geschäftsbanken eröffnet. Der starke Mann Omar Torrijos wurde in die Verantwortung genommen, doch als er die Zugehörigkeit wechselte, wurde er "entlassen".

Als General Noriega aufgrund eines USDEA-Mandats, von dem er glaubte, es erhalten zu haben, mit der Zerschlagung von Rockefellers Drogenbank-Imperium in Panama begann, wurde er von einem 7000 Mann starken Militärkontingent unter dem Kommando von Präsident G.W.H. Bush entführt und nach Miami gebracht, um dort als wichtiger "Drogenhändler" vor Gericht gestellt zu werden. Den Preis dafür zahlte er, indem er "gerichtlich" zu einer Gefängnisstrafe verurteilt wurde, die er nie wieder verlassen sollte.

Präsident Nixon dachte, er sei groß genug, um gegen den über Frankreich laufenden Heroinhandel vorzugehen. Er fand heraus, dass er sich geirrt hatte, und verlor seine Präsidentschaft wegen seines kühnen Versuchs, die "besondere Verbindung" zwischen Großbritannien und den USA zu erschüttern.

Die "Corporation" verfügt immer noch über rund 200 Tonnen Kokainpaste, obwohl feststeht, dass Pato Pizzaro auf seinem Höhepunkt Hunderte Millionen Dollar über panamaische Banken laufen ließ. Pizzarro stand an der Spitze von "The Corporation", einer bolivianischen Körperschaft, bis er auf Befehl des Medellín-Kartells ermordet wurde, weil er versucht hatte, sie zu "verdrängen". Ein Mann, der alles wusste, was in Panama vor sich ging, aber nichts berichtete, war Alfredo Duncan, der leitende DEA-Agent, der an die US-Botschaft gebunden war. Alfredo Duncan war der Hauptverantwortliche für die Flucht von Remberto, dem Mann, der für die Geldwäsche von "The Corporations" zuständig war, einem der wichtigsten Geldmänner des in Panama operierenden bolivianischen Netzwerks.

Das Netzwerk war von David Rockefeller als Hauptbankdepot für Kokain eingerichtet worden, so wie die Briten Hongkong für den Heroinhandel eingerichtet hatten. Remberto wurde nach Panama gelockt. Er wartete auf einen angeblichen Deal, doch als der damalige Generalstaatsanwalt Edwin Meese die mexikanische Regierung vor dem, was passieren würde, warnte, konnte Remberto fliehen und so einer Verhaftung entgehen. Der zuständige Agent, Alfredo Duncan, erhielt Dutzende Kabel von der DEA in Washington, in denen ihm befohlen wurde, Remberto festzunehmen. Als klar wurde, dass der Vogel weggeflogen war, beschuldigte der DEA-Agent Alfredo Duncan die CIA und behauptete, sie habe ihn (Remberto) "auf die Insel Contadora gebracht". Damit wurde etwas vereitelt, was ein großer Triumph für den Krieg gegen die Drogen hätte sein können. Stattdessen endete er in einem Fiasko aus blockierten oder ignorierten Befehlen. Man hat den klaren Eindruck, dass Remberto absichtlich die Flucht ermöglicht wurde.

Im Rahmen der hochgelobten und schrecklich teuren "Operation Snowcap" sollte die DEA in den bolivianischen Dschungel reisen und die riesigen Kokainlabors ausheben. Von Anfang an war die "Operation Snowcap" eine betrügerische Farce, die dem Kongress und dem amerikanischen Volk anscheinend vorgaukeln sollte, dass die DEA in diesem Scheinkrieg große Erfolge erzielt hatte. "Operation Snowcap" war wie der Vietnamkrieg. Die Vereinigten Staaten haben nicht die Absicht, ihn zu gewinnen. Wir wagen es nicht; das Spiel ist zu wichtig. Dieser Schein-Drogenkrieg ist durchsetzt mit Täuschungen, Lügen und Heuchelei. Kurz gesagt, er ist eine Verschwendung von Zeit und Steuergeldern, ein grausamer Hoax, der völlig bedeutungslos ist. So wie die US-Regierung bereit war, das Leben ihrer Soldaten in Vietnam zu opfern, obwohl sie wusste, dass wir kein Interesse daran hatten, den Feind zu besiegen, so war die Regierung bereit, das Leben junger, engagierter DEA-Agenten zu opfern, von denen viele bei der Operation "Snowcap" in Ausübung ihrer Pflicht starben.

Oberstleutnant Oliver North ist in den Augen eines Mitglieds des US-Senats schon lange verdächtig. Die mir vorliegenden Informationen über seine Aktionen zur Vereitelung eines Anti-Drogen-Einsatzes in Kolumbien lassen mich noch fester daran glauben, dass unsere Regierung nicht die Absicht hatte, ihren viel angekündigten "Krieg gegen die Drogen" zu gewinnen.

In mehreren meiner Drogenmonographien habe ich viel über das Medellín-Kartell und die kolumbianischen Kokainbarone gesprochen. In diesem Zusammenhang werde ich auf die Gefahr hin, "Werbung" zu machen, sagen, dass ich bei der Offenlegung des Namens "Medellín-Kartell" und des gesamten kolumbianischen Kokainhandels im Allgemeinen an vorderster Front gestanden habe.

Entgegen der landläufigen Meinung wird der größte Teil des Kokains nicht in Kolumbien verarbeitet, sondern kommt aus Bolivien. Die offiziellen Zahlen der DEA zeigen, dass 97% des

Kokains aus Bolivien stammen. Der Grund, warum Kolumbien alle Scheinwerfer auf sich zieht, ist, dass die Bolivianer kein gewalttätiges Volk sind und Bolivien praktisch nie verlassen, um zu verkaufen. Wenn man Kokain kaufen will, muss man nach Bolivien reisen.

In dem Fall, in den Oliver North verwickelt war, glaubte Bobby Seale, ein tief verdeckter Ermittler, der in das Medellín-Kartell eingedrungen war, dass dieses in Wirklichkeit Daniel Ortega, den Führer der Sandinisten, bestechen würde. Er gab die Information an die DEA weiter, die sie an North weitergab. North bot sich somit eine goldene Gelegenheit, seinen Worten Taten folgen zu lassen. Stattdessen entschied er sich dafür, die Informationen von Seale anzuzweifeln, dessen Geschichte später zeigen sollte, dass er der effektivste verdeckte Ermittler der DEA war, der jemals in Kolumbien eingesetzt wurde. North teilte der DEA daraufhin mit, er wolle, dass Seale den Contras Geld zustecke.

Ich konnte mir nie vorstellen, warum North Seale seine dynamische Rolle wegnehmen wollte; hier war ein Mann, der tatsächlich einen Drogenkrieg für unser Lager führte. Als Seale sich weigerte, zu North abgestellt zu werden, gab er Seales Geschichte an die Presse weiter. Was war das Ergebnis? Die beste Operation, die die DEA je eingefädelt hatte, wurde zerstört und Seale wurde von Auftragskillern des Medellín-Kartells ermordet, nachdem ihm der Schutz entzogen und seine Adresse auf Anordnung eines Richters veröffentlicht worden war. Glauben Sie mir nicht? Seit meiner Enthüllung wurde ein Film gedreht, in dem die Geschichte genau so geschildert wird, wie ich sie vier Jahre vor Seales Ermordung geschildert habe. Ich möchte Oberstleutnant North nicht verurteilen, aber die Weitergabe von Seales Geschichte an die Schakale der US-Medien ist ein Verrat, der mit der Art und Weise vergleichbar ist, wie die *New York Times durch* einen ihrer Journalisten, Richard Burt, unsere Satellitencodes an die Sowjetunion weitergegeben hat. Zumindest hat North eine Menge zu erklären. Meiner Meinung nach ist North nur eine Stufe höher als ein "dirt bag", ein Begriff aus dem Straßenslang für einen Informanten. Der Tod von Bobby Seale hat einen sehr schweren Verlust mit sich gebracht. Ohne die Iran-Contra-Anhörungen wäre dieses bedauerliche Ereignis wahrscheinlich nicht berichtet worden.

Meiner Meinung nach war die "Flucht" aus dem Norden kein Unfall und sicherlich kein isolierter Vorfall. Dies ist nicht das einzige Mal, dass Beweise dafür auftauchen, dass unsere Regierung nicht vollständig im Krieg gegen die Drogen ist. In einem anderen kolumbianischen Fall, in den das Medellín-Kartell verwickelt war, verlor einer seiner bolivianischen Hauptlieferanten, Roberto Suarez, 850 Pfund Kokain und zwei seiner wichtigsten Handlanger, die bei einer Razzia in Miami festgenommen wurden. Suarez hatte ein Einkommen von einer Million Dollar pro Tag, und das war auf diesem Niveau ein regelmäßiges Einkommen. Er war eher der Herrscher Boliviens als sein Präsident.

Hochrangige Regierungspersönlichkeiten aus Lateinamerika tauchten wiederholt in der Dokumentation dieses Falls auf. Kurz nach der Verhaftung von zwei der wichtigsten "Drogendiplomaten" von Suarez wurde der furchterregendste aller Staatsstreiche gegen die bolivianische Regierung eingeleitet, die von der DEA und der CIA unterstützt wurde. Der Putsch war erfolgreich, kostete Tausende Menschen das Leben und machte Bolivien zum Hauptlieferanten von Kokain für Kolumbien. Dies könnte der Grund dafür sein, dass die Anklagen gegen die beiden in Miami verhafteten "Drogendiplomaten" von Suarez fallen gelassen wurden und die Kaution des dritten Mannes auf mysteriöse Weise reduziert wurde, so dass sie noch am selben Tag nach Hause zurückkehren konnten.

Denken Sie daran, dass es sich nicht um kleine Dealer handelte, wie die aus den NBC Nightly News. Diese Männer standen an der Spitze des Drogenkartells, und so war es kein Problem, auch nur die geringste Kaution zu zahlen und die Vereinigten Staaten zu verlassen. Wer ein ungerechtfertigtes Vertrauen in unsere Regierung und unseren Präsidenten hat, mag gerne glauben, dass dies nichts weiter als ein Unfall war, aber angesichts Hunderter ähnlicher Fälle, die schiefgehen, wie können wir da unserer Regierung vertrauen? Offenbar bin ich nicht der Einzige, der einen Verdacht hat. Der ehemalige Zollkommissar William von Raab sagte einmal, dass seine Behörde mehr an Papageienschmuggelfällen interessiert sei als an der Verfolgung großer Drogenhändler.

Von Raab wurde zur Zielscheibe des Gifts des Kongresses, als er die gesamte mexikanische Regierung als korrupt anprangerte. Die Fakten und Umstände scheinen Von Raabs schwere Anschuldigungen zu stützen. Mexiko reagiert auf Vorwürfe, seine höchsten Beamten seien in den Drogenhandel verwickelt, regelmäßig mit den Worten: "Geben Sie uns Beweise, damit wir Ihren Vorwürfen nachgehen können". Jedes Mal, wenn sich eine Gelegenheit bietet, Beweise zu liefern, greifen mysteriöse Kräfte innerhalb unserer Regierung ein und vereiteln die Aktion.

Einer dieser Fälle betrifft einen gewissen Hector Alvares, der dem Pressekorps des ehemaligen Präsidenten Salinas de Goltari angehörte. Alvares und ein weiterer Strohmann, Pablo Giron, erzählten einem verdeckten Ermittler der DEA, der sich als großer Kokainkäufer ausgab, dass er mit der mexikanischen Regierung vereinbaren könne, Ladungen von bolivianischem Kokain, die für die USA bestimmt waren, durch Mexiko zu schleusen. Das war während der Vorgespräche über einen "Kauf" von bolivianischem Basiskokain. Giron sagte, er habe einen direkten Draht zum mexikanischen General Poblana Silvo, der seinem (Girons) Telefonanruf nachgehen würde.

Giron erzählte einem DEA-Agenten (der ihn daraufhin beschwor), dass er Salinas de Gottari sehr nahe stehe. Ein Informant des Zolls schwor ebenfalls, ihm sei gesagt worden, dass Alvarez Teil eines Geheimdienstkommandos sei, das den gewählten Präsidenten Goltari schützen solle. Bei diesem speziellen "Kauf"-Vorschlag waren 16 Tonnen Kokain involviert. Es war völlig getrennt von der Operation "Snowcap". Während der Gespräche in Panama ließ Alfredo Duncan, der für Panama zuständige DEA-Agent, eine Reihe von DEA- und Zollbeamten wissen, dass General Manuel Noriega "ein Mann der DEA" sei. Dies wurde mindestens dreimal in Briefen von John Lawn, dem Leiter der DEA in Washington, bestätigt.

Zwei weitere Personen, die mit Alvarez zu tun hatten, waren die Bolivianer Ramon und Vargas, die in Bolivien ein Kokainlabor besaßen, das regelmäßig 200 Kilogramm Kokain pro Monat produzierte. Schließlich gewannen der DEA-Agent "Käufer", ein Vertragspilot und ein Zollbeamter das Vertrauen der Bolivianer und wurden eingeladen, ihre Einrichtungen tief im bolivianischen Dschungel zu inspizieren. Was sie entdeckten, machte sie fassungslos und trunken vor Staunen.

Sie entdeckten sieben Landebahnen, die 747 abfertigen konnten, neben sehr großen unterirdischen Labors und Versorgungsgebäuden - ein erstaunlicher Komplex, der von schwer bewaffneten Truppen bewacht wurde. Das Geschäft, in das sie verwickelt waren, sah den Kauf von 5.000 Tonnen Kokain vor. Doch in all den Jahren, in denen "Snowcap" operierte, war es der DEA noch lange nicht gelungen, auch nur in die Nähe der bolivianischen Einrichtungen zu gelangen.

Als der Geheimagent Ramon und Vargas fragte, ob sie keine Angst vor der Operation "Snowcap" hätten, lachten sie einfach. Ramon und Vargas hatten gute Gründe, von Heiterkeit erfüllt zu sein. "Operation Snowcap" war ein bürokratischer Albtraum. All die schlechte Ausrüstung wurde nach Bolivien geschickt, die meisten davon nutzlos, und viele andere "Schlampereien", so Vargas. Niemand in Bolivien war auch nur im Geringsten von der Operation "Snowcap" betroffen. Die für "Snowcap" zugeteilten Flugzeuge hatten nicht die nötige Reichweite, um die Einrichtungen im Dschungel zu erreichen, und die wenigen Hubschrauber waren für die Aufgabe völlig ungeeignet. Handelt es sich hierbei um einen weiteren der vielen "Patzer"?

Ich glaube nicht, dass es sich um einen einfachen bürokratischen Fehler handelte. Nach den Informationen, die ich gefunden habe, scheint es sich bei diesen "Fehlern" um bewusste Sabotage gehandelt zu haben. Einerseits konnte die Feuerkraft der DEA-Agenten nicht auf die militärischen Fähigkeiten der "Corporation" hoffen.

1988 gab die DEA 100 Millionen Dollar für die Operation "Snowcap" aus. Was bekamen wir dafür? Etwa fünfzehntausend

Kilogramm teilweise verarbeitetes Kokain!

Obwohl dies viel erscheinen mag, war es im Vergleich zu den Produktionskapazitäten von "The Corporation" nur ein Tropfen auf den heißen Stein. Denken Sie daran, dass die fünfzehntausend Kilogramm weniger als drei Monate der bolivianischen Kokainproduktion entsprachen. Warum haben wir das Kokain nicht einfach zu einem viel niedrigeren Preis gekauft - was wir hätten tun können -, wie der Geheimagent jeden in Washington angefleht hatte, dies tun zu dürfen?

Die Antwort ist, dass die DEA sich weigerte, Geld für einen Kauf bereitzustellen, der nicht nur eine riesige Menge vollständig verarbeitetes Kokain, sondern auch vier der wichtigsten Führungskräfte der bolivianischen "Corporation" gebracht hätte. Dies hätte den USA auch den bislang fehlenden Beweis für die Beteiligung der mexikanischen Regierung auf höchster Ebene geliefert.

- Warum weigerte sich die DEA, das Geld auszuzahlen?

- Warum weigerte sich der stellvertretende US-Staatsanwalt in San Diego, eine Abhöraktion zu genehmigen, die den mexikanischen General Poblano Silva in die Finger bekommen hätte, den Giron gerade am Telefon anrufen und in einen massiven Kokainkauf verwickeln wollte?

- Warum rief Generalstaatsanwalt Edwin Meese den mexikanischen Generalstaatsanwalt an, um ihn vor der bevorstehenden DEA-Operation zu warnen, die zur Folge gehabt hätte, dass General Poblano Silva in ein großes Komplott zur Verteilung von Kokain in Bolivien verwickelt gewesen wäre?

- Zollkommissar William von Raab soll angewidert von Meeses telefonischer Warnung zurückgetreten sein - Und was ist mit unserem "Krieg gegen die Drogen" in Kolumbien?

Wie geht es den USA in diesem Land? Die Antwort ist, dass wir in Kolumbien viel schlechter abgeschnitten haben als irgendwo sonst auf der Erde, trotz der Millionen von Dollar, die allein in diesem Land in den "Drogenkrieg" geflossen sind. Präsident G.H.W. Bush hat in Kolumbien nichts Wichtiges getan. Am 25. Februar 1991 erklärte der kolumbianische Präsident Cera Gaviria, dass seine Regierung Friedensgespräche mit den Drogenhändlern und ihren terroristischen Freunden führen würde.

Die sogenannten "Friedensinitiativen" sind nichts anderes als eine totale Kapitulation vor den Forderungen des kolumbianischen Drogenbarons. Eine Auslieferung an die USA kommt nicht mehr in Frage. Dies geht aus einem fünftägigen Besuch Gavirias in Washington hervor, bei dem die Bush-Regierung die Kapitulation vor den Kokainbaronen absegnete. Bush bezeichnete den Plan als "mutig und heldenhaft". Die Jahre, die damit verbracht wurden, echte, handfeste Beweise gegen die Drogenbarone zu sammeln, sind nun wertlos; sie wurden auf eine Weise kompromittiert, dass sie niemals vor Gericht verwendet werden können.

Unter anderem starb Bobby Seale vergeblich. Mit Billigung der Bush-Regierung hatten die M19-Guerilleros (FARC und ELN-Terroristen) und ihre Kokainbosse die vollständige Kontrolle über 33 Delegierte, die an der Ausarbeitung einer neuen Verfassung für Kolumbien arbeiteten. Insgesamt waren etwa 77 Delegierte mit dieser Verantwortung betraut.

Die Kokainbarone machen sich offen über die DEA und die Zollbehörden der USA lustig, und das ist auch kein Wunder. Sie werden sich nun in Kolumbien austoben, da sie von ihrer machtlosen Regierung nicht viel zu befürchten haben, geschweige denn von Washington. Laut einem Exemplar der Zeitung *El Spectator* vom 18. Februar 1992, das ich erhalten und aus dem Spanischen übersetzt habe, scheint diese Zeitung die einzige zu sein, die genug Mut hat, sich gegen Gavirias und Bushs Kapitulation auszusprechen:

Unter dem Druck von Erpressung und Verbrechen verzichtet der Staat darauf, seine grundlegende Verantwortung für den Schutz des menschlichen Lebens wahrzunehmen, und stimmt zu, die Rechtsgrundsätze, die der Existenz des Staates zugrunde liegen, Stück für Stück zu verhandeln.

Bushs Anspruch auf einen Sieg im nicht existierenden "Drogenkrieg" ist irreführend. Wenn die Sache nicht so ernst wäre, wären die Statistiken der Regierung ein schlechter Witz. Im Februar 2004 veröffentlichte die Bush-Regierung den Bericht über die Nationale Drogenkontrollstrategie, der vom neuen Drogenboss im Weißen Haus, dem ehemaligen Gouverneur Bob Martinez von Florida, erstellt worden war. Martinez erhielt den Posten, nachdem William Bennett seinen Krieg mit Generalstaatsanwalt Thornburgh verloren hatte. Dies ist nur ein weiterer von Tausenden von Fällen, in denen es um Jobs für Kumpels geht.

Der ehemalige Gouverneur John Ellis Bush (Jeb Bush), Sohn von G.W.H. Bush und Bruder von George W. Bush, gehörte als Handelsminister zum Personal des ehemaligen Gouverneurs Martinez. Jeb Bush hatte in Wirklichkeit große Probleme, die nie an die Oberfläche kamen. Sein Name im Zusammenhang mit dem Verkauf von Kokain an die nicaraguanische Regierung stand in dem Bericht, den Oberstleutnant North nicht glaubte - und erfolgreich vertuschte. Bushs äußerst mangelhaftes Dokument war voller gefälschter Statistiken. DEA-Agenten bezeichneten es privat als "totalen Müll".

Als John Lawn noch Leiter der DEA war, amüsierten er und seine Agenten sich köstlich über Reagans Aussage, dass der Krieg gegen die Drogen "eine Wende genommen hat". John Lawn ging, aber die Erinnerung an das Debakel blieb bestehen. Die Bush-Regierung wies mit Stolz auf die 65 Millionen Dollar Soforthilfe hin, die Kolumbien für seinen "Krieg gegen die Drogen" erhalten hatte.

Generalmajor Miguel Gomez Padilla von der kolumbianischen Nationalpolizei sagte, dass die gesandte Ausrüstung nicht die richtige sei und dass die Hilfe zwar für konventionelle Kriegsführung geeignet, aber "in der Art von Krieg, die wir führen" völlig nutzlos sei.

Kann Amerika so dumm sein? Ich glaube das nicht. Es ist wahrscheinlicher, dass das, was mit dem kolumbianischen Hilfspaket passiert ist, ein bewusst geplanter Sabotageakt war.

Nach zwanzig Jahren Erfahrung im Drogenkrieg in Kolumbien könnte man sich vorstellen, dass unsere Regierung genügend Wissen angesammelt hätte, um zu wissen, welche Art von Ausrüstung benötigt wird. Die Berichte über die Drogenbekämpfungsstrategie enthielten keine Informationen über die Verfügbarkeit von Drogen oder die Zahl der bestätigten Konsumenten. Sie gingen auch nicht auf die entscheidendste aller Fragen ein, nämlich die Verfolgung des Konsumenten, die die Geheimagenten der DEA seit langem als die Taktik mit der größten Erfolgswahrscheinlichkeit propagieren.

Kein Wunder, dass die US-Regierung kaum etwas zu dem enormen Anstieg des Drogenkonsums sagt! Da Marihuana mittlerweile in 37 Staaten die wichtigste kommerzielle Kultur ist, stellt sich die Frage, wie dieser "Handel" gestoppt werden soll. Es wird interessant sein zu sehen, was passiert, wenn das samenlose, starke und hochwertige Marihuana namens "Sinsemellia" beginnt, in den USA angebaut zu werden.

Solange der Preis für Kokain höher ist als der für Gold (5000 Dollar pro Kilo) und der Preis für Heroin sechsmal so hoch ist wie der für ein entsprechendes Gewicht in Gold, wird es unmöglich sein, den Drogenhandel auszurotten, zumindest wenn die Korruption an der Spitze sich durch alle Reihen der Drogenbekämpfungsbehörden zieht.

Die DEA ist von Konflikten durchzogen. Sie wurde 1973 von Präsident Nixon gegründet, um Konflikte zwischen dem Bureau of Narcotics and Dangerous Drugs und dem Bureau of Customs zu vermeiden. Heute gibt es mehr Eifersucht und Konflikte zwischen Customs und der DEA als je zuvor. Die Moral ist nicht vorhanden. Wo wollen wir von hier aus hin? Nicht, dass eine erneute Umbesetzung einen Unterschied machen würde. Solange das Problem nicht von oben nach unten angegangen wird, werden alle Bemühungen, die Drogenschwemme in die USA zu bremsen, wackeln und scheitern. Für einen echten Krieg muss man die Personen treffen, die die höchsten Ämter im Land innehaben, und man muss hart zuschlagen. Ich habe keine Ahnung, wer mutig genug sein wird, diese Aufgabe zu übernehmen, aber wir brauchen auf jeden Fall einen furchtlosen Anführer.

Die Regierung hat die Kontrolle verloren; sie kennt das Ausmaß des Drogenproblems im Land nicht. Das Drug Abuse Warning Network berichtet, dass die Zahl der Überdosierungen nicht zurückgeht, wie die Bush-Regierung behauptet; sie werden nicht gemeldet, weil die Budgets der Krankenhäuser so stark gekürzt wurden, dass kein Geld vorhanden ist, um das Personal einzustellen, das für die Überwachung von Überdosierungen benötigt wird.

Und was ist mit Panama, da das Land durch die Entführung von General Noriega für den Drogenhandel sicher geworden ist? Ich erinnere daran, dass ich 1982 berichtet hatte, dass die Banco Nacional de Panama ihren Dollarfluss laut Statistiken des US-Finanzministeriums um fast 500% gesteigert hatte. Rund 6 Milliarden US-Dollar an nicht deklariertem Geld flossen allein in diesem Jahr von den USA nach Panama. Meine Quellen behaupten, dass die Banco Nacional de Panama seit der Entführung von General Noriega ein Rekordniveau an Cashflow erreicht hat. Dies hätte die Bush-Regierung beunruhigen müssen, doch es gab wenig bis gar keine Anzeichen von Besorgnis seitens des Weißen Hauses.

Die Bankenstruktur in Panama wurde von Nicolas Ardito Barletta aufgebaut. Barletta war akzeptabel, da er zuvor die Marine and Midland Bank geleitet hatte, die von der Bank des Drogenbankiers, der Hong Kong and Shanghai Bank, aufgekauft wurde. Barletta verfügte über die nötige Erfahrung, um mit sehr großen Mengen an Drogenbargeld umzugehen. Als Noriega Barletta verärgerte, machte sich die Bush-Regierung daran, den General zu beseitigen.

Unter dem falschen Namen "Freihandel" haben wir einen alarmierenden Anstieg der in den USA verfügbaren Drogenmenge erlebt. Kokain war noch nie so billig wie heute und noch nie so leicht verfügbar. Einer der größten Befürworter des "freien Handels" ist die Mont Pèlerin Society. Es ist sehr bedauerlich, dass so viele rechtsgerichtete Patrioten immer noch auf diese Organisation hereinfallen.

Ich behaupte nicht, dass ich die Antworten auf die schreckliche Bedrohung, die der Drogenhandel darstellt, kenne. Was ich weiß, ist, dass etwas Dringendes und Radikales getan werden muss, denn während ich dieses Buch schreibe, sind mächtige Kräfte am Werk, die versuchen, das amerikanische Volk davon zu überzeugen, dass die Lösung für das Drogenproblem in der Legalisierung von Drogen liegt. Ich glaube nicht einen einzigen Moment daran. Die Legalisierung des Drogenkonsums wird Amerika in eine Nation von Drogensüchtigen verwandeln, so wie die Britische Ostindien-Kompanie die Chinesen in eine Nation von Opiumsüchtigen verwandelt hat. Schließlich sind es die Nachfahren der Britischen Ostindien-Kompanie und ihre blaublütigen Yankee-Partner, die die Show leiten. Was den "Drogenkrieg" betrifft, so ist er nie entstanden. Er war immer ein falscher Krieg gegen Drogen und wird es auch immer bleiben.

Panama im Belagerungszustand ist die umfangreichste Darstellung des Drogenhandels von oben nach unten, die ich je geschrieben habe. Leider hat es nicht die Aufmerksamkeit erhalten, die es verdient, wahrscheinlich weil der Titel wenig über den Inhalt aussagt. Wenn Sie davon überzeugt werden müssen, dass Bushs Drogenkrieg ein falscher Krieg war, lesen Sie das nächste Kapitel. Sie werden feststellen, dass es in Panama keinen Drogenkrieg gibt, genauso wenig wie hier in den USA. Das US-Außenministerium verfügt über einen eigenen Drogennachrichtendienst.

In regelmäßigen Abständen veröffentlicht es lobende Berichte über die Ergebnisse des "Kriegs gegen die Drogen". Der Bericht des Außenministeriums über Panama ist typisch für die Heuchelei, die die Bush-Regierung an den Tag legt. In seinem Bericht gibt das Außenministerium an, welche Nationen als Drogenbekämpfer "zertifiziert" wurden, und diese Nationen erhalten dann zu diesem Zweck Gelder von der US-Regierung.

Erst kürzlich wurde Panama als drogenbekämpfende Nation "zertifiziert" und hat somit Anspruch auf Almosen aus den USA. Die Wahrheit ist, dass Panama seit dem erzwungenen Rückzug von General Noriega ein Zufluchtsort für Drogenhändler und ihre Geldwäschebanken ist. Dennoch heißt es in dem Text des Außenministeriums, dass

> "in den Jahren nach der Militäraktion, durch die General Noriega vertrieben wurde, schloss sich Panama den internationalen Bemühungen zur Drogenbekämpfung an."

Die Regierung von Endara hat wichtige Maßnahmen gegen Geldwäsche ergriffen, Rekordmengen an Drogen beschlagnahmt und wichtige Abkommen zur Drogenkontrolle mit der US-Regierung geschlossen.

Es handelt sich um völligen, schlichten Unsinn. Dieser sehr unvollkommene Bericht beweist, dass Bushs Krieg gegen Drogen nichts wert ist, und es wird noch deutlicher, dass es sich um eine Lüge handelt, wenn man bedenkt, dass jahrelang, nichts unternommen wurde, um den Drogenhandel und die Heroinraffination durch die Syrer im Bekka-Tal im Libanon zu stoppen, bis vor einigen Jahren aufgrund von Beschwerden Israels - die nicht mit dem Drogenhandel, sondern mit Sicherheitsfragen zu tun hatten - die syrischen Truppen das Bekka-Tal verließen.

Kapitel 4

Panama im Belagerungszustand

Um zu verstehen, was in Panama vor sich geht - einer Region, die für die nationale Sicherheit und die Handelsinteressen der Vereinigten Staaten von Amerika von entscheidender Bedeutung ist -, müssen wir auf den Drogenhandel mit Schwerpunkt Hongkong zurückkommen. Seitdem die Briten Hongkong zum Umschlagplatz für Heroin gemacht haben, hat die Stadt eine Bedeutung erlangt, die ihr allgemein bekanntes Image als Fernseh- und Textilstadt Lügen straft.

Wenn Hongkong nur ein normales Handelszentrum wäre, würde der Goldmarkt dort nicht boomen. Aber die alten aristokratischen und oligarchischen Familien in England haben ihr Vermögen mit dem Transport von Opium von Bengalen nach China gemacht. Und die Bezahlung erfolgte immer in Gold.

Die Briten und ihre alten, miteinander verflochtenen Familien aus dem liberalen Establishment des amerikanischen Ostens und ihr Netzwerk aus ehrwürdigen Wall-Street-Anwaltskanzleien, Banken, Makler- und Investmenthäusern in Familienbesitz taten mit den USA dasselbe wie mit China und in geringerem Maße mit der westlichen Welt. Als der amerikanische "Handel" mit Kokain den mit Heroin zu überholen begann, wurde Panama zur ersten geschützten Bankzone der Welt, einem sicheren Zufluchtsort für die riesigen Wellen an Bargeld, die hereinströmten.

Die Hollywood-Crowd machte Kokain zur "Freizeitdroge" und popularisierte den Gebrauch, genauso wie sie während der

"Roaring Twenties" geschmuggelten Whisky in fiktiven Erzählungen über die Mode, Bronfmans Getränk zu trinken, das von Kanada in die USA strömte, gelobt hatte. Die Alkoholbarone von damals sind zu den Drogenbaronen von heute geworden. Es hat sich nicht viel geändert, außer dass die Mechanismen der Verteilung und Verschleierung viel raffinierter geworden sind. Keine Thompson-Maschinenpistolen mehr, keine lärmenden Mafiosi in Prunkanzügen, die uns die Schamesröte ins Gesicht treiben würden. All das ist verschwunden - heute ist es das elegante Bild der Vorstandsetagen und exklusiven Clubs in London, New York, Hongkong, Las Vegas und der Bars in Nizza, Monte Carlo und Acapulco. Die Oligarchie wahrt stets eine diskrete Distanz zu ihren Hofdienern; unantastbar, gelassen in ihren Palästen und ihrer Macht.

Das Protokoll ist immer noch da, ebenso wie die Morde. Die Kokainmafia pflegt immer noch die Gewohnheit, diejenigen, von denen sie glauben, dass sie sie verraten haben, "hinzurichten", d. h. auf ihre unvergleichliche Weise zu ermorden. Das Opfer wird seiner Unterwäsche beraubt, die Hände gefesselt, die Augen verbunden und erhält eine Kugel in die linke Kopfseite. Das ist das "Markenzeichen" der Kokainkiller; eine Warnung an andere, nicht zu versuchen, mit ihrem Geld oder ihren Drogen zu fliehen oder auf eigene Faust ins Geschäft einzusteigen. Die Schlaueren, denen es gelingt, der Kugel des Mörders zu entkommen, werden einfach den Behörden gemeldet.

Das meiste, was als "Drogenbeschlagnahmungen" durchgeht, stammt aus Informationen, die von den großen Drogenhändlern gegeben wurden, um neue, unabhängige Personen unschädlich zu machen. Der Schutz auf höchster Ebene funktioniert nicht immer, wenn die "Bosse" bestohlen werden, wie der 25-jährige Sohn von General Ruben Dario Paredes, dem ehemaligen Chef der Nationalgarde Panamas und erklärten Feind von General Manuel Noriega, herausfand, der in einem Grab in Kolumbien "angezogen" von den Kokainkillern mit einem Einschussloch in der linken Schläfe endete.

Selbst die Position seines Vaters kann ihn nicht vor dem Zorn der

Bosse des Kokainkartells schützen. Da die chinesische Regierung starken Druck ausübt, um ein größeres Stück vom Opium/Heroin-Kuchen zu erhalten, und eine stärkere Kontrolle über Hongkongs lukrativen Gold- und Opiumhandel fordert, haben hochrangige britische Kontrolleure damit begonnen, Panama als "Alternative" für ihre Bankgeschäfte zu propagieren. Panama wird Hongkong niemals ersetzen; in Wirklichkeit kontrolliert Hongkong den Opium- und Heroinhandel, während Panama den Kokainhandel kontrolliert, aber beide überschneiden sich weitgehend.

Die Leser müssen verstehen, wovon ich hier spreche. Ich spreche nicht von Unternehmen, die den Erwartungen nicht gerecht werden, ich spreche nicht von Unternehmen, die manchmal riesige Verluste machen, wie zum Beispiel das "nette" General Motors. Nein, ich spreche von einem riesigen Gebilde, das Jahr für Jahr immer wieder riesige Gewinne erzielt und seine "Investoren" nie enttäuscht.

Im Jahr 2007 betrug der Offshore-Drogenhandel mehr als 500 Milliarden US-Dollar pro Jahr und wächst jedes Jahr. Im Jahr 2005 wurde die Zahl von der DEA auf 200 Milliarden Dollar geschätzt, was keine schlechte "Wachstumsrate" für eine relativ geringe "Investition" ist. Diese enorme Menge an Bargeld bleibt in allen Ländern außerhalb der Gesetze, da sie unbehelligt internationale Grenzen überquert. Wird der Drogenhandel in der Art des "Bootlegging" betrieben?[3] Sind finster aussehende Männer mit Koffern voller 100-Dollar-Scheine unterwegs?

Sie tun es in seltenen Fällen, aber der Drogenhandel kann nur mit der freiwilligen und bewussten Kooperation der internationalen Banken und ihrer verbündeten Finanzinstitutionen betrieben werden. So einfach ist das. Schließen Sie die Drogenbanken, und der Drogenhandel wird in dem Maße zu versiegen beginnen, in dem sich die Strafverfolgungsbehörden auf die Drogenbarone stürzen, die in die Öffentlichkeit gedrängt werden, weil sie

---

[3] "Schmuggel" oder "Schleichhandel", Anm. d. Übers.

gezwungen sind, verzweifelte und für sie gefährliche alternative Methoden zu verwenden. Mit anderen Worten: Schließen Sie die Rattenlöcher, dann wird es leichter, die Nager loszuwerden. Es ist zwar erfreulich, wenn es, wie wir es von Zeit zu Zeit tun, zu drogenbedingten Verhaftungen kommt und die Behörden große Mengen Dope beschlagnahmen, doch im Vergleich zum Gesamtvolumen sind dies nur ein Tropfen auf den heißen Stein. Sie sind das Ergebnis von Informationen über "nicht registrierte" Konkurrenten. Solche "Razzien" stellen weit weniger als die sprichwörtliche Spitze des Eisbergs dar. Und dank ihrer privaten Geheimdienstsysteme, die oft viel ausgefeilter sind als die der meisten kleineren Länder, sind die großen Drogenbarone und ihre Bankiers den Strafverfolgungsbehörden in der Regel mehrere Schritte voraus.

Der Weg zur erfolgreichen Bekämpfung der Drogenbedrohung, die eine größere Gefahr für die Zivilisation darstellt als die Schwarze Pest im Mittelalter, führt über die marmorierten Lobbys und prächtig geschmückten Bankhallen der ganzen Welt. Wir nähern uns dem Problem von der schwierigsten Seite. Wir versuchen, die Marktteilnehmer zu erwischen, anstatt uns mit den Finanziers zu befassen. Britische Banken kontrollieren seit Jahrhunderten das Offshore-Banking im Zusammenhang mit Drogen, so wie sie auch den Diamanten- und Goldhandel kontrolliert haben, die beide eng mit dem Heroinhandel verbunden sind.

Deshalb schickte Königin Victoria die damals (1899) stärkste Armee der Welt, um die beiden winzigen Burenrepubliken in Südafrika zu zerschlagen, nur um die Kontrolle über ihr Gold und ihre Diamanten zu erlangen, die Lord Palmerston, Sir Alfred Milner und Joseph Chamberlain als hervorragende Möglichkeit betrachteten, ihre Geschäfte zu finanzieren, ohne dass es möglich war, die Zahlungen bis zur Quelle zurückzuverfolgen. Auf diese Weise wird auch heute noch der Heroinhandel in Hongkong weitgehend finanziert. Schließlich sind Gold und Diamanten unpersönlich.

Das erklärt, warum Königin Elisabeth in politischen Fragen

meist mit Frau Thatcher aneinandergeraten war. Die Queen wollte mit der südafrikanischen Regierung und ihrer Anti-Drogen-Position aufräumen. Die Königin wollte einen Mr. Furhop dorthin schicken, um die Dinge so zu lenken, wie er es für sie in Rhodesien (heute Simbabwe) tat. Furhop ist der richtige Name ihres Kuriers, besser bekannt als "Tiny" Rowland, der das riesige Konglomerat LONRHO leitet, an dem sie über Angus Ogilvie, ihren Cousin ersten Grades, als Hauptaktionärin beteiligt ist. In gewissem Sinne wurden sowohl Südafrika als auch Panama aus denselben Gründen belagert.

Die Südafrikaner verhinderten die Übernahme ihres Gold- und Diamantenschatzes durch die oligarchische Aristokratie, und im Falle Panamas wurde ihr wertvolles Bankgeheimnis von General Noriega in Stücke gerissen. Die herrschenden Mächte werden sich von diesen Rückschlägen nicht unterkriegen lassen! Um eine Vorstellung davon zu vermitteln, was in Panama auf dem Spiel steht: Die DEA schätzt, dass täglich etwa 350 Millionen Dollar durch telegrafische Banküberweisungen den Besitzer wechseln. Dies wird als "Interbankengeld" bezeichnet. Etwa 50% des Interbankengeldes stammt aus dem Drogenhandel und fließt auf die Kaimaninseln, die Bahamas, nach Andorra, Panama, Hongkong und zu den Schweizer Banken, die diesen riesigen Geldstrom verwalten. Als Folge des Drogenhandels müssen wir uns mit der Last der "flexiblen Wechselkurse" auseinandersetzen.

Dieser destabilisierende Effekt wurde durch die enorme Menge an Bargeld ausgelöst, für deren Bewältigung unser System nicht ausgelegt ist; es ist unmöglich, dass feste Wechselkurse den riesigen und schnellen Geldtransfer unter festen Paritäten weltweit an einem Tag bewältigen können. Die "Wirtschaftswissenschaftler" haben uns falsche Versprechungen verkauft, als sie die Politik der "flexiblen" Wechselkurse befürworteten, und sie haben alle Arten von Wirtschaftsjargon erfunden, um den wahren Grund zu verschleiern, nämlich den riesigen Strom von Schwarzgeld!

Da ein sehr großer Teil dieses Geldes in Panama zirkulierte, war es notwendig, über einen Vermögenswert in Panama zu verfügen, dem man vertrauen konnte, um das strengste Bankgeheimnis aufrechtzuerhalten. Die DEA schätzte, dass allein aus den USA jährlich 3 Milliarden Dollar verschwanden und in Panama landeten. Die Coudert-Brüder, die "Mafia-Anwälte" des liberalen Establishments des Ostens, machten sich in der Person von Sol Linowitz, einem vertrauenswürdigen Boten der "Olympier", an die Arbeit. Er schuf General Omar Torrijos und präsentierte und verkaufte ihn dem amerikanischen Volk als "panamaischen Nationalisten". Sein Stempel "made by David Rockefeller" wurde vor der großen Mehrheit des amerikanischen Volkes sorgfältig verborgen.

Dank des Verrats von verkauften CFR-Dienern im Senat, Männern wie Dennis De Concini und Richard Lugar, gelangte Panama in die Hände von General Torrijos, zum Preis von Millionen von Dollar für den amerikanischen Steuerzahler. Doch Torrijos vergaß wie so viele andere Sterbliche schnell, wer sein "Schöpfer" war, und die Götter des Olymp sahen sich gezwungen, ihn von der Bühne zu entfernen. Torrijos wurde im August 1981 ordnungsgemäß ermordet. Offenbar kam er bei einem Flugzeugabsturz ums Leben, der der Art von "Unfall", der den Sohn von Aristoteles Onassis traf, sehr ähnlich war.

Was passiert war, war, dass eine oder mehrere unbekannte Personen die Mechanik der Flügelklappen so veränderten, dass sie, wenn sie für eine Landung abgesenkt wurden, das Flugzeug tatsächlich nach oben fliegen ließen. Ursprünglich wurde Torrijos von Kissinger ausgewählt, so wie wir es gewohnt sind. Als er begann, seine Rolle als panamaischer "Nationalist" statt der ihm zugedachten Rolle als Marionette ernst zu nehmen, musste er gehen. Kissinger ließ sich zum Leiter des überparteilichen Zentralamerika-Komitees des Präsidenten ernennen, ein weiteres gebrochenes Versprechen Reagans. Dies stärkte seinen Einfluss auf Panama, zumindest glaubte er das.

Wir müssen Panama durch die Augen des Trojanischen Pferdes betrachten, d. h. wir müssen Mittelamerika so betrachten, wie es Kissingers Andenplan sah: als Jagdgebiet für Tausende von US-

Soldaten. Kissingers Befehl lautete, einen weiteren "Vietnamkrieg" in der Region zu entfachen. Panama stand im Zentrum des Plans. Doch Torrijos hatte andere Vorstellungen. Er wollte sich der Contadora-Gruppe anschließen, die durch echten industriellen Fortschritt Stabilität und Lösungen für die Armut in der Region erreichen wollte. Nun bin ich den Contadoras nicht verpflichtet; es gibt viele Bereiche, in denen ich mich von ihnen unterscheide. Aber es lässt sich nicht leugnen, dass sich die Contadoras insgesamt dem Kampf gegen die für Mittelamerika geplante Drogenwirtschaft nach dem Vorbild der Ganja-Wirtschaft in Jamaika verschrieben haben.

Diese Idee des "freien Handels" wird von den Mitgliedern der Mont-Pèlerin-Gesellschaft unterstützt, insbesondere von dem Venezolaner Cisneros und der venezolanischen Cini-Stiftung. Aus diesem Grund und wegen seiner Drohung, das Bankensystem der Rockefellers in Panama aufzudecken, wurde Torrijos "dauerhaft immobilisiert", was in der Sprache des Geheimdienstes "ermordet" bedeutet.

Wie ich bereits sagte, geht es hier nicht um kleine Dealer oder Straßendealer, die Hollywood gerne als das Geschäft mit den Drogen darstellt. Wir sprechen von großen Banken und Finanzinstituten; wir sprechen von hochrangigen Personen; wir sprechen von Nationen, die die Drogenbarone unterstützen und ihnen Unterschlupf gewähren, Länder wie Kuba; und wir sprechen von einer Organisation, die so stark und mächtig ist, dass sie ein ganzes Land in die Knie gezwungen hat, die Republik Kolumbien.

Ich werde über die Komplizenschaft des US-Außenministeriums bei der Behinderung des Drogenkriegs schreiben. Ich werde über Nancy Reagans unglaublich dumme "Just Say No"-Antwort auf diese Drohung berichten. Im Vergleich zu dem, was heute passiert, war die Menge an Heroin, die in der "French Connection" zirkulierte, nur eine Sache von Kleingeld. Dennoch dürfen wir nie die Tatsache aus den Augen verlieren, dass Ex-Präsident Richard Nixon der einzige Präsident war, der die Drogenbedrohung für die Vereinigten Staaten entschlossen angegangen ist. Für seine Frechheit, den Drogenhandel von oben nach unten anzugehen, wurde er durch den Watergate-Betrug seines Amtes enthoben, in Ungnade gefallen, lächerlich gemacht und gedemütigt - als Lehre und Warnung für diejenigen, die seinem Beispiel folgen wollten. Im Vergleich dazu war Präsident Reagans "Krieg gegen die Drogen" nur eine Pikanterie! Der "Kreis der Eingeweihten", der das Royal Institute for International Affairs gegründet hat, hat seine Richtung nicht geändert. Es sollte wiederholt werden, dass der Drogenhandel fest in der Hand der Nachkommen und der untereinander verheirateten Familien ist, die die Mitglieder dieses internen Geheimbundes bilden, die ihre Abstammungslinie bis zu den Lords Alfred Milner, Gray, Balfour, Palmerston, Rothschild und anderen an der Spitze der gesellschaftlichen Pyramide Amerikas zurückverfolgen können.

Ihre Banken und die US-amerikanischen Banken sind keine kleinen Fische. Tatsächlich wurden oder werden kleine Banken mit der - freiwilligen oder unfreiwilligen - Hilfe des US-Finanzministeriums eliminiert. Besonders deutlich wird dies in Florida, wo sich ab 1977 große Banken wie die Standard and Chartered Bank und die Hapolum Bank, die für ihre Beteiligung an der Wäsche von schmutzigem Drogengeld bekannt sind, in Florida niederließen, wo "die Handlung" stattfindet. Die "Großen" begannen daraufhin, die kleinen Banken, die von kleinen, unabhängigen Kokainhändlern benutzt werden, anzuprangern. Man darf nicht vergessen, dass die Drogenmonopole ihr eigenes, sehr effizientes Geheimdienstnetz haben. Das Finanzministerium verfolgte die kleinen Banken, ließ die großen aber in Ruhe. Wenn die großen Banken erwischt werden, was einige Male vorgekommen ist, werden sie mit äußerster Nachsicht behandelt.

Dies belegen die Fälle der Credit Suisse in Genf und der First Bank of Boston. Die ehrwürdigste der Bostoner Banken wurde in Zusammenarbeit mit der Credit Suisse bei der Geldwäsche von Drogengeldern erwischt. Gegen die First National wurden rund 1200 separate Anklagen erhoben. Das Justizministerium fasste die Anklagen zu einer einzigen zusammen, und die Bank bekam mit einer Geldstrafe von nur 500 Dollar leicht auf die Finger geklopft! Die Credit Suisse wurde weder vom Justizministerium noch vom Finanzministerium verklagt! Die Credit Suisse bleibt nach American Express eine der größten und effizientesten Schwarzgeld-Waschbanken - die "Unberührbaren" der Bankenwelt.

Andere Großbanken, die am lukrativen Handel mit schmutzigem Drogengeld beteiligt waren, waren die National Westminster, Barclays, Midlands Bank und die Royal Bank of Canada. Die Royal Bank of Canada und die National Westminster Bank waren die wichtigsten Drogenbankiers für die Drogenbarone auf den karibischen Inseln im Rahmen von David Rockefellers hochgelobter "Caribbean Basin Initiative". Über den IWF wies Kissinger Jamaika an, in "freier Marktwirtschaft" Ganja (Marihuana) anzubauen, das heute den Großteil der Deviseneinnahmen Jamaikas ausmacht. Dasselbe geschah in Guyana, weshalb sich Jim Jones dort niederließ - nur dass Jones sich des wahren Ziels seiner Manipulatoren nicht bewusst war. Bei einem massiven Gehirnwäsche-Experiment wie dem in Vacaville erreichte Jones nie sein Ziel. Er starb in völliger Unkenntnis derjenigen, die an seinen Fäden zogen.

Jamaika ist nur eines der Länder, die vom Geld aus dem Drogengeschäft leben. Als Edward Seaga noch an der Spitze Jamaikas stand, erklärte er amerikanischen Zeitungen, darunter der *Washington Post,* frech, dass, ob akzeptiert oder nicht, "die Industrie als solche da ist, um zu bleiben. Es ist schlichtweg nicht möglich, sie auszurotten". Ich habe nichts gegen den Ausdruck "hier, um zu bleiben". Da die Rock-and-Roll-"Musik" als Vehikel für die Verbreitung von "Freizeitdrogen" genutzt und auf höchster Ebene geschützt wird, scheint das Drogengeschäft in der Tat dazu bestimmt zu sein, fortzubestehen.

Das bedeutet jedoch nicht, dass er nicht eliminiert werden kann. Die ersten Schritte eines Ausrottungsprogramms wären meiner Meinung nach, seine wichtigsten Banken anzugreifen und ein Gesetz zu verabschieden, das den Verkauf von Rock-and-Roll-Musik in jeglicher Form - Kassetten, Schallplatten usw. - und die

Förderung von Rockkonzerten zu einem strafrechtlichen Vergehen macht, das mit hohen Gefängnisstrafen geahndet werden kann.

Eine der Auswirkungen des "Fleischwolf-Kriegs" zwischen dem Iran und dem Irak war der sprunghafte Anstieg des Handels mit Heroin, aus dem Diacecylmorphin gewonnen wird. Der Großteil der Erlöse aus diesem Handel landete in panamaischen Banken, der "Überschneidung" mit Hongkong, die ich bereits erwähnt habe.

Im Iran gibt es offiziell 2,6 Millionen Heroinabhängige, davon 1,5 Millionen in der Armee, wo die abhängigen Soldaten auf Anfrage Heroin erhalten können. Wir erinnern uns, dass die britische Oligarchie während des Krieges zwischen den Staaten, dem Bürgerkrieg, die gleiche Operation versuchte, aber keinen Erfolg hatte. Das Geld aus dem Heroinverkauf hat nicht nur den Golfkrieg angeheizt, sondern auch die Uniformen der "Freiheitskämpfer", ein Begriff, den George Shultz für die Mörder des Afrikanischen Nationalkongresses (ANC), der baskischen Separatisten (ETA), der Irisch-Republikanischen Armee (IRA), der separatistischen Sikh-Bewegung, der Kurden usw. verwendet. Die Gelder, die aus dem Verkauf von Opium und Kokain stammen, werden über den Ökumenischen Rat der Kirchen an diese Terrororganisationen weitergeleitet.

Aus dem oben Gesagten geht klar hervor, warum Panama für die supranationalen Kräfte der Einen Welt so wichtig ist. Das Bankensystem in Panama wurde von David Rockefeller als bequemes Bankdepot für das Geld aus dem Drogenhandel eingerichtet. Panama wurde als das Bankenzentrum für Kokain bezeichnet, während Hongkong das Zentrum für Heroin und Opium blieb. Das Bankensystem Panamas wurde nach Rockefellers Plan von Nicholas Ardito Barletta, einem ehemaligen Direktor der Weltbank und einem Direktor der Marine Midland Bank, die vom König der Drogenbanken, der Hong Kong and Shanghai Bank, aufgekauft wurde, umstrukturiert. Barletta wurde aufgrund seines "respektablen" Images und seiner Erfahrung im Umgang mit großen Mengen an

Drogengeldern akzeptiert. 1982 schätzte das Finanzministerium, dass die Banco Nacional de Panama ihren Dollarfluss zwischen 1980 und 1984 um fast 500 % gesteigert hatte. Rund 6 Milliarden Dollar an nicht deklariertem Geld wurden allein in diesem Vierjahreszeitraum von den USA nach Panama transferiert.

Der ehemalige Präsident Perus, Alan Garcia, der einen totalen Krieg gegen die Drogenbarone geführt hatte, sprach am 23. September 1998 vor den Vereinten Nationen zu diesem Thema und zählte die Erfolge und Siege Perus im Krieg gegen die Drogen auf. Er fuhr fort mit den Worten

> Wir könnten also die US-Regierung fragen, wenn wir es in fünfzig Tagen geschafft haben, was sie für die Menschenrechte des Einzelnen tut, der in der Grand Central Station und an so vielen anderen Orten zusammenbricht, und wann sie legal und christlich für die Ausrottung des Konsums kämpfen wird?

Die Antwort von Frau Nancy Reagan lautete "Just Say No", aber das war keine Antwort auf Präsident Garcias implizite Anschuldigung, dass die Vereinigten Staaten weit weniger tun, als sie können, um die Drogenplage auszurotten. Dennoch rufen so viele sogenannte "Ökonomen" im Namen des "freien Handels" immer noch zur Legalisierung dieses schändlichen Geschäfts auf.

Zu ihnen gehörte Diego Cisneros, der Mitglied der Mont Pèlerin Society war, einer angeblich konservativen Organisation, die die Theorie des "freien Handels" propagiert. Nach der Ermordung von Omar Torrijos im August 1961 (er wurde ermordet, weil er sich entschieden hatte, Henry Kissingers Befehle zu ignorieren und starke Anzeichen für einen Alleingang zeigte), übernahm der starke General Rueben Paredes die Kontrolle über Panama. Im Februar 1981 machte er jedoch einen Fehltritt, als er drohte, den US-Botschafter aus Panama wegen Einmischung in die inneren Angelegenheiten des Landes auszuweisen. Kissinger überbringt Paredes daraufhin eine Botschaft.

In einer erstaunlichen "Kehrtwende" begann General Paredes plötzlich, Kissingers Andenplan zu unterstützen, der darauf abzielte, Mittelamerika in ein weiteres Vietnam für die US-

Armee zu verwandeln, und gab seine Unterstützung für Contadoras Politik auf. Obwohl die Contadora-Gruppe viele Mängel aufwies, war sie sich grundsätzlich Kissingers "Trojanischem Pferd" in Mittelamerika bewusst und versuchte zu verhindern, dass sich in der Region ein Konflikt nach vietnamesischem Vorbild entwickelte. Henry Kissinger und das US-Außenministerium hatten Paredes zuvor als "panamaischen Nationalisten und erbitterten antikommunistischen Freund Amerikas" beworben.

Bei einem von Kissinger gesponserten Besuch in Washington D.C. wurde Paredes von Kissinger persönlich eskortiert. Sechs Monate nach dem Mord an Torrijos übernahm General Paredes das Kommando über die Nationalgarde. In der Folgezeit lobte Paredes offen die kolumbianischen Terroristen der FARC und sabotierte Contadoras Bemühungen um eine friedliche Lösung der Probleme in der Region. Er gab sich auch große Mühe, die Freundschaft von Anulfo Arias zu pflegen, den die *Washington Post*, die *New York Times* und überraschenderweise auch Senator Jesse Helms als legitimen Erben der Führung Panamas darstellten, dessen Position angeblich von General Noriega usurpiert worden war. Seltsamerweise sagten die Medienschakale bei den Anhörungen zum Panamakanal-Vertrag nichts darüber, dass Torrijos die "rechtmäßige" Position von Anulfo Arias usurpiert hatte! Es wurde viel Unsinn darüber verbreitet, dass Arias ein "Nazi" und daher unwürdig sei, Panama zu regieren. Diese Art von antideutscher Propaganda verdient keinen Kommentar.

Obwohl sein 25-jähriger Sohn und zwei weitere panamaische "Geschäftspartner" von Killern, die für die Ochoa- und Escobar-Clans arbeiteten, im Stil der Kokainmafia erbarmungslos hingerichtet wurden, blieb Herr Paredes den Drogenbossen und ihrem Bankennetzwerk treu. Der Verlust der panamaischen Unterstützung war ein schwerer Schlag für die Bestrebungen der Contadoras. Es bedeutete, dass Panama ein "weit offenes" Zentrum für die Finanzierung von Waffenverkäufen an die Region bleiben würde, die insbesondere von Israel aufgrund einer Vereinbarung zwischen den lokalen Machthabern und dem verstorbenen Ariel Sharon, einem ehemaligen Geschäftspartner Kissingers, geliefert wurden.

Neben den Drohungen, für die Kissinger bekannt ist, spielte der IWF auch eine Rolle bei der Erpressung von Paredes. Meine Quellen berichteten mir, dass Kissinger deutlich machte, dass die Bestätigungszusage des IWF zur Umschuldung von Panamas 320 Millionen Dollar möglicherweise nicht gültig sei, wenn Paredes sich mit seinem Herrn zerstreite. Paredes habe "die Botschaft verstanden". Der IWF begann sofort einen Kampf mit General Noriega, der dem panamaischen Volk in einer Fernsehansprache am 22. März 1986 erklärte, dass der IWF Panama stranguliere.

Präsident Eric Delville unterstützte leider die Sparmaßnahmen des IWF, die dazu bestimmt waren, die Unterstützung der Gewerkschaften für Noriega zu schwächen. Der Gewerkschaftsverband CONATO begann daraufhin mit dem Bruch mit General Noriega zu drohen, wenn die IWF-Diktate nicht ignoriert würden.

General Manuel Noriega war, als er noch Oberst Noriega war, der Leiter des Büros für Drogenbekämpfung in Panama und kämpfte zehn Jahre lang dafür, dass die Nationalgarde Panamas von der Korruption verschont blieb, die dem Drogengeld so sicher folgt wie der Tag der Nacht. Da die Familien Ochoa und Escobar Panama praktisch unter ihre Kontrolle gebracht hatten, war dies keine leichte Aufgabe. Noriegas Kampf gegen Drogen wurde von John C. Lawn, dem Leiter der Drug Enforcement Agency (DEA), bestätigt. Lawn war nicht für seine blumigen Reden oder das Schreiben von Glückwunschschreiben bekannt. Sein Brief an General Noriega ist daher umso bemerkenswerter, da er ihn hemmungslos lobt.

Hier ein Auszug aus diesem Brief, der repräsentativ für die Art und Weise und den Stil ist, in dem er verfasst wurde:

> *Ich möchte diese Gelegenheit nutzen, um meine tiefe Wertschätzung für Ihre energische Politik zur Bekämpfung des Drogenhandels zu bekräftigen, die sich in den zahlreichen Ausweisungen angeklagter Drogenhändler aus Panama, den*

umfangreichen Beschlagnahmungen von Kokain und chemischen Grundstoffen in Panama und der Ausrottung des Marihuana-Anbaus auf panamaischem Gebiet widerspiegelt. Weder die *Washington Post* noch die *New York Times* hielten es für nötig, dieses Lob, das in einer Zeitung in Peru erschienen war, abzudrucken. Auf das Thema DEA und John C. Lawn werde ich wegen seiner herausragenden Bedeutung später noch einmal zurückkommen.

Das einzige, was die *Washington Post* gegen diese schöne Aussage unternahm, war die Veröffentlichung der Unwahrheiten ihres sogenannten "Geheimdienstexperten" Seymour Hersh, der einen Artikel schrieb, in dem er behauptete, General Noriega sei ein "Doppelagent" für die CIA gewesen und habe diese mit Informationen gefüttert, die er aus Kuba erhalten habe. Dabei handelt es sich um eine Masche, die echten Geheimdienstspezialisten wohlbekannt ist. Ziel dieser "Enthüllungen" wäre es, die Mörder des kubanischen Geheimdienstes DGI dazu zu bringen, General Noriega unter dem Vorwand, er habe "Kuba gedoubelt", zu ermorden. Dadurch würde die Aufmerksamkeit der Kissinger-Banker-Bande abgelenkt, falls sich der Mordversuch als erfolgreich erweisen sollte. Hershs Informationen und Erzählungen waren oft nicht sehr genau, und Noriegas "Enthüllung" sollte als das betrachtet werden, was sie war: ein mögliches abgekartetes Spiel für einen Mordversuch an General Noriega.

Noriega schlug mit allen ihm zur Verfügung stehenden knappen Mitteln zurück. Man muss sich jedoch bewusst sein, dass jedes Vorgehen gegen den Drogenhandel gefährlich ist.

Panama ist ein Beispiel für die Art von Gegenmaßnahmen, die ein mächtiger Feind in die Wege leiten kann. In der Karibik und in Panama standen die Antidrogenkräfte einem Konsortium gegenüber, das aus der Anwaltskanzlei Coudert Brothers in Person von Sol Linowitz bestand. Zu den weiteren Mitgliedern des Konsortiums gehörten Fidel Castro, David Rockefeller, Henry Kissinger und der Internationale Währungsfonds (IWF) sowie eine Reihe von Großbanken und das US-

Außenministerium. Kissingers Anden-Plan wurde von General Noriega vereitelt und er geriet wegen seiner Anti-Drogen-Position unter Beschuss. Der Ausgang der Panama-Affäre war vorhersehbar. Rockefellers Karibikbecken-Initiative lief darauf hinaus, Fidel Castro ein Drogenimperium im Wert von mindestens 35 Milliarden US-Dollar pro Jahr zu übergeben, das dieser nicht kampflos aufgeben wollte.

In Kolumbien schufen David Rockefeller und Kissinger "einen Staat im Staat", wo Carlos Lederer - bis zu seiner Verhaftung - ein Kaïd der Ochoa- und Escobar-Clans war, die praktisch das ganze Land beherrschten. Im Zentrum von Bogotá wurde die Hälfte der Magistrate der Stadt von der privaten MI9-Guerillaarmee der Drogenbarone, die auch als (FARC) bekannt ist, hingerichtet.

Die Erstürmung war ein Akt schierer Anarchie, der Kolumbien in einem Zustand der gefühllosen Angst zurückließ. Was steckte hinter dieser hektischen Aktivität, die in Wirklichkeit eine Revolution war? Es war ganz einfach Geld, Wellen und Wellen von Geld, das in die Offshore-Paradiese der Karibik und Panamas strömte. Die DEA schätzt, dass sich allein in Kolumbien zwischen 1980 und 2006 39 Milliarden Dollar an Bargeld angesammelt haben. Die DEA und das Finanzministerium waren der Ansicht, dass Panama zur Bankenhauptstadt der Kokainwelt geworden war, und gegen diese Einschätzung habe ich nichts einzuwenden. Das Finanzministerium erklärte 1982, dass die Banco National de Panama zur wichtigsten Clearingstelle für Drogendollars geworden sei und ihr Cashflow zwischen 1980 und 1988 um das Sechsfache gestiegen sei.

Panama war bis zum Amtsantritt von General Noriega ebenfalls ein beliebter Treffpunkt für die Drogenbosse. Lopez Michelson, der anbot, die Auslandsschulden Kolumbiens aus den Kokaineinnahmen zu begleichen, wenn die kolumbianische Regierung die Stellung der Drogenhändlerfamilien "legalisieren" würde, operierte von Panama aus recht frei, wo er sich häufig mit Jorge Ochoa und Pablo Escobar traf. Diese wichtigen Mitglieder des kolumbianischen Drogenkartells waren dafür bekannt, dass sie mit Rodrigo Botera Montoya, dem kolumbianischen Finanzminister von 1974 bis 1976, eine Vereinbarung trafen, die ein "offenes Fenster" in der Zentralbank einrichtete, in dem Drogendollars frei und offen gehandelt werden konnten, ohne Probleme mit den Behörden zu bekommen. Dieses "Fenster" wurde nie geschlossen! Es ist besser bekannt unter seinem umgangssprachlichen Namen "ventanilla siniestra", wörtlich übersetzt "unheimliches Fenster". Durch dieses "Fenster" erhielt Fidel Castro riesige Mengen an US-Dollar.

Waren die US-Behörden über Boteras Aktivitäten informiert? Natürlich waren sie es. Botera war Mitglied des renommierten Aspen Institute, der Ford Foundation und ehemaliger Co-Vorsitzender des Interamerikanischen Dialogs. Er war gut bekannt mit dem suave Elliott Richardson, der vor allem wegen seiner Verfolgung und seines Verrats an Präsident Richard Nixon im Zuge des Watergate-Skandals in Erinnerung geblieben ist. Weniger bekannt ist, dass Elliott Richardson, ein eminent angesehener Brahmane aus Boston, der Anwalt des verstorbenen Cyrus Hashemi war. Hashemi war der Waffenhändler Nummer eins beim Carter-Khomeini-Waffendeal von 1979.

Richardson war der offizielle Vertreter und Rechtsberater der marxistischen Regierung von Angola. Er war auch stark an der skandalösen Vertuschung des mysteriösen Todes von neun psychisch Kranken in der ominösen Anstalt Bridgeport beteiligt, der bis heute nicht untersucht wurde. Richardsons Verbindungen zum Drogenhandel werden durch die pro-narkotische Lobby, das Institut für Freiheit und Demokratie, sichtbar, das er 1961 in Lima, Peru, mit gegründet hatte.

Angesichts der vielen Namen, die im Verlauf der Tragödie in Panama auftauchen, erscheint es sinnvoll, die wichtigsten beteiligten Akteure und Institutionen aufzulisten - insbesondere Noriegas Feinde, die zahlreich und mächtig waren, wie die folgende Liste zeigt:

Alvin Weeden Gamboa

Dieser panamaische Anwalt, ein Kurier der Drogenbarone, gründete mit zwei weiteren Feinden Noriegas, Winston Robles und Roberto Eisenmann, die Partei der Volksaktion (PAPO), eine Oppositionspartei, die sich für die Menschenrechte einsetzt. Alle waren entschiedene Gegner der Panama Defence Force und erhielten regelmäßig großzügige Lobeshymnen von der amerikanischen Jackal-Presse und dem Außenministerium, die sie als Mitglieder einer "alternativen demokratischen Regierung" in Panama einstuften.

Cesar Tribaldos

Er war stark an der Geldwäsche für die kolumbianischen Kokainbarone beteiligt. Er ist und war zusammen mit Roberto Eisenmann, dem Besitzer der Zeitung *La Prensa* und Mitglied der PAPO, ein Koordinator der Bewegung Civic Crusade. Außerdem war er Mitglied des Vorstands der Banco Continental.

Ricardo Tribaldos

Cesars Bruder wurde wegen des Versuchs angeklagt, riesige Mengen des chemischen Vorläufers Ethylether (Aceton), der wichtigsten Chemikalie zur Raffinierung von Kokain, nach Panama einzuführen. Ricardo hatte die Operation 1984 in Erwartung der Eröffnung eines großen Kokainverarbeitungslabors in Panama durch die Kolumbianer Ochoa und Escobar eingefädelt.

Roberto Eisenmann

Roberto Eisenmann war der Besitzer der Zeitung *La Prensa* und zu jener Zeit ein mächtiger Trumpf des US-Außenministeriums. Er stand an prominenter Stelle im Vorschlag für eine "alternative demokratische" Regierung für Panama. Eisenmann hasst Noriega dafür, dass er eine der wichtigsten Operationen von Jorge Genoa zerschlagen und die First Interamerica Bank geschlossen hat, die gegen die panamaischen Bankgesetze von 1985 verstieß. Das lässt Eisenmann und seine Kollegen ratlos zurück.

Niemand hatte damit gerechnet, dass gegen die internationale

Gemeinschaft, die 80% der Wirtschaft Panamas kontrolliert und nach den von Nicholas Barletta vorgenommenen Änderungen eine "Schweiz in Panama" gegründet hat, ernsthaft vorgegangen werden könnte. Diese elitäre Gemeinschaft von Drogenhändlern und Bankern war daher verblüfft, als Noriega diese Informationen an die DEA weitergab und damit die Verhaftung des großen Kokainbarons Jorge Ochoa in Spanien ermöglichte. Das panamaische Establishment wurde von diesen Entwicklungen erschüttert.

Eisenmann wurde zu einem vehementen Kritiker Noriegas, der ihn beschuldigte, die Wirtschaft Panamas zu zerstören, und ihm sogar vorwarf, in den Kokainhandel verwickelt zu sein, obwohl es in Wirklichkeit Eisenmann war, der eng mit den kolumbianischen Kokainbaronen zusammenarbeitete. Eisenmann gehörte zu einer Gruppe von Drogenbaronen, Bankern, Anwälten und Zeitungsredakteuren, die mit ihrer pro-demokratischen Rhetorik die Spuren verwischen sollten, was sie, wäre die Wahrheit ans Licht gekommen, geradewegs zur Wäsche von schmutzigem Kokaingeld geführt hätte. Eisenmann, der den Angriff auf Noriega zwölf Jahre lang angeführt hatte, war die erste Wahl des US-Außenministeriums für die Führung der Regierung, die es nach der Verdrängung Noriegas an die Macht bringen wollte. Einige Leser mögen diese Informationen mit Skepsis betrachten, aber ich bin überzeugt, dass meine Informationen jedem Test standhalten werden, da sie durch solide Fakten untermauert sind. 1964 wurde Eisenmann als der Mann hinter dem Kauf der Dadeland Bank in Miami entlarvt, über die das Fernandez-Syndikat sein Kokain und Marihuana wusch - ein hinreichender Beweis dafür, dass Banken zu Recht von der DEA untersucht werden könnten. Dazu kam es jedoch nicht.

Die 1984 angeklagte Gewerkschaft Fernandez lagerte große Mengen Bargeld aus dem Drogenhandel in von der Bank gemieteten Schließfächern, bevor sie es nach Panama transferierte, und aus den Gerichtsakten geht hervor, dass die Gewerkschaft die Mehrheit der insgesamt ausgegebenen Aktien von Eisenmanns Dadeland Bank besaß. Dennoch waren es

Weeden, Eisenmann und Fernandez, die Noriega speziell beschuldigten, mit den Drogenbaronen Geschäfte zu machen. Nach der Werbung transferierte Fernandez' Syndikat sein schmutziges Geld von der Dadeland Bank zur Banco de Iberoamerica, die in der Anklageschrift als eine der 15 panamaischen Banken genannt wird, die er benutzte. Eisenmann schwor später, dass er keine Ahnung hatte, dass seine Dadeland Bank zum Waschen von Drogengeldern benutzt wurde.

Carlos Rodriguez Milian

Dieser bemerkenswerte Kurier von Lederer, Escobar und den Ochoa-Brüdern erhielt ein Gehalt von 2 Millionen Dollar pro Monat, bis er von DEA-Agenten aufgrund eines Hinweises seines Erzfeindes General Noriega verhaftet wurde. Seine Aufgabe bestand darin, riesige Mengen Bargeld aus Drogengeschäften zu beaufsichtigen und zum Zwecke der Geldwäsche u. a. an die Bank of America, First Boston und Citicorp zu liefern.

Bei der Anhörung vor dem Unterausschuss für Drogen des Senatsausschusses für Außenbeziehungen am 11. Februar 1988 waren die Verfahren darauf ausgelegt, den Namen von General Noriega zu beschmutzen und zu schwärzen. Milian wurde aus dem Gefängnis, wo er eine 43-jährige Haftstrafe wegen Drogengeschäften verbüßt, als Zeuge gegen General Noriega herangezogen. Er störte jedoch das Verfahren und versetzte die Ausschussmitglieder in Angst und Schrecken, als er enthüllte, dass er riesige Mengen an Drogendollar an mehrere US-amerikanische Banken geliefert hatte. Seine unerwarteten und ungebetenen Enthüllungen unter Eid wurden von den Schakalen der US-Medien völlig verschwiegen.

Oberstleutnant Julian Melo Borbua

Borbua, der 1964 unehrenhaft aus der panamaischen Nationalgarde entlassen worden war, wurde zu einem der Kronzeugen gegen Noriega. Noch während er in der Nationalgarde war, lernte er in Kolumbien die Ochoa-Brüder kennen, die ihm den Posten gaben und ihm 5 Millionen zahlten, um in Darien im panamaischen Dschungel ein Kokainlabor zu eröffnen; um sichere Lager- und Transporteinrichtungen sowie sichere Unterkünfte für die zu verkaufenden Waffen, hauptsächlich israelischer Herkunft, zu beschaffen und Absprachen mit verschiedenen Banken zu treffen, um den Geldfluss aus diesen illegalen Geschäften zu erleichtern. Die an diesem Projekt beteiligten Landsleute waren Ricardo Tribaldos, der Mann, der wegen des Versuchs, Äthylether nach Panama einzuführen, angeklagt worden war, und ein gewisser Gabriel Mendez.

Tribaldos und Mendez wussten, dass sie auf der Flucht waren, als Noriegas Männer begannen, große Lieferungen Ethyläthersäure zu vernichten und ein großes Kokainlabor ausfindig zu machen und zu zerstören. Unter der Leitung von nicht offengelegten Personen planten Tribaldos, Mendez und Borbua die massive Kapitalflucht aus Panama.

Der Plan sah einen Angriff und eine Verleumdungskampagne gegen die Armee und, wenn möglich, die Ermordung Noriegas vor. Doch bevor all dies umgesetzt werden konnte, deckte die Panama Defence Force (PDF) das Komplott auf und verhaftete das Trio. Mendez und Tribaldos werden wegen Drogenhandels angeklagt und inhaftiert, aber von einem panamaischen Gericht unter verdächtigen Umständen wieder freigelassen. Borbua wurde ehrenhaft aus der PDF entlassen. Sie alle wurden zu aktiven Mitgliedern der Front des Bürgerkreuzzugs, die ins Leben gerufen wurde, um General Noriega zu verdrängen.

Bürgerlicher Kreuzzug

Diese Fassade von Eisenmann und seinen Partnern war ausschließlich dazu bestimmt, gegen General Noriega eingesetzt zu werden. Ihre Auftraggeber waren Eisenmann, Barletta, Tribaldos, Castillo und Blandon, Elliott Richardson, Norman Bailey und Sol Linowitz. Der Bürgerkreuzzug wurde im Juni 1987 in Washington D.C. gegründet und Lewis Galindo, der sich selbst zum "internationalen Vertreter der Opposition Panamas gegen Noriega" ernannt hatte, wurde zu seiner Leitung angestellt.

Galindo hat über die Trilaterale Kommission und Sol Linowitz, einen der zuverlässigsten Diener des Olympiers und Partner der renommierten Anwaltskanzlei Coudert Brothers, tadellose Referenzen bei der Shultz-Fraktion des Außenministeriums und dem liberalen Establishment der Ostküste. Es war dieselbe Anwaltskanzlei, die die Vereinigten Staaten verraten sollte, indem sie souveränes US-Territorium an Panama abtrat, was nach der Verfassung der Vereinigten Staaten verboten ist. Galindo hatte auch tadellose Referenzen beim ehemaligen kolumbianischen Präsidenten Alfonso Lopez Michelson, der von Drogenfahndern allgemein als der Mann angesehen wurde, der während seiner Amtszeit von 1974 bis 1978 den Kokain- und Marihuanahandel in Kolumbien überwachte.

Die Brüder Robles

Ivan Robles und sein Bruder Winston sind führende Anwälte in Panama. Ihren Bekanntheitsgrad verdanken sie den Bossen des Kokainhandels und ihren Bankiers. Winston Robles ist Mitherausgeber von La Prensa von Roberto Eisenmann, der nachweislich Verbindungen zur Fernandez-Dadeland-Bank hat. Das Internationale Juristische Jahrbuch gibt den korrekten Titel der Anwaltskanzlei an: Martindale-Hubbell, Robles und Robles. Eisenmann de La Prensa, der nachweislich auch ein Drittel der Dadeland Bank besitzt, wurde mit seinen früheren zwielichtigen Verbindungen zum Fernandez-Syndikat vom ehemaligen Außenminister George Shultz und dem Außenministerium als Nachfolger von General Noriega favorisiert.

Diese "Verhandlungen" waren das Ergebnis einer völlig falschen Anklage wegen Drogenhandels, die am 5. Februar 1988 von einer Grand Jury in Miami, Florida, gegen Noriega erhoben worden war. Diese Anklageschrift unterstreicht einmal mehr die dringende Notwendigkeit für das amerikanische Volk, sich von diesem archaischen und feudalen Anhängsel der "Sternkammer" (Grand Jury) unseres Rechtssystems zu befreien. Die neueste Information über die "Verhandlungen" ist die Erklärung von George Shultz :

> Wir haben viele Gespräche mit ihm (Noriega) geführt, aber wir

haben noch keine Vereinbarung getroffen, dass die Anklage gegen Noriega fallengelassen wird, wenn er freiwillig zurücktritt.

Admiral John Poindexter

Die falschen Anschuldigungen gegen Noriega entstanden, weil Poindexters Mission, den General zur Aufgabe seines Amtes zu zwingen, gescheitert war. Poindexters Mission im Namen von Shultz stand in einer Reihe mit Präsident Reagans brutaler Botschaft, Präsident Marcos loszuwerden, die von Senator Paul Laxalt überbracht wurde, der die Rolle des Judas weitaus besser spielte als Poindexter. Poindexters Mission löste den aktuellen Krieg der amerikanischen Drogenbarone, Banker, Anwälte und ihrer Verbündeten aus, um Panama von der Bedrohung ihrer Existenz zu befreien, die von der energischen Verfolgung der Anti-Kokain-Gesetze und -Bankpolitik unter General Noriega und der PDF ausgeht. In dem Fernsehinterview mit Mike Wallace machte Noriega deutlich, dass Poindexter wie ein Tyrann gekommen sei, der von Panama verlange, sich den kolonialistischen Forderungen der Olympier (Das Komitee der 300) zu beugen.

Ich war nicht dagegen, dass das US-Militär in Nicaragua einmarschierte, aber ein weiterer Vietnam-ähnlicher Krieg hätte nur der einen Weltregierung und den Verrätern innerhalb unserer Grenzen in die Hände gespielt. Poindexter wurde von den US-Medien unterstützt, die sogar dafür plädierten, Noriega gewaltsam zu beseitigen. Nachdem er auf Poindexters Drohungen mit einer entschiedenen Abfuhr reagiert hatte, wusste Noriega, dass die Karten auf den Tisch gelegt waren. Daher versuchte er, sich mit den Peronisten zu verbünden und deren Unterstützung zu gewinnen. Bei einem Treffen mit der peronistischen Führung im argentinischen Mar del Plata erhielten Noriega und seine Delegation aus Offizieren der mittleren Ebene die Zusicherungen, die sie erwartet hatten. Es dauerte jedoch nicht lange, bis Gegenmaßnahmen ergriffen wurden, um die Argentinier zu verängstigen. Britische Truppen veranstalteten "Übungen" auf den Falklandinseln, um zu zeigen, was passieren würde, wenn Argentinien in die Angelegenheiten Panamas eingreifen würde, und General John Calvin, der Chef des Südzonen-Kommandos der US-Armee, traf sich mit dem argentinischen Verteidigungsminister Horacio Juanarena. Bei dem Treffen ging es offenbar um die britischen Drohungen und die wachsenden Spannungen zwischen den beiden Ländern wegen der Falklandinseln.

General Galvin richtete eine scharfe Warnung an Juanarena, Argentinien solle sich nicht in Panama engagieren. Galvins Mission in Buenos Aires hätte zu Recht mit General Hausers Mission in Teheran zu der Zeit verglichen werden können, als der ehemalige Präsident Jimmy Carter den Schah von Iran verriet.

Die Drogenbekämpfungsaktion der DEA, die auf eine dreijährige Untersuchung unter dem Codenamen "Operation Fisch" folgte, zeigte, dass die Drogenbarone und ihre Anhänger die Nutznießer riesiger Profite waren. Bis 1985 hatte sie niemand ernsthaft beunruhigt. Doch 1985, als es zuvor vage möglich schien, dass selten genutzte Gesetze zu einem Problem werden könnten, das durch Einschüchterung, Bestechung und Korruption gelöst werden muss, zeigte Noriega nun, dass er nicht bedroht oder gekauft werden konnte und dass er es ernst meinte.

"Operation Fisch" führte zur Schließung von 54 Konten bei 18 panamaischen Banken und zur Beschlagnahmung von 10 Millionen Dollar und großen Mengen Kokain. Später wurde festgestellt, dass die Banken von einigen Mitgliedern der PDF gewarnt worden waren und große Mengen Bargeld verschieben konnten, bevor sie durchsucht wurden. Darauf folgte das Einfrieren von 85 weiteren Konten bei Banken, deren Einlagen angeblich mit Blut und Kokain befleckt waren, eine Aktion der Panama Defence Force (PDF). Achtundfünfzig große kolumbianische, amerikanische und einige kubanisch-amerikanische "Läufer" wurden festgenommen und wegen Drogenhandels angeklagt. Die "Operation Fisch" wurde durch die Verabschiedung des panamaischen Gesetzes 23 ermöglicht, das ankündigte, was Drogenhändler in Zukunft zu erwarten hatten. *La Prensa* beschwert sich bitter darüber, dass die Panama

Defence Force im Namen der US-Regierung eine Werbekampagne gegen Drogen durchführt, eine Kampagne, die "das panamaische Bankenzentrum verwüsten wird".

Jose Blandon

Dies ist der Fall bei Jose Blandon, der vom drogenfreundlichen Konsortium um 180 Grad gedreht wurde. Welche Rolle wurde Blandon in dem Krieg zugewiesen, der gegen die Anti-Kokain-Kräfte geführt wird?

Er wurde angeheuert, um angeblich "internationale Unterstützung" für die Elliott Richardson-Sol Linowitz-Fraktion zu erhalten, die versuchte, General Noriega zu stürzen. Dabei entpuppte sich Blandon als scheinheiliger und skrupelloser Lügner. Blandon diente der Sozialistischen Internationale von Willie Brandt (in manchen Kreisen auch unter dem Namen Partenariat bekannt). Bevor er seinen Posten als Noriegas Chefankläger antrat, trat Blandon, der der Generalkonsul von New York für Panama war, am 11. August 1987 im panamaischen Fernsehen auf, um Noriega zu unterstützen. Er griff die Kräfte, die sich General Noriega entgegenstellten, vehement an - und charakterisierte die Feindseligkeit als eine Kampagne, die im Wesentlichen auf die Liquidierung von Jose Blandon abzielte.

Nehmen wir den Sprecher des Außenministeriums für "Panama" genauer unter die Lupe. Kurz nach seinem Fernsehauftritt zugunsten Noriegas, eigentlich weniger als einen Monat später, wurde Blandon vom liberalen Establishment des Ostens in Person von Shultz, Kissinger und Elliot Abrams beschlagnahmt und ihm wurde gesagt, er solle aufhören, das falsche Pferd zu unterstützen. Laut Geheimdienstberichten hatte Blandon keine Ahnung, was die Zukunft für Noriega bereithielt. Man sagte ihm regelrecht, er solle sich "dem Gewinnerteam anschließen" oder sich auf der Ersatzbank wiederfinden, wenn die "neue Regierung" eingesetzt würde. Blandon, der schon immer ein egoistisches Individuum war, verlor keine Zeit, um seinen Kurs zu ändern und auf den Zug aufzuspringen, um "Noriega zu erwischen". Kurz nachdem er die Seiten gewechselt hatte, kündigte Blandon an, er werde "die Unterstützung der internationalen Gemeinschaft gegen General Noriega sammeln".

Er wurde daher kurzerhand von seinen konsularischen Aufgaben entbunden. Keine Regierung kann es sich leisten, dass sich ihre Vertreter mit "ausländischen Kräften, die für ihren Sturz eintreten", verschwören. Blandon wurde sofort vom US-Außenministerium und den US-Medien unterstützt. Er wurde von Dr. Norman Bailey als hochrangiger, respektabler panamaischer Beamter vorgestellt, der wirklich überraschende Informationen über Noriegas angeblichen "Drogenhandel" zu berichten hatte. Ich kann nicht völlig sicher sein, dass Blandon nicht sofort finanzielle Unterstützung von Bailey, der Civic Crusade und Sol Linowitz erhielt, aber Washington sagte, dass es einige Informationen erhalten habe, die eher bestätigen würden, dass Blandon ein bezahlter Söldner von Linowitz, Norman Bailey und der Civic Crusade war. Der Anwalt Ray Takiff aus Miami, der General Noriega in den USA vertrat, sagte schlicht und einfach, dass Blandon ein von der US-Regierung bezahlter Lügner sei.

Einer von Blandons Kontrolleuren war William G. Walker, stellvertretender Unterstaatssekretär für internationale Angelegenheiten, der später eine schmutzige Rolle beim Sturz der Regierung in Serbien spielte. Laut den Berichten, die ich erhalten habe, war es Walker, der Blandon bezüglich seiner Aussage vor dem Senatsunterausschuss für auswärtige Angelegenheiten über Terrorismus, Drogen und internationale Operationen, einem Anti-Noriega-Unterausschuss, coachte. Walker spielte dann eine Schlüsselrolle bei der Vernichtung des serbischen Führers Milosevic, was zum Fall des Landes und zur Machtübernahme durch eine muslimische Regierung in Albanien führte.

Blandon war für seine Stimmungsschwankungen von einem Thema zum anderen bekannt, ganz zu schweigen davon, dass er während der Fahrt das Pferd wechselte. Walker wollte sicherstellen, dass Blandon nicht in Bereiche abdriftete, die zu Komplikationen führen könnten, während er vor dem Ausschuss "offen und geschlossen" aussagte, ähnlich wie Rodriguez Milians peinlicher Vortrag über die wichtigsten Banken der USA. Lewis Galindo von Civic Crusade, den wir gut kennen, war neben Walker und Dr. Norman Bailey ein weiterer "Coach" von Blandon. Galindo verbrachte viel Zeit damit, Blandon bei seiner Aussage vor dem Unterausschuss des Senats, der begierig darauf war, "Noriega zu schnappen", zu sagen, er solle sich auf das Wesentliche beschränken.

Der Ausschuss musste mit Blandons Neigung, "Tatsachen" zu verdrehen, ebenso vertraut sein wie mit seinen eher zweifelhaften "hochrangigen internationalen Kontakten". Dennoch präsentierte der Unterausschuss des Senats Blandon während der Sitzungen vom 8. bis 11. Februar die meiste Zeit als seinen Starzeugen gegen Noriega. Dies sollte alle Patrioten, denen unsere Institutionen und Traditionen am Herzen liegen, zutiefst beunruhigen.

Der Angriff auf Noriega hat unsere Institutionen degradiert und entwürdigt, ganz zu schweigen davon, dass er ernsthafte Zweifel an unserem Rechtssystem aufkommen ließ. Im Bestreben, das Beste aus Blandons Zeugenaussage herauszuholen, obwohl sie nach den Beweisregeln des Gerichts niemals länger als ein paar Minuten gedauert hätte, und unter Kreuzverhör, hörten die Ausschussmitglieder ungeduldig seinem zusammenhanglosen und widersprüchlichen Tiraden gegen General Noriega zu. Selbst mit einem solchen Handlungsspielraum und Ausschussmitgliedern, die sich für ihre Fürsorge verbiegen, machte Blandon eine ebenso schlechte Figur wie die Kriminellen Floyd Carlton und Milian Rodriguez, die als Kronzeugen geladen waren.

Das Verfahren erinnerte an die "Schauprozesse" und hat im amerikanischen System keinen Platz. Wenn es das ist, was unsere Politiker eine "offene Regierung" nennen, dann möge Gott Amerika helfen. Können die Anhörungen des Unterausschusses als "Gerichtsverfahren" bezeichnet werden? Ich neige dazu, zu glauben, dass es sich um einen Prozess gegen General Noriega handelte, auch wenn der Vorsitzende des Unterausschusses, John

Kerry, dies auf Nachfrage kategorisch ablehnte. Kerry ließ Blandon vor dem Ausschuss vorführen, wie man bei einer Hundeausstellung einen Hund durch den Ring führt. Als Blandon unzusammenhängend zu brabbeln begann, sagte Kerry wiederholt zu ihm "Bleib mein Junge - nicht so schnell". Es war derselbe John Kerry, der für das Amt des US-Präsidenten kandidieren sollte. Gott sei Dank wurde er geschlagen.

Kerry sorgte dafür, dass Blandons jüngste Fernsehansprache zugunsten von Noriega nicht erwähnt wurde. In dieser Rede erklärte Blandon, dass die Anschuldigungen gegen den PDF-Kommandanten "Erfindungen" seien, und bestritt vehement, dass PDF-Offiziere in den Drogenhandel verwickelt gewesen seien. Das mag eine gute Politik sein, aber es ist eine schlechte Justiz. Letztendlich widersprach sich Blandon, unfähig seinen eigenen Abschweifungen zu folgen, selbst und berichtete so unterschiedlich über dieselben Ereignisse, dass selbst die Schakale der Medien, insbesondere das *Time Magazine,* widerwillig zugeben mussten, dass Blandons Glaubwürdigkeit nicht existent war! Nicht jedoch für John Kerry, der es sich nicht leisten konnte, seinen Zeugen aus der Sternenkammer zu verlieren.

Woher stammen Blandons "Fakten" über Noriegas Verwicklung in den Drogenhandel? Sorgfältige Analysen, die von Spezialisten auf diesem Gebiet vorbereitet wurden, zeigten eine auffallende Ähnlichkeit zwischen den von Norman Bailey, Lopez Michelson, Roberto Eisenmann und Lewis Galindo verwendeten Sätzen und Wörtern und vielen von Blandon verwendeten Wörtern und Ausdrücken. Es scheint also, dass diese Männer Blandon Worte in den Mund gelegt haben könnten. Wir haben den Millionär Galindo, der sein Vermögen angeblich mit Immobilien gemacht hat, und Eisenmann von *La Prensa* bereits kennengelernt. Es ist jedoch nützlich und notwendig, am Rande zu erwähnen, dass Galindo das Vertrauen von Sol Linowitz von der Trilateralen Kommission und seinem engen Mitarbeiter Dr. Norman Bailey genießt.

Lopez Michelson

Lopez Michelson war von 1974 bis 1978 Präsident von Kolumbien. In dieser Zeit war er eng mit Fidel Castro befreundet, der Carlos Lederer wieder einsetzte, nachdem dieser von DEA-Agenten zur Flucht von den Bahamas gezwungen worden war. Es war Michelsons Finanzminister Rodrigo Bolero Montoya, der den Kokainbaronen die Einzahlung von Dopingdollars erleichterte, indem er im Rahmen von Michelsons Überwachungsaktivitäten im Auftrag der Kokainbarone Ochoa, Lederer und Escobar den "ominösen Schalter" bei der kolumbianischen Nationalbank öffnete. Lopez Michelson versuchte sogar, die Drogenbarone zu legalisieren, wenn sie ihm im Gegenzug anboten, die Auslandsschulden Kolumbiens zurückzuzahlen!

Nicolas Ardito Barletta

Ein weiterer der vom Außenministerium angeheuerten Lakaien war Nicolas Ardito Barletta. Als Freund und Vertrauter von Norman Bailey vom Nationalen Sicherheitsrat und Leiter des "Bankerzweigs" des NSC-CIA, enger Vertrauter von Sol Linowitz und William Colby war Barletta offensichtlich ein wichtiger Verbündeter der "Catch Noriega"-Fraktion. Ich habe bereits erwähnt, dass Panama zu einem Zufluchtsort für Drogenhändler und ihre Geldwäschebanken wurde, kurz nachdem Blandon strenge Gesetze zum Bankgeheimnis erlassen hatte: gerade rechtzeitig für den "Boom" des Kokainhandels. Seine Gesetze zum Bankgeheimnis wurden nie in Frage gestellt - bis General Noriega diese schreckliche Verantwortung übernahm. Kein Wunder, dass Blandon sich mit seinen Feinden verbündete. Blandon war in Washington als Panamas "Mann der Bankiers" bekannt.

Steven Sarnos

Als Drogenhändler identifiziert, schien Sarnos einen überraschend leichten Zugang zu Regierungsbeamten wie Admiral Poindexter und zu Honoratioren wie Barletta zu genießen. Sarnos war Teil der Gruppe um Eisenmann, Galindo und andere, die die Verleumdungskampagne gegen Noriega startete. Es scheint, dass Sarnos ein weiterer von vielen

"Trainern" von Jose Blandon war.

Sarnos reist, um seine hochrangigen amerikanischen Beziehungen unter dem Schutz des Bundeszeugenprogramms zu sehen. Vielleicht dank der von Sarnos vorgelegten Beweise wurde sein ehemaliger Kollege und Geschäftspartner Fernandez wegen Marihuanahandels zu einer Gefängnisstrafe verurteilt. Wir werden es vielleicht nie erfahren, aber das muss der Grund dafür sein, dass Sarnos in die USA reisen darf, während ein Mann wie Präsident Waldheim, der ehemalige Generalsekretär der Vereinten Nationen, auf der schwarzen Liste steht.

Der von John Kerry geleitete Senatsausschuss schien alles in seiner Macht Stehende zu tun, um ein Gegengewicht zu Blandons wahnsinnig erratischen Leistungen zu schaffen. Von der Presse zu Blandons veränderten Aussagen, Ungenauigkeiten und Widersprüchen befragt, erklärte Senator D'Amato, eines der Mitglieder: "Die Werbefachleute würden alles versuchen, um Mr. Blandons Aussage zu diskreditieren". Letztendlich stellte sich Blandons Aussage jedoch als nichts anderes als das Produkt einer überreifen Fantasie heraus. Seine Behauptung, er habe Dokumente gesehen, die bestätigten, dass die CIA das Privatleben einiger US-Senatoren ausspioniert habe - eine Behauptung, die von der CIA vehement dementiert, von Blandon jedoch bestätigt wurde -, sorgte für großes Aufsehen. Blandons "Bombe" über die CIA erschütterte den Ausschuss fast ebenso sehr wie Milians Enthüllungen, dass große US-Banken in die Geldwäsche von Schwarzgeld verwickelt waren.

Eine weitere der "einflussreichen internationalen Persönlichkeiten", die die Verschwörung zur "Ergreifung Noriegas" unterstützt haben, ist Ted Turner von CNN. Es wird angenommen, dass Turner ein Mitglied der Trilateralen Kommission ist, das von David Rockefeller persönlich "ausgebildet" wurde. Es scheint, dass sein Name auf die Liste der Feinde Noriegas gesetzt wurde. La Prensa von Roberto Eisenmann atmete nach den Anhörungen des Unterausschusses des Senats erleichtert auf. Es war offensichtlich, dass die Politik des Doping-Bankers für Panama von nun an die offizielle Politik der Vereinigten Staaten sein würde. Die von den USA geführte Kampagne gegen das PDF kommt direkt von den Seiten von *La Prensa* mit ihrem Wutgeheul, "unterdrückt" zu werden. Die Kokainbarone und ihre Banker schrieben den Text für das Hasslied, das die Reagan-Regierung gegen den damals weltbesten Kämpfer gegen den Drogenhandel, General Manuel Noriega, singt.

Die Tatsache, dass Noriega mit Verleumdungen überzogen wurde, sollte uns Aufschluss darüber geben, wie effektiv er im Krieg gegen die Drogen ist. Wenn er keine Entität wäre, würde sich niemand in Washington oder Panama darum kümmern. Eine internationale Hass- und Verleumdungskampagne erreichte schnell ihren Höhepunkt und endete mit Noriegas Absetzung. Ich bin aufgrund von Informationen höchster Zuverlässigkeit davon überzeugt, dass Noriega auch nach seiner Vertreibung noch in großer Gefahr war. Diese Informationen erwiesen sich mit der Entführung und dem Transport Noriegas in ein Gefängnis in Florida als zutreffend, gefolgt von einer Prozessparodie, die in der Rechtsprechung jeder westlichen Nation ihresgleichen sucht. Die Drogenbarone und ihre Bankiers werden nicht vergeben und vergessen. Noriega wurde auf die gleiche Weise zur Beseitigung gebrandmarkt, wie Nicaraguas General Somoza zur Ermordung bestimmt war.

Aus den Anhörungen des Unterausschusses gingen einige positive Elemente hervor. General Paul German bestritt, Beweise für Unterschlagungen durch Noriega gefunden zu haben, wie Blandon und Norman Bailey behaupteten. Er sagte, es gebe keine stichhaltigen Beweise dafür, dass Noriega Verbindungen zu den Kokainbaronen hatte. Es habe Gerüchte gegeben, sagte German, aber es seien nie echte Beweise gefunden worden. Der Ausschuss konnte auch nicht den Schatten eines glaubwürdigen Beweises für die falschen Anschuldigungen gegen Noriega vorlegen, obwohl Kerry sich sehr bemüht hatte, und dennoch wurde er schuldig gesprochen und zu lebenslanger Haft verurteilt, aus der er nie entlassen werden sollte.

Blandon, Barletta, Linowitz, Elliot Abrams, Elliott Richardson,

Lewis Galindo und Roberto Eisenmann wollten unter anderem den Drogenhandel legalisiert sehen. Richardsons Ansatz in dieser Frage war sehr einfallsreich. Er trat für die Legalisierung von Drogen ein, ohne dass es danach aussah. Seine Linie war, dass es "zu spät" sei, um zu versuchen, die Drogenbedrohung zu bekämpfen, und dass, egal wie sehr man sich bemüht, sie zu unterdrücken, wie zuvor den Alkohol, die beste Lösung die Legalisierung von Betäubungsmitteln sei. Laut Richardson und seiner Fraktion von Bankern aus dem liberalen Establishment des Ostens würde sich dies langfristig als viel effektiver und kostengünstiger erweisen - genau die Linie, die Senator Edward Kennedy bei seinen zahlreichen Versuchen, Drogen zu legalisieren, verfolgte.

Edward Kennedy blieb das Schicksal seiner Brüder erspart, weil er nützlich ist, um die Gesetzesentwürfe des Establishments im Senat voranzutreiben - der einzige Grund für die Fortsetzung seiner politischen Karriere. Wenn Kennedy es auch nur ein einziges Mal wagt, gegen eine pro-narkotische Gesetzgebung zu stimmen, wird er eliminiert. Wir wissen das, und er weiß das. Es ist so klar, wie es ist. In seinem aus dem Bericht Sol Linowitz 1986 des Interamerikanischen Dialogs kopierten Artikel zitiert Richardson praktisch die von *La Prensa* und Carlos Lederer vorgebrachten Argumente, um die Legalisierung des Kokain- und Marihuanakonsums auf die gleiche Weise zu unterstützen, wie die Vereinigten Staaten schließlich gezwungen wurden, Alkohol zu legalisieren. Der Interamerikanische Dialog ist ein Zusammenfluss von Meinungen zwischen dem östlichen liberalen Establishment und Lateinamerika, der die trilaterale Politikgestaltung für die Region unter der Schirmherrschaft des Komitees der 300 verfolgt.

Kurz gesagt, es ist dazu da, die Entscheidungen der Trilateralen Kommission zu unterdrücken. Anhand der Liste seiner Mitglieder lässt sich schnell beurteilen, inwieweit dieses Gremium geschaffen wurde, um die Befehle des CFR auszuführen. Wenn die Namen McGeorge Bundy, Linowitz, Kissinger, John R. Petty, Robert S. McNamara, Barletta und Montoya auftauchen, können wir sicher sein, dass die

Drecksarbeit an der Kreuzung existiert.

Samper Pizano, Kurier der kolumbianischen Kokainbarone, behauptet, der Westen müsse einen neuen und originellen Ansatz für das Drogenproblem in Betracht ziehen. Pizano, der seine Verbindungen zu den kolumbianischen Kokainbaronen nicht bestreitet, überreichte Lopez Michelson eines Tages einen Scheck über eine sehr hohe Summe als "Beitrag" zu seiner Präsidentschaftskampagne. Michelson nahm das Geld an, obwohl er wusste, dass es von Carlos Lederer stammte.

Das abgedroschene Argument für eine selektive Legalisierung wurde auch von Richardson vorgebracht. Offenbar sind 65 Millionen Drogenabhängige in den USA keine ausreichende Zahl. Richardson deutet an, dass der Krieg gegen Drogen nicht gewonnen werden kann - ein weiteres altes und gefährliches Argument, das die Hammerschläge ignoriert, die Präsident Garcia in nur 50 Tagen gegen die Kokainmafia führen konnte, und das mit streng begrenzten Ressourcen, die ihm zur Verfügung standen! Das entscheidende Argument ist die folgende Behauptung: "... die Illegalität von Drogen verschlimmert den Schaden für Drogenabhängige und die amerikanische Gesellschaft". Als Justizbeamter verdiente Herr Richardson es, von der American Bar Association geprüft, der Förderung des Drogenverkaufs beschuldigt und aus diesen Gründen angeklagt zu werden. Der Interamerikanische Dialog hat seinen Club der Drogenbanker, der die Versuche, Dope zu legalisieren, unterstützt. Dass es eine nachweisliche Verbindung zwischen der First Bank of Boston, der Credit Suisse und den Kokainbaronen Kolumbiens gibt, wäre nicht schwer zu beweisen; viel weniger schwer als der Versuch, die verdrehte Aussage von Jose Blandon glaubwürdig und akzeptabel zu machen.

Warum verklagte der Unterausschuss des Senats, der sich gegen Noriega richtete, nicht die Credit Suisse, die First Bank of Boston, American Express und die Bank of America, wenn er wirklich seine Glaubwürdigkeit im Kampf gegen den Drogenhandel projizieren wollte? Welche Rolle spielte John

Kerry in all dem? Wann begann das US-Außenministerium wirklich, Noriega zu fürchten?

Ich würde sagen, es war unmittelbar nach dem Erfolg der gemeinsamen Drogenbekämpfungsaktion von DEA und Panama unter dem Codenamen "Operationen Fisch", der von der DEA am 6. Mai 1987 öffentlich bekannt gegeben wurde, in dem, was sie als "die größte und erfolgreichste Undercover-Untersuchung in der Geschichte der bundesstaatlichen Drogenbekämpfung" bezeichnete. Das Außenministerium leitete in Zusammenarbeit mit den in diesem Artikel genannten Personen sofort Gegenoperationen ein, um den Erfolg der "Operation Fisch" zu untergraben und General Noriega als Kommandeur der Verteidigungskräfte Panamas abzusetzen. Das Außenministerium und seine Verbündeten in der Pro-Doping-Lobby hatten gute Gründe, Noriega zu fürchten, wie der folgende Auszug aus einem Brief des Chefs der DEA vom 27. Mai 1987 an Noriega zeigt. John C. Lawn, könnte nicht deutlicher sein:

> Wie Sie wissen, war die soeben abgeschlossene Operation Fisch erfolgreich: Mehrere Millionen Dollar und Tausende Pfund Drogen wurden den internationalen Drogenhändlern und Geldwäschern entrissen. Ihr persönlicher Einsatz (Hervorhebung hinzugefügt) bei der Operation Fisch und die kompetenten und unermüdlichen professionellen Bemühungen anderer Beamter der Republik Panama waren für den positiven Ausgang der Ermittlungen von entscheidender Bedeutung. Drogenhändler auf der ganzen Welt wissen, dass die Erträge und Gewinne aus ihren illegalen Geschäften in Panama nicht willkommen sind.

In der Tat!

In diesen letzten Zeilen finden wir den Schlüssel dazu, warum sich das Außenministerium gegen General Noriega wandte und warum eine landesweite Verleumdungs- und Diffamierungskampagne gegen den damals erfolgreichsten Kämpfer gegen den Drogenhandel in der Welt gestartet wurde. Die Briefe von John C. Lawn stehen in scharfem Kontrast zu dem trostlosen Schauspiel von Jose Blandon und dem verurteilten Drogenhändler Milian, die sich bemühen, den von den kolumbianischen Drogenbaronen, ihren panamaischen Bankiers und ihren Verbündeten im östlichen liberalen Establishment, zu denen wir auch die *New York Times* und die *Washington Post* zählen, am meisten gehassten und gefürchteten Mann schwarz zu zeichnen.

Die Anhörungen des Senatsunterausschusses erwiesen dem amerikanischen Volk einen schrecklichen und bedauerlichen Bärendienst, indem sie die Drogenbarone und ihre Bankiers unterstützten und praktisch den Rest des kläglich schwachen Drogenbekämpfungsprogramms begruben, das Präsident Reagan angeblich in den Händen von George H.W. Bush zurückgelassen hatte. Alles, was von unserem zerfledderten Selbstwertgefühl als Nation, die sich der Drogenbedrohung entgegenstellt, übrig blieb, war Nancy Reagans erbärmliches "Just Say No". Die Worte sind nicht viel wert, vor allem wenn man sie mit den mutigen Taten vergleicht, die wir General Noriega und Präsident Alan Garcia zuschreiben können.

Die Presse des amerikanischen Establishments, die Schakale, die den Diktaten des Rudelführers David Rockefeller folgen, orchestrierten die bösartige Anti-Noriega-Kampagne in Amerika, die dazu führte, dass der vom DEA-Chef so großzügig gelobte Mann von einer Grand Jury in Miami angeklagt wurde. Wer liegt hier falsch? Ist es John C. Lawn? Ist der von ihm gelobte Noriega wirklich derselbe Mann wie der, den die Presse, Anwälte, Banker, bezahlten Lügner und politischen Organisationen der Kokainmafia als Freund und Beschützer der Drogenhändler darstellen?

Auf den ersten Blick scheint es eine gewisse Verwirrung zu geben. Entweder ist Noriega offensichtlich nicht der Mann, den John C. Lawn gelobt hat, oder die Zeugen des Unterausschusses des Senats waren Lügner. Wir überlassen es Ihnen, Ihre eigenen Schlussfolgerungen zu ziehen. Kehren wir zur Liste der "Feinde Noriegas" zurück und finden wir heraus, wer die Hauptverantwortlichen für dieses brutalste Verbrechen gegen den besten Gegner der Drogenhändler der Neuzeit sind.

General Ruben Darios Paredes

Der pensionierte ehemalige Kommandant der panamaischen Nationalgarde war der kämpferischste und gefährlichste Feind von General Noriega. Trotz der brutalen Hinrichtung seines Sohnes durch die Kokainmafia blieb Paredes den Ochoa-Brüdern treu, selbst nachdem er herausgefunden hatte, dass sie ihn angelogen hatten, als er sich telefonisch nach seinem verschwundenen Sohn erkundigte. Paredes akzeptierte das Wort der Ochoas, dass sein Sohn in Sicherheit sei, obwohl die kolumbianische Presse trompetete, dass Rueben Jr. bereits tot sei, ein Opfer von "los grandes mafioses". Paredes hatte langjährige Verbindungen zu Fidel Castro und dessen selbsternanntem "besonderen Freund", Oberst Roberto Diaz Herrera. Angesichts dieser bekannten Fakten ist es nicht überraschend, dass Paredes Mitglieder von Carlos Ledhers privater Terroristenarmee M19 in seinem Haus empfing und sie beschützte, nachdem eine M19-Einheit in Panama zum Schutz von Dariens Kokainlabor und israelischen Waffenlagern aufgestellt worden war.

Paredes war die Wahl von Kissinger, Linowitz und dem Außenministerium, um General Noriega zu ersetzen, sobald dieser durch Drohungen oder Klagen des Justizministeriums zum Gehen gezwungen worden wäre. Auf dieser Grundlage fanden die angeblichen "Verhandlungen" mit General Noriega statt. Im Juli 1987 drohte Paredes mit einem Krieg in Panama, falls General Noriega nicht zurücktreten würde. Die Rolle, die Kissinger und Linowitz Paredes zuwiesen, war die eines Störenfrieds, der dafür sorgen sollte, dass keine Einzelperson oder politische Partei stark genug wurde, um die Interessen der Drogenbarone und ihres Bankennetzwerks zu gefährden. Wie bereits erwähnt, hatte Torrijos, als er solche Anzeichen zeigte, einen tödlichen "Flugzeugabsturz". Gibt es einen echten Beweis von der Art, nach der der Unterausschuss des Senats so eifrig sucht und die er im Fall von General Noriega nicht gefunden hat, der Paredes mit den Kokainbaronen und ihren zwielichtigen Bankiers in Verbindung gebracht haben könnte? Es ist allgemein bekannt, dass die Ochoas Paredes teure Geschenke machten, darunter auch teure Vollblut-Rennpferde, aber das allein ist noch kein ausreichender Beweis. Dann ist da noch die Frage nach den eindeutig nachgewiesenen Beziehungen von Paredes' Stellvertreter, Oberstleutnant Julian Melo Barbua, den wir bereits kennengelernt haben und dessen enge Beziehungen zu Ricardo Tribaldos, Jaime Castillo, Mendez und anderen Ochoa-Händlern wie Stephen Samos nicht bestritten wurden und die General Paredes auf keinen Fall verborgen bleiben konnten.

Als sich Lopez Michelson 1984 in Panama mit den kolumbianischen Kokainbaronen traf, war es Melo Borbua, der dafür sorgte, dass sie nicht gestört wurden. Ich habe Stephen Samos erwähnt, weil er mit Alma Robles verheiratet war, einer Schwester der Robles-Brüder, deren Anwaltskanzlei von den Drogenbaronen genutzt wird. Samos war ein Kurier für das Fernandez-Syndikat, bis er geschnappt wurde. Meinen Informationen zufolge war er Melo Borbua gut bekannt, und seine Aktivitäten hätten einem Mann wie General Paredes nicht entgehen können.

Paredes war trotz seiner bekannten Drogenverbindungen bei den Schakalen der US-Medien sehr begehrt. Er erhielt durchaus wohlwollende Pressekritiken, da seine schäbige Vergangenheit offenbar gut verborgen wurde, so wie General Pitowranow von der US-amerikanischen Wirtschafts- und Handelsmission (USTEC) trotz seiner bekannten Vergangenheit als Leiter einer weltweiten Entführungs- und Mordstaffel des KGB von der US-Presse geliebt wird.

Dr. Norman Bailey

Baileys Vergangenheit ist mit dem Nationalen Sicherheitsrat verbunden, wo er diente, bevor er sich mit Sol Linowitz zusammentat, dem Urheber der berüchtigten Panamakanal-Affäre. Als Mitglied des Nationalen Sicherheitsrats wurde Bailey damit beauftragt, die Bewegung von Drogengeldern zu untersuchen, wodurch er direkte Erfahrungen mit Panama machte. Als direkte Folge seiner Studien freundete sich Bailey mit Nicholas Ardito Barletta an. Es wird angenommen, dass Bailey einen Hass auf Noriega entwickelte und ihn für Barlettas Verlust des Präsidentenamtes verantwortlich machte. Bailey äußerte sich wie folgt:

> Ich begann meinen Krieg gegen Panama, als mein Freund Nicky Barletta von seinem Amt als Präsident von Panama zurücktrat.

Bailey lernte viel über Panamas Gesetze zum Bankgeheimnis von dem Mann, der dafür verantwortlich war, dass Panama zu einem Zufluchtsort für Drogenhändler und Geldwäscherbanken wurde, deren Verteidiger er wurde.

Warum hätte Bailey an der Entlassung Barlettas Anstoß nehmen sollen? Weil Barletta der "Mann vor Ort" war, der hochrangige Vertreter des britischen und amerikanischen Establishments vertrat, die bis zur Augenbraue in den Drogenhandel verstrickt waren - natürlich aus sicherer Entfernung. Er war auch der Mann des Internationalen Währungsfonds (IWF) vor Ort in Panama, der dafür sorgte, dass dessen Diktat ohne Widerrede befolgt wurde, und er war der Favorit von George Shultz. Als General Noriega sich den Sparmaßnahmen des IWF widersetzte, kam es zu einem Frontalzusammenstoß mit Ardito Barletta und, stellvertretend, mit dem elitären Establishment in Washington. Ohne Baileys Wissen hatte sich General Noriega mit Alan Garcia unterhalten, dessen Taktik Peru erfolgreich gegen die Raubzüge des IWF verteidigt hatte und die Noriega später für Panama übernahm.

Infolgedessen wurde Bailey verdrängt, als er versuchte, Vollstrecker des IWF zu werden. Zu diesem Zeitpunkt wurde die Entscheidung, einen totalen Krieg gegen Noriega und die Nationalgarde zu führen, von George Shultz auf Anraten von Norman Bailey und seinem Geschäftspartner William Colby getroffen, dessen Firma Colby, Bailey, Werner and Associates von den panamaischen und amerikanischen Bankiers, die Drogengelder wuschen, in Panik konsultiert worden war. Von diesem Zeitpunkt an wurde General Noriega nie wieder anders als "Diktator" genannt.

Bailey bleibt dabei, dass er nicht daran interessiert war, Noriega loszuwerden. Wichtiger sei es gewesen, so Bailey, ihn militärisch loszuwerden, denn, so Bailey, "Panama ist das am stärksten militarisierte Land der westlichen Hemisphäre". Diese bemerkenswerte Aussage muss gegen die bekannte Tatsache abgewogen werden, dass es Bailey war, der die von Blandon, Eisenmann und Weedon gegen Noriega erhobenen Anklagen verfasst hat. Bailey als Mitglied der Civic Action Group, die hart daran arbeitete, Noriega zu verdrängen und ihn durch etwas zu ersetzen, das Bailey gerne als "Ziviljunta" bezeichnete, die nach ihrer Machtübernahme freie Wahlen abhalten würde, für die er eine Frist von einem Jahr setzte.

Bailey hat maßgeblich zur Diffamierung Noriegas durch die *New York Times* und die *Washington Post* beigetragen, die er als "zu 98% Fakt" bezeichnet. Selbst wenn nur 2% keine Tatsachen sind, dann müssen seine Artikel sicherlich völlig verdächtig sein? Durch Bailey schloss sich der Kreis der Verschwörung gegen General Noriega von den Kokainbaronen in Kolumbien bis zu den Eliten in Washington, London und New York. Über Bailey wurde die Verbindung zwischen der mörderischen Kokainmafia der Unterschicht und den respektablen und unantastbaren Namen der gesellschaftlichen und politischen Register in Washington, Boston, London und New York hergestellt, die von Elliott Richardson und George Shultz verkörpert wurden.

Was auf dem Spiel steht, sind die enormen Geldsummen, die von Drogenhändlern erwirtschaftet werden, die immer noch illegal sind, was jedoch angesichts des Drucks auf die Gesetzgeber, den "sozialen Gebrauch" von Drogen wie Marihuana und Kokain zu "lockern", wahrscheinlich nicht mehr lange so bleiben wird. Hinter dem Druck gegen das Rauchen steht die Kampagne der Drogenlobby, den "leichten Konsum" von gefährlichen, süchtig machenden Drogen zu legalisieren. Der Surgeon General behauptet, dass Nikotin genauso stark abhängig macht wie Kokain und Heroin. Die Auswirkungen sind offensichtlich. Geben Sie das asoziale Rauchen auf, das nachweislich ein Krebsrisiko darstellt, und steigen Sie stattdessen auf Kokain oder Marihuana um, die nicht krebserregend sind. Die Drogenverkäufe, die derzeit die Benzinverkäufe bei weitem übersteigen, könnten bald die Zigarettenverkäufe übertreffen.

Der "Markt" für Kokain ist noch relativ unerschlossen. Wenn mehrere Millionen Menschen zusätzlich in drogenabhängige

Zombies verwandelt werden, was ist dann, wie Bertrand Russell sagen würde, wenn er heute noch leben würde. Als Noriega von George Bush dem Älteren und seiner Armee aus 7000 US-Soldaten festgenommen wurde, war die Sowjetunion dank der Partnerschaft und Castros Kuba der Gewinner. Sie konnte ihren Einfluss in ganz Lateinamerika ausweiten. Ein zweiter Vorteil dieses Handels war die dadurch ermöglichte Steigerung der Produktion von Kokain und Marihuana. Die USA bekamen die Auswirkungen zu spüren, da die Drogen nun billiger waren und größere Mengen für "neue" Konsumenten zugänglich wurden, die nicht unbedingt zu Drogenabhängigen wurden, zumindest wird das so dargestellt. Dabei konnten sich die Drogenbarone der vollen Unterstützung der *New York Times*, die im Namen der britischen Interessen spricht, und der *Washington Post* sicher sein. Beide Zeitungen haben in den letzten Jahren eine Reihe von Artikeln veröffentlicht, in denen sie sich für die Legalisierung des Konsums von Marihuana und Kokain aussprachen.

Der Senat erklärte Panama den Krieg, genauso wie er Südafrika den Krieg erklärt hatte. Der Patriotismus des amerikanischen Volkes wurde durch die Verweise auf die Armee Panamas als Gefahr für die Sicherheit des Kanals geweckt. De Concini war die wertlose Marionette der Rechten, die das Aufgabendokument mit "Vorbehalten" unterzeichnete, die von Panama nicht akzeptiert wurden, wofür er als weiser und besonnener Mann befördert wurde, weil er das Kodizill forderte, obwohl es nichts anderes als eine Unverschämtheit war und ist, mit der die Aufgabe des US-Kanals in Panama besiegelt wurde. Die Situation in Mittelamerika ist zu einer Gefahr für die Interessen der nationalen Sicherheit der USA geworden. Panama wurde eine "Demokratie" im philippinischen Stil aufgezwungen. Um grünes Licht für den Vertrag über den Panamakanal zu erhalten, erklärte der Senat, dass General Noriega zurücktreten müsse. Sollte er sich weigern, würde er gezwungen werden, das Land zu verlassen. Dies war der Konsens der sechsköpfigen Delegation von Senatsmitarbeitern, die vom 12. bis 16. November 1987 nach Panama reiste.

Die Delegation erwähnte nicht die erschreckende Bedrohung

durch die Drogenhändler und ihre Verbindung zu Kuba, ganz zu schweigen von der Bedrohung unserer Wirtschaft durch den Abfluss von US-Dollar in die panamaischen Schwarzgeldbanken. Im Namen der Demokratie wurde Noriega die Kontrolle über Panama entrissen und den internationalen Drogenhändlern übergeben, und Panama wurde durch den Kanalvertrag auf den Kopf gestellt. Die Drohung, die US-Armee nach Panama zu schicken, wenn "Unruhen" die Sicherheit des Kanals gefährden, wird zwar nicht explizit erwähnt, ist aber eindeutig implizit. Um solche Unruhen zu schaffen, wurde der veteranenhafte Unruhestifter John Maisto nach Panama entsandt.

John Maisto

Wer ist John Maisto? Er war die Nummer zwei der US-Botschaft in Panama zum Zeitpunkt der "Verlegung" in dieses Land. Zuvor war er in Südkorea, auf den Philippinen und in Haiti eingesetzt worden, um Unruhe auf den Straßen zu stiften und "Demonstrationen" gegen die Behörden zu leiten. Es ist eine Schande, dass Agent Provocateur Maisto mit seinem skandalösen Verhalten auf den Straßen Panamas ungestraft davonkommen durfte. Der Senat hat absichtlich und böswillig zur Verschlechterung der Lage in Panama beigetragen, indem er weiterhin darauf bestand, dass der "Diktator" Noriega in kriminelle Aktivitäten verwickelt sei und dass seine Weigerung, die Verteidigungsrechte der USA, auf denen der Panama-Vertrag beruht, zu akzeptieren, den gesamten Vertrag gefährde.

Die "Verteidigungsrechte" bedeuteten in diesem Fall die Stationierung von US-Truppen in Gebieten, in denen Maisto am Werk war, um Unruhe zu stiften, eine bewusste Provokation, denn das Militär ist sich der Gefahren, die mit der Stationierung von Truppen in Gebieten mit zivilen Unruhen einhergehen, sehr wohl bewusst. Wenn sie etwas aus dem Irak gelernt haben, sollte das Militär wissen, dass man das amerikanische Militärpersonal nicht inmitten einer unhaltbaren und volatilen Situation platzieren sollte.

Eine weitere Unwahrheit, die aufgedeckt werden muss, ist die Geschichte, dass General Noriega Hilfe aus Libyen erhalten habe. Hierbei handelt es sich um ein Konstrukt, das Noriega in Verruf bringen soll. Meine Quellen nahmen sich drei Monate Zeit, um diese Anschuldigungen zu untersuchen, und stellten fest, dass sie jeglicher Substanz entbehrten.

Das Außenministerium hatte mit Hilfe von Ted Turner von CNN eine Desinformationskampagne durchgeführt, so wie die BBC ihre Desinformationskampagne gegen den Schah von Iran durchgeführt hatte. Doch trotz alledem blieb das Blutbad, das durch die Desinformationskampagne und die skrupellosen Aktivitäten von John Maisto für Panama vorhergesagt worden war, aus. General Paredes, der, wie bereits erläutert, das Sprachrohr der Kokainbarone, ihrer Bankiers und ihrer politischen Unterstützer war, fügte seine Stimme dem Crescendo der Verleumdung gegen General Noriega hinzu und sagte schreckliche Folgen für Panama voraus, wenn Noriega nicht sofort zurücktreten würde. Präsident Reagan, der nicht die geringste Ahnung hatte, wer die "Bösen" wirklich waren, setzte Noriega eine Frist bis April 1988, um von der Macht zurückzutreten. Als ob Panama ein Teil der Vereinigten Staaten wäre!

Da Noriega nicht bereit ist, sich zu fügen, wird die Frist auf Mitte Mai verschoben. Laut einer Quelle in Washington will Reagan Noriega rechtzeitig vor seinem "Gipfeltreffen" mit Gorbatschow loswerden. Norman Bailey verschärft seine Forderungen nach Auflösung der Nationalgarde Panamas, die eine "Gefahr" für die gesamte Region darstelle.

In seiner Rede vor einem Forum an der George Washington University in Washington D.C. sagte Bailey, Noriega werde nur nachgeben, wenn das panamaische Volk auf die Straße gehe, sich erschießen lasse und kämpfe. Sofern keine Fernsehkameras vor Ort sind, um solche Ereignisse aufzuzeichnen, wäre dies eine vergebliche Anstrengung. In Panama wird nichts passieren, Sie werden Noriega und die Institutionen der PDF nicht los, wenn das Volk nicht auf die Straße geht", sagte Bailey. Deshalb war Maisto in Panama, wo er seine in Südkorea, auf den Philippinen und in Haiti gesammelten Erfahrungen mit der Mafia in die

Praxis umsetzte.

Was Maisto und Bailey wollten, war ein panamaisches "Sharpeville" - der vom Außenministerium angezettelte Aufstand, der durch das schwarze Township Sharpeville in Südafrika fegte und bei dem 70 schwarze Randalierer getötet wurden -, das die Kameras aufzeichnen sollten. Sharpeville ist seither ein Fluch für Südafrika. Der Tropfen, der Noriegas Fass zum Überlaufen brachte, war die Anklageschrift, die von einer Grand Jury in Miami verkündet wurde. Um zusammenzufassen, was bereits in Panama passiert war:

Die Drogenkräfte und ihre Bankiers taten sich mit dem politischen Establishment in Washington zusammen, um General Noriega loszuwerden und ihn durch ein von Washington aus gesteuertes Marionettenregime zu ersetzen. Was waren die Gründe für dieses Vorgehen? Erstens brachte Noriega den lukrativen und florierenden Handel mit Kokain und Marihuana in Panama zum Erliegen und zweitens weigerte er sich, mit Kissingers Andenplan zusammenzuarbeiten, der darauf abzielte, Mittelamerika zu einem vietnamesisch anmutenden Schlachtfeld für die US-Streitkräfte zu machen.

Diese wurden als ausreichende Gründe angesehen, um Panama unter Belagerungszustand zu stellen. Was war das Ergebnis? General Noriega weigerte sich, den Rückzug fortzusetzen. Daraufhin wurden künstliche Situationen geschaffen, darunter randalierende Versammlungen, wirtschaftliche Schwierigkeiten und Arbeitsunruhen, mit dem Ziel, Panama unregierbar zu machen. Dann griff das US-Militär ein, scheinbar um die Sicherheit des Kanals zu gewährleisten, in Wirklichkeit aber, um Noriega zu entführen und nach Florida zu bringen, wo er vor Gericht gestellt werden sollte. So wurde die Außenpolitik der USA für Panama betrieben. Sind wir eine Nation, die geeignet ist, den Westen zu regieren? Ich überlasse es Ihnen, Ihre eigenen Schlussfolgerungen zu ziehen!

War General Noriega in irgendeiner Weise für die Unruhen in Panama verantwortlich? War er in irgendeiner Weise der Drogenhändler, als den ihn die Grand Jury und der Senat bezeichnet haben? Warum wird Panama plötzlich so viel Aufmerksamkeit geschenkt, sogar noch mehr als zu der Zeit, als unser Kanal dem "antikommunistischen" General Omar Torrijos übergeben wurde?

Wenn man jemanden in die Brieftasche schlägt, kann man sicher sein, dass es weh tut. Und genau das war es, was General Noriega schuldig war zu tun. Er schlug den Drogenbaronen in die Brieftasche. Er kostete die Banken, die Geld aus schmutzigen Drogen wuschen, einen großen Teil ihrer unrechtmäßig erworbenen Gewinne. Er brachte die Banker in Verruf. Er hat den Status quo erschüttert; er hat den Bankgesetzen Panamas Biss verliehen. Mehr noch: Er stellte sich Henry Kissinger in den Weg und störte die israelischen Waffenverkäufe in Mittelamerika. Er trat mächtigen Personen auf die Füße. Es ist nicht verwunderlich, dass General Noriega die Rolle des Bösewichts zugewiesen wurde. Die Präsidentschaft Carters produzierte eine Explosion des Kokainhandels. In den sechs Monaten nach Carters Einzug ins Weiße Haus war unsere Währungssituation völlig aus den Fugen geraten. Die Federal Reserve hatte den Ansturm auf die Dollars nicht vorhergesehen und es fiel ihr schwer, die Nachfrage der Banken in Florida zu befriedigen. Das Währungssystem war in Unordnung geraten. Sechs Monate nach dem Amtsantritt von Jimmy Carter als Präsident meldeten die Banken in Florida Kokaineinnahmen in Höhe von 514 Milliarden Dollar.

Carlos Ledher vom kolumbianischen Drogenkartell fand in Dr. Peter Bourne, Jimmy Carters Berater für Drogenfragen im Weißen Haus, einen sympathischen und wohlwollenden Freund. Die mit Drogen vollgepumpte Band Allman Brothers wurde im Weißen Haus willkommen geheißen, obwohl sie "Koks"-Konsumenten waren. Ledher pflegte seine "Carter-Connection" und freute sich wohl, als Bourne anfing, seinen Freunden und Kollegen Rezepte für süchtig machende Drogen auszustellen - was ihm, nebenbei bemerkt, ermöglichte, sich den entsprechenden Strafen zu entziehen.

Diese "Boom"-Bedingungen haben eine wunderbare Gelegenheit für Drogenbarone geschaffen, vor allem in Panama. Torrijos kümmerte sich wenig um diese Ereignisse. Die Kontrolle über die Kanalzone zu erlangen und eine funktionierende panamaische Wirtschaft aufzubauen, war das, was ihn am meisten interessierte. Wenn Kokain und Marihuana ein Mittel dazu sind, dann sei es eben so! Seine Einstellung war "leben und leben lassen".

Die Carter-Regierung unterstützte die Forderungen des IWF, Lateinamerika solle "Cash Crops" (Marihuana und Kokain) anbauen, um seine internationalen Schuldenverpflichtungen zu erfüllen. Der IWF hat mehrere Länder, darunter Jamaika und Guyana, offiziell dazu ermutigt, drogenbezogene Cash Crops anzubauen. Die Position des IWF ist bekannt. John Holdson, ein hoher Beamter der Weltbank, erklärte, dass die Koka-Industrie für die Produzenten sehr vorteilhaft sei, und fügte hinzu: "Aus ihrer Sicht konnten sie einfach kein besseres Produkt finden." Das kolumbianische Büro des IWF erklärte ganz offen, dass Marihuana und Kokain für den IWF nur Kulturen wie jede andere sind, die den Volkswirtschaften der lateinamerikanischen Länder die dringend benötigten Devisen bringen! Die Weltbank und der IWF sind nicht die einzigen, die den Drogenhandel "abgesegnet" haben.

Die Midland and Marine Bank wurde von der weltgrößten Drogenbank, der Hongkong and Shanghai Bank, mit ausdrücklicher Genehmigung des ehemaligen Chefs des US-Finanzministeriums, Paul Volcker, aufgekauft, obwohl er genau wusste, dass der Zweck dieser Übernahme darin bestand, der Hongshang Bank zu ermöglichen, im lukrativen Kokainhandel in Panama Fuß zu fassen. Tatsächlich war der Erwerb von Midland durch Hongshang sehr irregulär und grenzte an einen kriminellen Akt. Die Midland Marine Bank war aus einem Grund bemerkenswert: Sie diente als Clearingbank für die Drogenbanken in Panama!

Es war also kein Zufall, dass die Hong Kong and Shanghai Bank sich das Geld schnappte! Nicolas Ardito Barletta gehörte dem Vorstand der Midland Bank an, ebenso wie Sol Linowitz. Es ist lustig, wie diese Namen immer wieder auftauchen! Offenbar dachte Linowitz nicht daran, dass es sich um einen Interessenkonflikt handelte, als der Zeitpunkt gekommen war, mit Torrijos zu "verhandeln".

Was ist mit der First Boston, die in Zusammenarbeit mit der Credit Suisse schmutziges Drogengeld bis zum Hals wäscht? Die First Boston ist nicht irgendeine Bank. Ihre ursprünglichen Eigentümer waren die alte liberale Ostfamilie Perkins, die mit dem White Weld-Imperium in der Schweiz verbunden war. Übrigens war Perkins der Agent von J.P. Morgan und verschiedenen anderen britischen Häusern, die in den USA tätig waren. Die Tatsache, dass die Vereinigten Staaten von Amerika sich so sehr bemühten, einen "Diktator" aus einem kleinen Land loszuwerden, sollte uns etwas sagen. Es sollte uns neugierig darauf machen, was hinter der konzertierten Anstrengung von Bankern, Politikern und Presseschakalen steckt, General Noriega loszuwerden. Ich hoffe, dass Sie mit den Informationen, die ich Ihnen zur Verfügung gestellt habe, nun in der Lage sind zu verstehen, warum Panama immer noch belagert wird!

Seit dem ersten Hinweis 1986/87, dass etwas mit den Plänen der Drogenbanker, General Manuel Noriega als ihr Instrument zu benutzen, nicht stimmte, begannen die Rockefeller-Banken und die Wall Street Intrigen zu schmieden, um ihn zum Rücktritt von der Macht zu zwingen. Als jedoch alle Versuche scheiterten, wurden radikalere Maßnahmen in Betracht gezogen. Es ist klar, dass Noriega bis 1988 zu einem ernsthaften Hindernis für den Drogenhandel in Panama geworden war. Im Folgenden werden die außergewöhnlichen Maßnahmen, die Rockefeller ergriff, um ihn wegen seiner Angriffe auf die Iberoamerikanische Bank von Panama abzusetzen, und die daraus resultierenden Implikationen untersucht.

Warum musste Präsident G. H. W. Bush zu einer kriminellen Handlung greifen, nämlich der Invasion Panamas und der Entführung seines Staatsoberhauptes? Es wurden viele Gründe für diese wahrhaft illegale Aktion angeführt, und wir werden einige davon untersuchen. Wäre das amerikanische Volk nicht in einen ständigen Nebel getaucht, hätte die Invasion Panamas durch die US-Armee einen riesigen Aufschrei verursacht.

Stand Noriega im Dienst der Central Intelligence Agency? Glaubte Alfredo Duncan, der in Panama zuständige DEA-Agent, dies? Wenn ja, könnte dies dazu beitragen, sein seltsames Verhalten zu erklären. Laut Berichten eines DEA-Geheimagenten, der von seinem Posten zurückgetreten war, glaubte er, dass Duncan "eine außergewöhnliche Beziehung zur CIA" hatte.

Dies wurde auch rund um das Marriott-Hotel in Panama erzählt, das unter Drogenhändlern als "DEA-Hotel" bekannt ist. Derselbe Agent beschwerte sich, dass er Duncan nie dazu bringen konnte, "etwas zu tun", was geplante Drogenoperationen in Panama betraf, bei denen seine Hilfe benötigt wurde. Als der Befehl erteilt wurde, einen Mann namens Remberto, eine treibende Kraft hinter der Wäsche von Drogengeldern in Panama, zu verhaften, unternahm Duncan offenbar nichts, und als er zu seiner Nachlässigkeit befragt wurde, sagte er, Remberto sei von der CIA abgeführt worden, bevor er etwas unternehmen konnte.

Später wurde behauptet, Remberto habe Verbindungen zu Noriega gehabt, aber es wurden nie Beweise für diese Behauptung vorgelegt. 1986 schloss Noriega die First Inter America Bank, als sich herausstellte, dass sie sich im Besitz des Cali-Kartells befand.

Was war das Cali-Kartell? Es war wahrscheinlich eines der größten Drogenkartelle Kolumbiens, das mit US-Regierungsstellen gegen das Medellín-Kartell zusammenarbeiten sollte. Die *Washington Post* gab dies zu. Einer der offiziellen Lobbyisten von Cali war Michael Abbell, der 17 Jahre lang im Justizministerium beschäftigt war. Am 28. und 29. Oktober 1989 hielten Präsident Bush und seine Verbündeten ein Gipfeltreffen in Costa Rica ab, an dem führende Politiker aus Mittel- und Südamerika teilnahmen. Auf der anschließenden Pressekonferenz erklärte Präsident Bush den Journalisten: "Die Tage dieses Despoten, des Diktators (Noriega), sind vorbei".

Dies sandte ein Signal an die Presse, dass Noriegas "dringender" Fall nun durch eine gemeinsame Beratung unter anderem mit Venezuela und Nicaragua gelöst worden war, obwohl Bush offiziell versucht hatte, sich von Nicaraguas Präsident Daniel Ortega zu distanzieren. Egal, wie sehr sich Präsident Bush bemühte, den Anschein eines einstimmigen Urteils gegen den panamaischen Machthaber zu erwecken, die Tatsache, dass die Mehrheit der Geschworenen, Bolivien, Guatemala und die Dominikanische Republik nicht einmal zum "Prozess" erschienen waren - eine Tatsache, die Bush und seinen Exekutivchef James Baker III. in Rage gebracht hätte. Präsident Carlos Salinas Gortari sollte angeblich eine Schlüsselrolle in dem Lynchmordfall gespielt haben. Vielleicht entschied Gortari, dass Diskretion der beste Teil des Mutes sei, nachdem er nur knapp einem großen Drogenskandal entgangen war, bei dem einer seiner wichtigsten Generäle nur dank eines warnenden Telefonanrufs des damaligen Generalstaatsanwalts Edwin Meese über das, was passieren würde, vor der Verhaftung bei einem Drogenhandel bewahrt wurde. Der venezolanische Präsident Carlos Andreas Perez, ohne selbst ein weißer Ritter zu sein, war derjenige, von dem Geheimdienstquellen sagten, dass es am 3. Oktober 1989 unter dem Deckmantel einer "gemeinsamen Streitmacht" zu einem Putsch gegen Noriega kommen würde, doch dieser Versuch scheiterte. Ebenso wie der Versuch, Druck auf die lateinamerikanischen Nationen auszuüben, damit sie ihre diplomatischen Beziehungen zu Panama abbrechen. Präsident Bush sagte den Staatschefs, dass sie seinen Plan, Noriega zu konfrontieren, besser unterstützen sollten, da sie sonst ... Die Konferenz endete jedoch ohne eine endgültige Einigung.

Dies zeigt, wie sehr Bush Noriega fürchtete und wie sehr seine Regierung bereit war, sich selbst zu erniedrigen, um ihre Ziele zu erreichen. Bush traf sich mit den panamaischen "Oppositionskräften", der sogenannten Bürgerallianz der panamaischen demokratischen Opposition, die aus öffentlichen Persönlichkeiten bestand, die dafür bekannt waren, Verbindungen zu Banken in Panama und Florida zu haben, die Drogengelder wuschen. Ihr Anführer, Guillermo Endara, trat im

Fernsehen auf und rief offen zur Ermordung Noriegas auf. Nach seiner Rückkehr nach Panama bestritt Endara, jemals zu einer solchen Aktion aufgerufen zu haben. Noriega konterte daraufhin die Verschwörer in Costa Rica, indem er Präsident Rodriguez dazu brachte, einen offenen Brief an die Präsidenten Lateinamerikas zu schicken, der eine Kopie des Angebots an die Vereinten Nationen enthielt, Panama zum Sitz einer multinationalen Drogenbekämpfungstruppe zu machen - eine Tatsache, die Präsident Bush nicht in den Vordergrund zu stellen vermochte.

In dem Brief vom 3. Oktober 1989 an die Vereinten Nationen wurde gefordert, dass eine solche Truppe durch einen internationalen Vertrag gegründet werden sollte, der ihr die volle Autorität in Panama garantieren würde, aber es gab keine Antwort von der Bush-Regierung oder den Vereinten Nationen. In dem Brief wurden auch Venezuela und andere "Bush-Partner" dafür gerügt, dass sie in Panama zur "Demokratie" aufriefen, ohne jemals den illegalen und bösartigen Boykott zu erwähnen, den Präsident Bush ohne gute oder stichhaltige Gründe eingeführt hatte. Während des gesamten Oktobers und Novembers 1989 belästigten die US-Streitkräfte in Panama die panamaischen Verteidigungskräfte in der Hoffnung, einen Zwischenfall herbeizuführen, der eine militärische Intervention der USA rechtfertigen würde, doch die PDF unternahm nichts. Später (Mai 1989) wurde gezeigt, dass die Bush-Regierung die Einsatzregeln für die US-Streitkräfte in Panama änderte.

Von nun an wurde das Militär angewiesen, alles zu tun, um Konfrontationen mit den PDFs zu suchen. Das Pentagon bereitete sich insgeheim darauf vor, Noriegas Soldaten zu provozieren, indem es Konvois durch die Vororte von Panama City fahren ließ, was im Widerspruch zum Vertrag mit Panama stand. Dahinter stand die Annahme, dass Noriega wütend werden und den PDFs befehlen würde, gegen die US-Konvois vorzugehen, was den Weg für einen großen Konflikt ebnen würde.

Intervention der USA

Am 8. Juli 1989 wischte General Cisneros, Kommandant der US-Südstaatenarmee in Panama, die Versuche der Organisation Amerikanischer Staaten (OAS), Verhandlungen zu führen und die Krise zu lösen, beiseite. General Cisneros erklärte, dass die OAS

> "... nicht energisch genug handeln würde, um Noriega aus dem Amt zu entfernen. Was mich betrifft, so glaube ich, dass es an der Zeit für eine militärische Intervention in Panama ist".

Seit wann äußert sich das US-Militär zu politischen Fragen? Diese Aktion war in gewisser Weise ein Test für das, was Bush mit dem Irak vorhatte. Am 20. Dezember 1989, nachdem es mit allen anderen Methoden nicht gelungen war, den populären Noriega zu vertreiben, gab Bush grünes Licht für einen Akt gewaltsamer Aggression gegen das panamaische Volk, bei dem 7000 Panamesen starben und die gesamte Region Chorrillo durch ein anhaltendes Bombardement von US-Truppen und Flugzeugen zerstört wurde. Diese von der US-Armee durchgeführte Aktion war ein offener Akt der Aggression gegen eine friedliche Nation und verstieß eklatant gegen die Verfassung der Vereinigten Staaten sowie gegen die Haager und Genfer Konventionen, die die Vereinigten Staaten unterzeichnet haben.

Untersuchen wir die wahren Gründe, warum Präsident Bush, ohne zuvor eine Kriegserklärung vom Kongress zu erhalten, gegen die kleine Nation Panama in den Krieg zog und wie ein Desperado die Entführung des Staatsoberhaupts anordnete? Warum musste Präsident Bush zu solch verzweifelten Mitteln greifen, um Noriega loszuwerden? Warum griff Bush zu solchen Gangstertaktiken? Einigen Berichten zufolge war einer der Hauptgründe, die lateinamerikanischen Nationen zu warnen, dass von nun an auch ihnen eine Militäraktion der USA drohen würde, wenn sie sich nicht dem Willen Washingtons beugen würden.

Es gibt keinen Grund zu der Annahme, dass die massive Propagandakampagne rund um die illegale Militäraktion der

USA gegen Panama und Noriega, deren Präsident der Welt weismachen wollte, dass sie den Drogenhandel in Panama beenden würde, und Noriega beschuldigt hatte, sie zu leiten, auch nur teilweise erfolgreich war. Es gibt keinen Präzedenzfall in der US-Verfassung oder im Völkerrecht, der einen unprovozierten Angriff auf Panama erlaubt hätte.

Welche substanziellen Beweise hat Präsident Bush zur Untermauerung seiner Anschuldigungen vorgelegt? Nicht ein einziger Beweis wurde angeboten. Es wurde lediglich erwartet, dass wir dem Präsidenten aufs Wort glauben. Was waren damals die Ziele der Invasion? Das erste Ziel war die Zerstörung der panamaischen Verteidigungskraft, der einzigen Kraft, die in der Lage war, Recht und Ordnung im Land aufrechtzuerhalten. Nachdem dieses Ziel erreicht war, bestand der nächste Schritt darin, mit möglichst undemokratischen Mitteln ein Marionettenregime zu installieren, das aus Personen mit engsten Verbindungen zu den Drogengeldwäschebanken und langjährigen, bekannten Anhängern der Bush-Familie bestand.

Die Zerstörung der PDF hatte noch ein weiteres, sekundäres Ziel: Sie betraf die Panamakanal-Verträge, nach denen die USA und Panama gemeinsam für die Verteidigung des Kanals sorgen sollten. Diese Verpflichtung sollte 1999 aufgehoben werden, da zu diesem Zeitpunkt die PDF stark genug sein würden, um die volle Verantwortung für die Aufrechterhaltung der Ordnung im Kanal zu übernehmen, und die US-Streitkräfte gezwungen sein würden, das Land zu verlassen. Eine Schlüsselbestimmung der Verträge besagte, dass für den Fall, dass Panama seinen Verpflichtungen zur Bereitstellung einer solchen Sicherheitskraft nicht nachkäme, eine "US-Militärpräsenz aufrechterhalten" würde. Diese Bestimmung wurde als "gute" Bestimmung angesehen, als sie von Sol Linowitz, der die Verträge entwarf, eingefügt wurde. Sie war dazu da, jeden zukünftigen panamaischen Führer davon abzuhalten, "aus der Reihe zu tanzen", obwohl mit Omar Torrijos keine Probleme in Aussicht gestellt wurden.

Als Torrijos begann, seine persönlichen Absprachen mit David

Rockefeller zum Schutz der Drogengeldwäschebanken zu widerrufen, war es zu diesem Zeitpunkt nicht mehr möglich, die PDF zu zerstören, obwohl viele Versuche unternommen wurden, eine Revolte anzuzetteln, die das Korps spalten würde, aber alle scheiterten. Torrijos wurde daher in CIA-Manier "liquidiert". Die "Liquidierung" wurde nach der Amtszeit von Alan Dulles als CIA-Chef zur Sprache der CIA. Vor dieser Zeit wurde das Wort von keinem US-Geheimdienst jemals verwendet. Es war ein strikt stalinistisches Wort.

Warum wäre es wünschenswert, die US-Streitkräfte in Panama auf Dauer zu belassen? Der Beginn des Golfkriegs und die zweite Invasion des Irak durch US-Streitkräfte liefern den Schlüssel. Die USA wollten eine schnelle Eingreiftruppe in Panama stationieren, um sie gegen widerspenstige Nationen in Lateinamerika und der Karibik einzusetzen, so wie eine schnelle Eingreiftruppe dauerhaft im Irak stationiert wird, um mit muslimischen Ländern zu verhandeln, die sich vielleicht wünschen, nie mit den USA befreundet gewesen zu sein.

Das ist die sogenannte "hemisphärische Projektionsdoktrin", die von den Planern des Pentagons aufgestellt wurde. Wir werden ähnliche permanente Stützpunkte in vielen Teilen der Welt sehen, unter anderem in Pakistan, Südkorea, Somalia, Iran und Afghanistan, wenn die USA in ihrer Rolle als Vollstrecker des "dicken Stocks" für den globalen Vollstrecker, den wir als Neue Weltordnung kennengelernt haben, nachlassen. Bisher hat sich jedoch im Senat nicht eine einzige Stimme des Protests dagegen erhoben. Ich könnte ohne Bescheidenheit hinzufügen, dass diese Ereignisse in meinem Buch "*One World Order, Socialist Dictatorship*" vorhergesagt wurden.[4]

Panama ist als Basis für US-Operationen gegen lateinamerikanische Nationen wichtig geworden, die sich irgendwann in der Zukunft gegen den Tributeintreiber IWF

---

[4] *The Diktatory of the Socialist World Order*, Omnia Veritas Ltd, www.omnia-veritas.com.

auflehnen könnten, weil sie sehen, wie ihre Völker und Nationen in dem von den internationalen Geldwechslern geschaffenen Morast verschwinden. Es ist klar, dass von der "internationalen Polizeitruppe" des IWF, den Vereinigten Staaten von Amerika, ein sofortiges Handeln verlangt würde, falls irgendein Land versuchen sollte, den IWF zu vertreiben. So gewannen die Stützpunkte in Fort Clayton eine neue Bedeutung. Lateinamerika wurde durch die Rücksichtslosigkeit der US-Militäraktionen in Panama eingeschüchtert und verängstigt. Um ehrlich zu sein, hatten die Führer dieser Nationen nicht damit gerechnet, und als sie kam, erschreckte sie ihre Grausamkeit, was genau das war, was sie bewirken sollte.

Offensichtlich glaubte die Mehrheit der lateinamerikanischen Führer, dass der Orden der Skulls and Bones eine Art wohlwollende Organisation "wie die Shriners" sei, mit der man "ein sanfteres und freundlicheres Amerika" schaffen könne, wie ein Regierungsbeamter es ausdrückte.

Sie ahnten nichts von der Verwicklung der britischen Krone in die Aktivitäten der USA oder von ihren langjährigen Verbindungen zum Drogenhandel. Zur Untermauerung dieser Informationen schlug der gewaltsam und undemokratisch eingesetzte Endara vor, dass nach dem Jahr 2000 alle Stützpunkte in Panama dem US-Militär zur Verfügung gestellt werden sollten.

Das zweite Ziel von Bushs Invasion in Panama bestand darin, eine neue Regierung aus ausgewählten Lakaien mit einer Vorgeschichte langjähriger Allianzen mit Banken zu installieren, deren Hauptgeschäft darin bestand, Drogengelder für einige der größten Kokainkartelle zu waschen. In dieser Hinsicht hatte Bush die Aufgabe, die Interessen der Rockefeller-Banken in Panama zu schützen, das General Noriega begonnen hatte, auszuweiden und mit dem Abriss zu drohen. Dieses Ziel Bushs wurde in der Tat erreicht.

Das dritte Ziel der Invasion Panamas war es, das amerikanische Volk glauben zu machen, dass es sich um eine große Eskalation im Krieg des Präsidenten gegen die Drogen handelte, dieser mythischen, nicht existierenden Aktion, die nie zu etwas führt. Als Bush in Panama einmarschierte, wusste er, dass sein "Krieg gegen die Drogen" einen großen Schub erhalten würde, vor allem auf dem Kapitol, wo die Gesetzgeber sich über den mangelnden Fortschritt ärgerten und unter ständigem Druck standen, Drogen zu legalisieren. In der nächsten Phase würde ein "Krieg gegen den Terrorismus" organisiert werden, der globale Ausmaße annehmen und von unbestimmter Dauer sein würde.

Im Februar 1990 begannen sehr merkwürdige Dinge zu geschehen. Die amerikanischen Medien, die immer noch glühende Verfechter von Bush und seinem autokratischen Regime waren, begannen, ungewöhnliche Töne anzuschlagen. Nehmen Sie zum Beispiel den Bericht in der *New York Times* vom 7. Februar. Selbst wenn man bedenkt, dass die Zeitung ein Vorposten des britischen Geheimdienstes mit amerikanischen Beamten an der Spitze ist, ist es unlogisch, dass die Zeitung die Wahrheit veröffentlichte.

Wenn man sich auf frühere Artikel bezieht, ist es bemerkenswert, dass die *New York Times* (NYT) genau die Personen nannte, die ich wegen ihrer zu großen Nähe zu den korrupten Banken, die Drogengelder waschen, kritisiert hatte. Unter der Überschrift "Panama widersteht dem Druck der USA, die unzulänglichen Bankgesetze zu ändern" heißt es in dem Artikel:

> *Eine gründliche Untersuchung der panamaischen Bank- und Gerichtsakten zeigt, dass viele hochrangige Vertreter der (von den USA eingesetzten) Regierung, obwohl sie nie wegen Geldwäsche angeklagt wurden, enge Verbindungen zu korrupten Banken hatten. Mehrere dieser Banken wurden wegen Geldwäsche angeklagt oder aufgrund des Drucks der USA geschlossen.*

In dem Artikel stand nicht, dass es eine Aktion von Noriega war, der diese Banken geschlossen hatte, und dass die USA Noriega nicht unterstützt hatten. Als wir alle Fakten untersuchten, begannen sich die Puzzleteile zusammenzufügen. Natürlich versuchte die *New York Times* zu zeigen, dass die USA die Bankenschließungen veranlasst hatten, obwohl dies überhaupt nicht der Fall war, und außerdem konnte man durch die Schuldzuweisung an den "Widerstand" gegen die angeblich von Washington ausgehenden Veränderungen den Eindruck erwecken, dass die USA tatsächlich einen Krieg gegen die Drogen führten, die neue Regierung aber nicht kooperierte, was, da muss der Leser zustimmen, eine ziemlich geschickte Masche war.

Weiterführender Artikel:

> *Der Präsident Guillermo Endara war jahrelang Direktor einer panamaischen Bank, die vom kolumbianischen Medellín-Kartell weitgehend genutzt wurde.*

Es war erfreulich für mich, die Bestätigung der Informationen, die ich viele Jahre zuvor in meinen Monografien über Panama gegeben hatte, sogar aus einer so unerwarteten Quelle zu erhalten. Die Banco Interoceanico de Panama, eine von zwei Dutzend panamaischen Banken, die vom FBI als Drogengeldwäscher bezeichnet wurden, war die Bank, auf die sich die *New York Times bezog*. Er fuhr fort und sagte

> *Herr Endara, der vor seiner Amtszeit als Präsident Wirtschaftsanwalt war, ist ein enger Freund von Carlos Eleta, einem panamaischen Geschäftsmann, der im April (1989) in Atlanta verhaftet wurde, weil er der Verschwörung zum Aufbau eines großen Kokainschmugglerrings beschuldigt wurde. Er wurde gegen Kaution freigelassen und wartet nun auf seinen Prozess.*

Natürlich ging die *New York Times* nicht bis zum Ende, aber was sie nicht sagte, kann hier nachgelesen werden, nämlich dass nicht nur Endara bis zum Hals in den Geldwäschegeschäften der Banken steckte, sondern auch seine Freunde, die von der Bush-Regierung sehr bevorzugt wurden.

Zu den weiteren prominenten Mitgliedern des "Panama-Kabinetts" der Bush-Regierung gehören die folgenden Personen:

Rogelio Cruz

Cruz ist Generalstaatsanwalt von Panama. Zuvor war er Direktor der First Inter American Development Bank. Diese Bank gehörte

Gilberto Rodriguez Orejuela, einem hochrangigen Mann im Cali-Kartell in Kolumbien, über den ich bereits berichtet habe.

Guillermo Billy Ford

Er ist der zweite Vizepräsident und Vorsitzende der Bankenkommission. Zufällig ist er auch Miteigentümer der Bank of Dadeland, die in meinen Monographien ausdrücklich als Drogengeldwäschebank bezeichnet wurde. Die Bank war auch die Clearingstelle für Drogengelder für Gonzalo Mores, den wichtigsten Geldwäscher des Medellín-Kartells.

Ricardo Calderon

Calderon ist der erste Vizepräsident Panamas, und die Akten zeigen, dass seine Familie stark in verdächtige Banken involviert war.

Mario Galindo

Galindo und seine Familie waren wie Calderon an Banken beteiligt, die im Verdacht standen, Drogengelder zu waschen, darunter die Banco del Istmos, deren Präsident, Samuel Lews Galindo, mit Mario Galindo verwandt war.

All dies war Ivan Robles, der bei der Dadeland Bank arbeitete, und Antonio Fernandez, der tonnenweise Marihuana in die USA schmuggelte, gut bekannt. 1976 begann das Fernandez-Netzwerk damit, Aktien der Dadeland Bank zu kaufen, deren Miteigentümer Ford, Eisenmann und Rodriguez waren. Präsident Bush begrüßte Rodriguez herzlich als Gesandten von "porky" Endara in den USA. Indem sie diese Männer in führende Rollen innerhalb der panamaischen Regierung brachte, schien die Bush-Regierung ihr zweites Ziel erreicht zu haben, nämlich den Drogenhandel in Panama zu erleichtern und nicht zu erschweren, was, wie ich bereits sagte, das zweite Ziel der Invasion Panamas war.

Nach den Forderungen nach einer Aufhebung der Geheimhaltungsgesetze in Panama erklärte Ford zur Verteidigung seiner Position, es bestehe keine Notwendigkeit, das Gesetz zu ändern: "Die Geheimhaltung wird nicht für illegale

Zwecke verwendet werden." Andere, wie der Datenschutzbeauftragte, erklärten, dass Panama keine Gesetze ändern werde.

"Wir dürfen nicht unser gesamtes Rechtssystem wegen der Drogen ändern. Wir dürfen nicht unser gesamtes Rechtssystem wegen einer einzigen Sache ändern, nämlich wegen Drogen",

sagte Ruben Diaro Carlos. Niemand wagte zu erwähnen, dass Noriega genau das getan hatte und der Hauptgrund dafür war, dass er gewaltsam entlassen werden musste.

Am 31. Dezember 1989 veröffentlichte die angesehene brasilianische Zeitung *Jornal do Brasil*, die größte Tageszeitung des Landes, auf der Titelseite einen Artikel mit der Überschrift "Gefährliche Beziehungen zu Drogenhändlern", in dem die Namen einiger Mitglieder des "inneren Kreises" der Bush-Regierung in Panama genannt wurden. Es waren diese Männer, die vor der Urteilsverkündung im Noriega-Prozess in Miami erklärten:

"... wenn General Noriega in Miami freigesprochen wird, wird er wegen Mordes angeklagt werden".

Ich übersetzte den Artikel, in dem es im Wesentlichen hieß, dass Guillermo Endara aufgrund seiner Verbindungen zu Carlos Eleta besonders gefährdet sei, der "beschuldigt wurde, 600 Kilogramm Kokain gewaschen und Drogengelder in den USA gewaschen zu haben". In dem Artikel wurde auch der Name des Bruders von Vizepräsident Calderon, Jaime Calderon, genannt, der Verbindungen zur First Inter Americas Bank hatte, die Gilberto Orejula gehörte, der 1985 beschuldigt wurde, 46 Millionen US-Dollar, den Erlös aus dem Drogenverkauf, an die Filiale der Banco Cafetero Panama in New York überwiesen zu haben. Dem Artikel zufolge war Billy Ford zusammen mit dem Botschafter in Washington, Carlos Rodriguez, und Bobby Eisenmann an der Geldwäsche von Drogengeldern über die Dadeland National Bank in Florida beteiligt.

In einer Zwischenüberschrift wird Guillermo Endara als "Ein elender Peon im Spiel des Amerikaners" beschrieben. Im Artikel heißt es: "Endara wird Pan Dulce (Kalbsbries) genannt, fett und weich". Im Artikel heißt es weiter, dass Endara zu den armen Familien der weißen Oligarchie gehört, die seit 1904 auf der Bühne stehen :

> Endara begann sein politisches Leben als obskurer Anwalt in Panama City in der Kanzlei von Galileo Soliz, einem Außenminister in einer der Regierungen von Anulfo Arias ... Endara hatte nie eigene Ideen, er war treu wie ein Welpe und wiederholte, was Arias sagte, was wahrscheinlich der Grund dafür war, dass Bush ihn als seinen "Yes Man" auswählte.

War das die Art von Männern, die Bush an den Schalthebeln der Macht in Panama sehen wollte? Offenbar ja, und doch, obwohl es viele Gründe gibt, mit dem Finger auf die "Bush-Regierung" in Panama zu zeigen, wurde dem Gericht nicht ein einziges Element vorgelegt, das Manuel Noriega belasten würde. Hätte nicht schon längst eine amerikanische Grand Jury in diesem Fall ermitteln müssen? Ist dies einer der Gründe, warum Noriega so lange in Isolationshaft gehalten wurde? Hatte das Justizministerium Angst vor dem, was Noriega im Zeugenstand hätte sagen können?

Die Entwicklungen in Panama zeigen, wie unecht der von Bush geführte Krieg gegen die Drogen war. Es gibt nicht viele Menschen, die das nicht glauben, und natürlich ist das der größte Vorteil, den die Befürworter der Drogenlegalisierung für sich verbuchen können. Ihre Einstellung ist: "Seht her, selbst die riesigen Ressourcen der Vereinigten Staaten reichen nicht aus, um den Drogenhandel zu stoppen. Warum sollten wir versuchen, das Unvermeidliche zu bekämpfen? Warum machen Sie nicht Gesetze, die die Kontrolle zentralisieren und die Drogen aus den Händen der kriminellen Elemente entfernen? " Es gibt diejenigen, die Druck auf den Kongress ausüben und mit Bürgerkrieg drohen, wenn dies nicht schnell geschieht. Die ständige Projektion in den nächtlichen Nachrichten über "Polizeibrutalität", die sich angeblich vor allem gegen die Armen in den amerikanischen Großstädten richtet, hat den gewünschten Effekt. Man sollte sich nicht vorstellen, dass es sich bei diesen Berichten um "Nachrichten" handelt. Ziel und Zweck der großen

Nachrichtensender in dieser Zeit war es, den Armen klarzumachen, dass sie Opfer von Polizeibrutalität wurden, während die "Großen", meist Weiße, ungeschoren davonkamen. Schwarze Anführer forderten, den "Druck" auf die schwarze Bevölkerung zu nehmen oder Drogen zu legalisieren.

Die Invasion Panamas gab der Drogenlobby eine Basis, auf die sie sich stützen konnte. "Wenn das den Drogenfluss nicht gestoppt hat, wie soll es dann der Polizei gelingen?", fragten sie. Einer der Pro-Drogen-Führer, Andrew Weill, sagte auf einer Konferenz der Drug Policy Foundation, dass aufgrund des brutalen Vorgehens der Polizei gegen städtische Schwarze bei Drogenrazzien jederzeit ein Bürgerkrieg ausbrechen könne. Ira Glasser, Exekutivdirektor der American Civil Liberties Union, erklärte vor einem Publikum, dass die Legalisierung von Drogen zu einem Thema der Rechten geworden sei, das von Honoratioren wie George Schultz, William F. Buckley und Milton Friedman unterstützt werde. Glasser forderte die Nation auf, "die negativen Aspekte zu überwinden und damit zu beginnen, die Polizei, die Gesetzgeber und die Öffentlichkeit" von der Idee der Legalisierung von Drogen zu überzeugen.

Kevin Zeese, Vizepräsident und Generalanwalt der Drug Policy Foundation, erklärte:

> Der Krieg gegen die Drogen ist schädlicher als die Drogen. So oder so ähnlich lässt sich das Gleichgewicht zusammenfassen. Ist der Krieg gegen Drogen für unsere Gesellschaft gefährlicher als die Drogen selbst? Können wir das Drogenproblem auf eine Weise angehen, die für unsere Gesellschaft weniger kostspielig ist - nicht nur in wirtschaftlicher Hinsicht, sondern auch in menschlicher Hinsicht?

Zeese fuhr fort, dass Heroin ein Mittel sei, um dem Leiden zu entfliehen, was er, obwohl er kein Partisan sei, nachvollziehen könne. Nun, da der entführte General Noriega in einem Bundesgefängnis in Miami schmort, was gedenkt Bushs Justizministerium mit ihm zu tun?

Eines der Dinge, die mich verblüffen, ist das ohrenbetäubende Schweigen der Bürgerrechtsorganisationen in diesem Land und auf der ganzen Welt zu den Verbrechen, die die US-Regierung an ihm begangen hat. Man könnte sich vorstellen, dass die Entführung eines Staatsoberhauptes ein Protestgebrüll dieser Wachhunde der Freiheit hervorrufen würde. Dennoch ist nichts dergleichen geschehen. Stellen Sie sich vor, was passiert wäre, wenn Nelson Mandela in Südafrika entführt und, sagen wir, nach Italien gebracht worden wäre, um dort vor Gericht gestellt zu werden. Es hätte ein endloses Geschrei und Getöse gegeben, bis Mandela freigelassen worden wäre. Die Entführung und unrechtmäßige Inhaftierung Noriegas macht deutlich, dass wir in diesem Land beklagenswerte Doppelstandards haben, die das amerikanische Volk offenbar gar nicht so schlimm findet, oder liegt es daran, dass es von der Presse einer Gehirnwäsche unterzogen wurde?

Warum wurde der Prozess gegen General Noriega so lange hinausgezögert? Immerhin waren bereits alle möglichen Verletzungen seiner Rechte begangen worden, wie die Überwachung der Telefongespräche mit seinem Anwalt und das Einfrieren seiner Gelder, damit er gezwungen war, einen Pflichtverteidiger zu akzeptieren. Da die USA zudem eine vollständige und ungehinderte Kontrolle über Panama ausüben, wäre es denkbar, dass das Justizministerium über die notwendigen dokumentarischen Beweise verfügte, um erfolgreich gegen ihn vorzugehen. Warum diese lange und ungebührliche Verzögerung? Ist die verzögerte Gerechtigkeit nicht die verweigerte Gerechtigkeit?

Am 16. November 1990 gab Noriega gegenüber Richter William Hoevler eine Erklärung ab, die es verdient, wiederholt zu werden, da sie zeigt, wie sehr die Justiz im Fall Noriega prostituiert wurde:

> "Ich bin nun einem völlig ungerechten und unfairen System ausgeliefert, das meine Staatsanwälte auswählt und nun auch meinen Verteidiger auswählt. Als ich in die Vereinigten Staaten gebracht wurde, war ich fälschlicherweise davon ausgegangen, dass ich ein faires Verfahren erhalten würde. Um dies zu erreichen, glaubte ich auch, dass ich mit meinem Geld die Anwälte meiner Wahl beauftragen könnte. Es ist schmerzlich

offensichtlich, dass die Regierung der Vereinigten Staaten nicht will, dass ich mich verteidigen kann, und alles getan hat, um mir einen fairen Prozess und ein ordentliches Verfahren zu verwehren.

Sie nahmen mir mein Geld weg, beraubten mich meiner Anwälte, filmten mich in meiner Zelle, hörten meine Telefongespräche mit meinen Anwälten ab und gaben sie sogar an die Regierung von Endara und die Presse weiter. Die Regierung der Vereinigten Staaten hat meinen Status als Kriegsgefangener ignoriert und gegen die Genfer Konvention verstoßen.

Das Schlimmste ist, dass sie nicht humanitär gehandelt haben. Trotz wiederholter Anfragen des Internationalen Roten Kreuzes verletzten sie meine Menschenrechte, indem sie meiner Frau und meinen Kindern Visa verweigerten, um ihren Ehemann und ihren Vater zu besuchen, was eine schändliche Verletzung des Völkerrechts darstellt.

Es ist offensichtlich im Interesse der US-Regierung, dass ich mich nicht verteidigen kann, denn was sie befürchten, weiß ich. Es geht hier nicht um einen Drogenfall. Mir ist klar, dass dieser Fall Auswirkungen auf die höchsten Ebenen der US-Regierung hat, einschließlich des Weißen Hauses.

Ich habe mir nie Illusionen darüber gemacht, dass dieser Fall fair ablaufen würde, aber ich habe auch nicht erwartet, dass sich eine virtuelle Armee von Staatsanwälten und Ermittlern auf einem so ungleichen Schlachtfeld wiederfindet und nur Anwälten erlaubt wird, die keine Vergütung erhalten und nur Pistolen in die Hand bekommen, während die Staatsanwaltschaft über Atomwaffen verfügt. Sie nennen das einen fairen Kampf; der Kampf, der uns bevorsteht, ist dem sehr ähnlich, den die USA geführt haben, als sie in mein Land einmarschierten. Es war einseitig und unfair, und dieser Kampf ist es auch. "

Die Situation, in der sich Noriega befand, war die Situation, in der jeder Amerikaner eines Tages mit einer korrupten und brutalen Regierung konfrontiert werden könnte. Noriegas kritische Situation verhöhnte den 4. Juli. Sie verhöhnt die Verfassung der Vereinigten Staaten. Inzwischen hört man keine einzige Stimme, die Noriega verteidigt, und für mich ist das eines der schändlichsten Dinge in einer schändlichen Situation. Es ist keine Situation, die ignoriert werden kann, denn was Noriega widerfahren ist, liegt in der Verantwortung jedes einzelnen Amerikaners. Was von den Medien weitgehend ignoriert wurde, ist die Tatsache, dass die USA mit ihrer Invasion in Panama und der Entführung von General Noriega nicht nur gegen die US-Verfassung, sondern auch gegen die Charta der Organisation Amerikanischer Staaten (OAS), die sie unterzeichnet haben, verstoßen haben, insbesondere gegen die Artikel 18, 15, 20 und 51.

In Artikel 18 heißt es:

> Kein Staat oder eine Gruppe von Staaten hat das Recht, sich aus irgendeinem Grund direkt oder indirekt in die inneren oder äußeren Angelegenheiten eines anderen Staates einzumischen.

In Artikel 20 heißt es:

> Das Hoheitsgebiet eines Staates ist unverletzlich; es darf nicht, auch nicht vorübergehend, Gegenstand einer militärischen Besetzung oder anderer gewaltsamer Maßnahmen eines anderen Staates sein.

Ich habe bereits erwähnt, dass Bush vor seinem Einmarsch in Panama keine Kriegserklärung des Kongresses einholte. Stattdessen entschied sich Bush dafür, die Verfassung zu umgehen, indem er den Kongress darüber informierte, dass er sich auf den National Emergency Act beruft, aufgrund eines nationalen Notstandes, der verursacht wurde durch

> "eine ungewöhnliche und außergewöhnliche Bedrohung für die nationale Sicherheit und die Außenpolitik der Vereinigten Staaten, die von der Republik Panama ausgeht".

Dieses sogenannte Gesetz ist eine totale Farce, eine "tabula raza", ein wertloses Stück Papier, das nur dazu bestimmt ist, die Verfassung der Vereinigten Staaten zu unterwandern.

Der Präsident belog die amerikanische Öffentlichkeit, als er am 20. Dezember 1989 erklärte:

> "Am vergangenen Freitag erklärte General Noriega, dass sich seine Militärdiktatur im Kriegszustand mit den Vereinigten

Staaten befinde. "

Tatsächlich gab es nicht einen einzigen Beweis, der eine solch absurde Anschuldigung stützen konnte.

Kurz gesagt, es war eine eklatante Lüge. Ungeachtet dessen, was der Präsident tat oder sagte, gelang es ihm nicht, eine Kriegserklärung gegen Panama zu erwirken, was er wiederholen wollte, indem er diese Nation in einen Krieg gegen den Irak schickte, der wahrscheinlich den Beginn des Todes der Verfassung der Vereinigten Staaten erleben würde.

Eine weitere Lüge des Präsidenten war seine Behauptung vom 20. Dezember, dass

> "General Noriegas unüberlegte Drohungen und Angriffe gegen Amerikaner in Panama haben eine unmittelbare Gefahr für die 35.000 US-Bürger in Panama geschaffen."

Die Wahrheit ist, dass es nur einen einzigen Angriff auf US-Militärs gab, der aus dem von General Cisneros befohlenen bewussten Konfrontationsplan resultierte. Diese eine Tragödie ereignete sich, als drei US-Marinesoldaten mit ihrem Auto durch drei verschiedene Kontrollpunkte der PDF fuhren. Nachdem sie am vierten angehalten worden waren, kam es zu einer Auseinandersetzung zwischen der PDF und den Marinesoldaten, die keine Uniform trugen.

Die Marinesoldaten flüchteten daraufhin und nachdem sie mehrmals aufgefordert worden waren, stehen zu bleiben, wurden Schüsse abgefeuert, von denen einer tödlich endete. Präsident Bush wird die Schuld am Tod des Soldaten gegeben. Allein auf diese Tragödie stützte Bush seine absurde Behauptung, General Noriega habe den USA den Krieg erklärt und "bedrohe die Integrität der Panamakanal-Verträge". Was Minister Cheney der amerikanischen Öffentlichkeit mitteilte, war, dass die Bush-Regierung bereits im März 1989 fertige Invasionspläne hatte.

Selbst Minister Cheney neigt dazu, dies zu bestätigen, als er am 20. Dezember erklärte:

> "Der Befehl wurde am späten Sonntag erteilt, um den Plan, der

schon seit einiger Zeit bestand, umzusetzen. Dies war einer der ersten Punkte, über die ich informiert wurde, als ich im vergangenen Frühjahr Verteidigungsminister wurde. "

Cheney war ein unverbesserlicher Unruhestifter, ein Meister der Täuschung, und die Vereinigten Staaten sind dazu bestimmt, aufgrund der Doppelzüngigkeit dieses Mannes einen großen Teil ihres Schatzes und ihrer Söhne zu verlieren. Ihm sollte untersagt werden, in Zukunft irgendein öffentliches Amt auszuüben. Eine weitere Lüge der Regierung war die Ankündigung von Marlin Fitzwater, der am 20. Dezember 1989 im Namen des Präsidenten sprach. Fitzwater erklärte der Nation, dass "die Integrität der Panamakanal-Verträge in Gefahr ist". Am selben Tag erklärte James Baker III vor der Presse, dass eines der Ziele der US-Invasion darin bestand, "die Integrität der Rechte der Vereinigten Staaten gemäß Artikel IV der Panamakanal-Verträge zu verteidigen". Als er jedoch aufgefordert wurde, genau aufzuzählen, welche Drohungen Noriega gegen die Integrität der Verträge ausgesprochen hatte, war Baker nicht in der Lage, auch nur eine einzige zu nennen. Seine Antwort lautete wie folgt:

> "Nun, das ist sehr spekulativ, wenn nicht - ich meine, lassen Sie mich einfach respektvoll sagen, dass wir bereits gesagt haben, dass wir erwarten, dass es Probleme in Bezug auf den Kanal geben könnte, wenn Noriega weiterhin die Macht auf unrechtmäßige Weise behält. Was die Herausforderungen für die Integrität unserer Rechte in den letzten zwei oder drei Jahren betrifft, würde ich mich einfach auf die - im letzten Jahr - vielleicht sollte ich zurückgehen, aber im letzten Jahr verweise ich Sie auf den anhaltenden Trend der Schikanen, die wir dort gegen die Amerikaner bei der Ausübung unserer Vertragsrechte gesehen haben. "

Dieser unbeholfene, stolpernde und hastig zusammengeschusterte "Beweis", dass Noriega die Rechte des US-Kanals bedroht hatte, war das Beste, was Baker finden konnte. Was für ein miserabler Lügner er sich doch erwies. Doch auf der Grundlage völlig unbegründeter und nicht untermauerter Beweise, die von Präsident Bush, Minister Cheney und Minister Baker vorgelegt wurden, beging diese Nation eine grob rechtswidrige Invasion eines souveränen Staates, mit dem sie einen Vertrag hatte, und verletzte internationales und verfassungsmäßiges Recht.

Mit der Entführung von General Noriega hat sich unsere Regierung auf das Niveau der Piraten an der Barbaraküste herabgelassen und dabei die amerikanische Verfassung und das Völkerrecht mit Füßen getreten. Ob uns das nun gefällt oder nicht, ob uns diese Worte hart und moralisierend erscheinen, Tatsachen sind Tatsachen und können nicht geleugnet werden. Als Nation sind wir alle zusammen mit Präsident Bush gleichermaßen für das anarchische Verhalten seiner Regierung verantwortlich, denn wir standen einfach nur da und ließen dies ohne auch nur ein Stöhnen des Protests zu.

Präsident Bush erklärte den Amerikanern im Radio, dass einer der Gründe, warum er die Invasion Panamas angeordnet habe, "die Verteidigung der Demokratie" gewesen sei.

Obwohl es keinem von uns bewusst war, sollte dies eine der Ausreden sein, um gegen den Irak in den Krieg zu ziehen. Es galt, die Demokratie im Irak zu retten, ungeachtet der Tatsache, dass es in dieser Diktatur zuvor nie auch nur den geringsten Hauch davon gegeben hatte. Im Übrigen sind die USA keine Demokratie, sondern eine Republik. Wir sind auch nicht die Gendarmen der Welt.

Wir sind seit unserem Völkermordkrieg gegen den Irak keine Nation der Gesetze mehr! In Panama war die Demokratie lebendig und funktionierte. Trotz zwei Jahren grober, oft grober und eklatanter Einmischung in die inneren Angelegenheiten Panamas, die einen klaren Verstoß gegen den OAS-Vertrag darstellte, den die USA unterzeichnet hatten, und trotz mindestens zweier krimineller Versuche, General Noriega im Mai 1989 zu ermorden, fanden nationale Wahlen statt.

Wie reagierte Präsident Bush? Stark unterstützt von den Medienschakalen, gab die Bush-Regierung über 11 Millionen Dollar aus, um die stark drogenverseuchte Oppositionsplattform von Endara, Billy Ford und Calderon zu unterstützen.

Gestützt auf die Erfahrungen, die er bei den Wahlen auf den

Philippinen gesammelt hatte, an denen alle Zweige der US-Regierung, einschließlich unserer Geheimdienste, beteiligt waren, befahl Bush den Einsatz des "Marcos-Szenarios" gegen das Volk von Panama. Die von Bush finanzierte Endara-Bande löste eine Welle von Unruhen aus, stahl die Wahlurnen, damit die Stimmen nicht ausgezählt werden konnten, und schrie gleichzeitig lauthals, die Stimmen seien "manipuliert" worden. Es war eine seltsame Wiederholung der Wahlen auf den Philippinen, mit "internationalen Beobachtern", die von Prostituierten bezahlt wurden, und dem üblichen Korps von Medienschakalen, die alle ihre Unterstützung für diese Lügen herausbrüllten, und ein düsterer Vorbote der kommenden Ereignisse in den USA selbst.

Inmitten des von Bush geschaffenen Chaos und der Unmöglichkeit, die Stimmen zu zählen, tat die panamaische Regierung das, was jede andere Regierung getan hätte: Sie annullierte die Wahlen. Sie hätte angesichts der massiven und allgegenwärtigen Sabotageaktionen der Bush-Regierung gar nicht anders handeln können. Zumindest hatte Bush gehofft, dass es so kommen würde. Selbst zu diesem Zeitpunkt war die panamaische Regierung darauf bedacht, der Welt zu beweisen, dass sie versuchte, das Richtige zu tun. Sie bot der drogenverseuchten Oppositionsbande Endara die Möglichkeit, sich an einer Koalitionsregierung zu beteiligen.

Auf Anraten Washingtons wurde dieses großzügige Angebot von dem "armen weißen Peon" Endara abgelehnt. Wie wir bei den Irak-"Verhandlungen" gesehen haben, war Bush entschlossen, die PDF zu zerstören, Noriega zu entführen und Panama zu besetzen, und kein guter Wille, der von rechtschaffenen Menschen angeboten wurde, hätte ihn davon abhalten können, seine Ziele zu erreichen. In Wahrheit ist Amerika unter der Bush-Regierung zur bösartigsten Nation der Welt geworden, zu einer wahrhaft despotischen Tyrannei.

In einer der erstaunlichsten und dreistesten Handlungen seiner Karriere erklärte Präsident Bush die in den Drogenhandel verwickelte Endara-Bande zur "offiziellen Regierung Panamas".

Diese Männer, die so schwer in die Drogenwäschebanken verwickelt waren, hatten auf einem Militärstützpunkt der USA einen "Eid" geschworen. Wenn es jemals ein Gesetz des Dschungels gab, dann war es dieses. Dann, 45 Minuten später, überfielen die USA die souveräne Nation Panama in einem der eklatantesten Akte der Aggression in diesem Jahrhundert. Wenn das Demokratie in Aktion war, dann möge Gott Amerika helfen, denn was in Panama geschah, wird sich mit Sicherheit im Inland und sogar überall wiederholen, denn die Republikanische Partei wird zur Partei, die das Imperium errichtet.

Wir haben das Böse triumphieren lassen, indem wir uns entschieden haben, zu schweigen. Wir haben uns gleichgültig gegenüber dem Leid anderer Nationen in den Händen der USA gezeigt, sodass wir, wenn unsere Zeit gekommen ist, nur uns selbst die Schuld geben können. Unser mangelnder Protest, ja sogar unsere Zustimmung zum Gesetz des Dschungels, das in Panama und im Irak in Aktion ist, lässt uns die Strafe des allmächtigen Gottes verdienen, die aufgrund unserer Duldung schlechter Taten sicher über diese Nation hereinbrechen wird. Überall, wo ich reise, sehe ich Plakate und Anzeigetafeln: "God Bless America" und ich muss mich fragen, warum Gott Amerika segnen sollte, wenn in seinem Namen so viel Böses geschieht?

Eine weitere von Präsident Bush vorgebrachte Entschuldigung für die Invasion Panamas lautete, dass wir nach Panama gingen, "um den Drogenhandel zu bekämpfen". Dies sagte Bush dreist am 20. Dezember 1989, als er seine "Weihnachtsansprache" an die Völker Panamas und der Vereinigten Staaten vorbereitete. Eine Durchsicht der DEA-Akten brachte schnell ans Licht, dass John Lawn, der ehemalige Chef der DEA, die volle Kooperation, die er von General Noriega, der PDF und der panamaischen Regierung erhalten hatte, häufig in den höchsten Tönen gelobt hatte. Während General Noriega das Sagen hatte, hatte sich das Drogenproblem deutlich entschärft.

Am 27. Mai 1989 schrieb John Lawn an Noriega und gratulierte ihm zu seiner wertvollen Hilfe bei der erfolgreichen Beschlagnahmung der Bankkonten von Drogenhändlern, die

Lawn als "die erfolgreichste Undercover-Operation in der Geschichte der Bundespolizei" bezeichnete.

Lawn erklärte dazu Folgendes:

> "Wieder einmal haben die US-amerikanische DEA und die Strafverfolgungsbehörden der Republik Panama ihre Kräfte gebündelt, um den Drogenhändlern einen wirksamen Schlag zu versetzen... "

Ihr persönlicher Einsatz in der OPERATION FISCH und die kompetenten und unermüdlichen professionellen Bemühungen anderer Beamter der Republik Panama waren für den positiven Ausgang dieser Untersuchung von entscheidender Bedeutung.

Drogenhändler aus aller Welt wissen nun, dass die Erlöse und Gewinne aus ihren illegalen Geschäften in Panama nicht willkommen sind.

Es ist kein Wunder, dass die Lords und Ladies von England und die Bewohner in Nadelstreifenanzügen der Wall-Street-Banken anfingen, sich Sorgen zu machen. Kein Wunder, dass Rockefeller Bush befahl, Noriega und die panamaische Regierung so schnell wie möglich loszuwerden. Noriega meinte es mit seinem Krieg gegen die Drogen wirklich ernst und aufrichtig! Obwohl Präsident Bush behauptete, Noriega sei ein Drogenhändler, legte er nie auch nur einen einzigen Beweis für seine Behauptungen vor.

Tatsächlich erklärte Adam Murphy, der die Florida Task Force im Rahmen des National Narcotics Border Interdiction System (NNBIS) leitete, kategorisch das Folgende:

> "Während meiner gesamten Amtszeit beim NNBIS und bei der South Florida Task Force habe ich nie Informationen gesehen, die darauf hindeuteten, dass General Noriega in den Drogenhandel verwickelt war. Tatsächlich haben wir Panama immer als Vorbild für die Zusammenarbeit mit den USA im Drogenkrieg dargestellt. Denken Sie daran, dass eine Anklage durch eine Grand Jury in diesem Land noch keine Verurteilung ist. Wenn der Fall Noriega eines Tages verhandelt wird, werde ich die Beweise und die Schlussfolgerungen der Geschworenen prüfen, aber bis es soweit ist, habe ich keine direkten Beweise

für die Beteiligung des Generals. Meine Erfahrungen gehen in die entgegengesetzte Richtung. "

Doch trotz der lobenden Empfehlungen für General Noriega und die panamaische Regierung, die John Lawn in seinem Brief vom 27. Mai 1987 aussprach, inszenierte Bush weniger als einen Monat später einen Aufstand gegen die rechtmäßige Regierung Panamas. Carlos Eleta und seine Geschäftspartner, darunter auch der Peon Endara, erhielten sofort Unterstützung durch das US-Militär in Panama. Den gleichen Modus Operandi sahen wir im Iran mit der schäbigen Absetzung von Premierminister Mossadegh während der Ermittlungen des US-Generals Hauser.

Diese ekelhafte Verletzung des OAS-Vertrags rief bei niemandem in diesem Land einen Protest hervor. Der TV-Evangelist Pat Robertson und alle seine freiheitsliebenden Geschäftspartner blieben angesichts der erwiesenen Anarchie der US-Regierung stumm. Daher verdienen wir, was wir bekommen werden, wenn die Regierung ihre anarchische Politik nach innen wendet und sie intern auf ihre Bürger anwendet. Es war der Erfolg der panamaischen Regierung unter Noriega bei der Entwurzelung der Drogenmafia in Panama, angeführt von dem dummen Glauben, dass die USA tatsächlich einen Krieg gegen Drogen führten, und von dem aufrichtigen Wunsch, ihre Verpflichtungen gegenüber den USA im Rahmen des OAS-Vertrags zu erfüllen, der der panamaischen Regierung und General Noriega zum Verhängnis wurde. Indem er Präsident Bush erlaubt, die amerikanische Verfassung mit Füßen zu treten, wird dies auch das Ende der Vereinigten Staaten, wie wir sie kennen, sein.

Das "Verbrechen", dessen sich Noriega und seine Regierung schuldig gemacht haben, ist, dass sie ihre Arbeit zu gut gemacht haben und dabei der Dope International Limited und den Lords, Ladies und Gentlemen, die in ihrem Vorstand sitzen, schwer auf die Füße getreten sind. Lassen Sie sich das eine Lehre sein für alle, die weltweit glauben, dass die Bush-Regierung tatsächlich einen Krieg gegen die Drogen führt. Es ist ein Scheinkrieg, nicht mehr und nicht weniger, und wie mehrere DEA-Außendienstmitarbeiter sagten, von denen einer gegen The

Corporation, das riesige Kokainkartell in Bolivien, und seine mexikanischen Partner vorging, mussten sie am eigenen Leib erfahren, dass es wahrscheinlicher ist, "eher in den Ruhestand versetzt als gelobt" zu werden, wenn man sich zu sehr an hochrangige Personen im Drogengeschäft annähert, oder in den Händen eines Tyrannen zu leiden und sein Schicksal von einem Marionettengericht geregelt zu bekommen.

Die Situation in Panama im Jahr 2009 ist, dass Drogen freier denn je zirkulieren; und die Banken, die Drogengelder waschen, operieren freier. Die Wirtschaft des Landes liegt im Chaos und wartet auf eine amerikanische Finanzspritze in Höhe von Millionen US-Dollar, aber nichts davon ist wirklich wichtig. Was zählt, ist, dass die "Demokratie" im Land triumphiert hat. Möge dies eine Lehre für jedes Land in Lateinamerika sein! Möge es eine Lektion für jede Nation sein, dass, wenn es so weitergeht, keine Nation auf der Welt mehr sicher sein wird. Wenn Sie ein Freund der Vereinigten Staaten werden, können Sie Ihr Land verlieren.

Kapitel 5

Pakistans Rolle im Krieg gegen Drogen

Die Muslim-Liga bildete unter der Führung von Muhammad Ali Jinnah und Liaquat Ali Khan die erste Regierung Pakistans. Die Führungsrolle der Muslimliga in der pakistanischen Politik nahm mit dem Aufstieg anderer politischer Parteien, insbesondere der Pakistanischen Volkspartei (PPP) in Westpakistan und der Awami-Liga in Ostpakistan, die schließlich zur Gründung von Bangladesch führten, deutlich ab. Die erste Verfassung Pakistans wurde 1956 verabschiedet, aber 1958 von Ayub Khan suspendiert. Die Verfassung von 1973 wurde 1977 von Zia-ul-Haq ausgesetzt und 1991 wieder in Kraft gesetzt. Sie ist das wichtigste Dokument des Landes und legt die Grundlage für die Regierung.

Pakistan ist eine föderale demokratische Republik, deren Staatsreligion der Islam ist. Das semipräsidentielle System umfasst eine Zweikammer-Legislative, die aus einem Senat mit 100 Mitgliedern und einer Nationalversammlung mit 342 Mitgliedern besteht.

Der Präsident ist das Staatsoberhaupt und der Oberbefehlshaber der Streitkräfte. Er wird von einem Wahlkollegium gewählt.

Der Premierminister ist in der Regel der Vorsitzende der größten Partei in der Nationalversammlung. Jede Provinz hat ein ähnliches Regierungssystem mit einer direkt gewählten Provinzversammlung, in der der Führer der größten Partei oder des größten Bündnisses Chief Minister wird. Die Gouverneure der Provinzen werden vom Präsidenten ernannt.

Das pakistanische Militär hat in der gesamten Geschichte Pakistans eine einflussreiche Rolle in der allgemeinen Politik gespielt, wobei von 1958 bis 1971, von 1977 bis 1988 und seit 1999 Militärpräsidenten an der Macht waren. Die linksgerichtete PPP unter der Führung von Zulfikar Ali Bhutto wurde in den 1970er Jahren zu einem wichtigen politischen Akteur. Unter dem Militärregime von Muhammad Zia-ul-Haq leitete Pakistan eine deutliche Wende von der säkularen Politik der britischen Ära hin zur Einführung der Scharia und anderer auf dem Islam basierender Gesetze ein.

In den 1980er Jahren wurde das Muttahida Qaumi Movement (MQM), eine antifeudale und pro-Muhajir-Bewegung, von unorthodoxen und gebildeten Stadtbewohnern aus Sindh und insbesondere aus Karachi ins Leben gerufen. Die 1990er Jahre waren durch eine von der PPP dominierte Koalitionspolitik und eine verjüngte Muslimliga gekennzeichnet.

Bei den allgemeinen Wahlen im Oktober 2002 gewann die Pakistanische Muslimliga (PML-Q) eine Vielzahl von Sitzen in der Nationalversammlung, wobei die zweitstärkste Fraktion die Parlamentarier der Pakistanischen Volkspartei (PPPP), einer Unterpartei der PPP, waren. Zafarullah Khan Jamali von der PML-Q wurde Premierminister, trat jedoch am 26. Juni 2004 zurück und wurde durch den Führer der PML-Q, Chaudhry Shujaat Hussain, als Interimspremierminister ersetzt. Am 28. August 2004 stimmte die Nationalversammlung mit 191 zu 151 Stimmen dafür, den Finanzminister und ehemaligen Vizepräsidenten der Citibank, Shaukat Aziz, zum Premierminister zu wählen. Muttahida Majlis-e-Amal, eine Koalition islamisch-religiöser Parteien, gewann die Wahlen in der Provinz Nordwestgrenze und erhöhte ihre Vertretung in der Nationalversammlung.

Pakistan ist ein aktives Mitglied der Vereinten Nationen (UN) und der Organisation der Islamischen Konferenz (OIC), wobei letztere von Pakistan als Forum für die aufgeklärte Mäßigung genutzt wurde, ein Plan zur Förderung von Wiedergeburt und Erleuchtung in der muslimischen Welt. Pakistan ist auch

Mitglied der großen regionalen Organisationen South Asian Association of Regional Cooperation (SAARC) und Economic Cooperation Organization (ECO). In der Vergangenheit hatte Pakistan gemischte Beziehungen zu den USA, insbesondere in den frühen 1950er Jahren, als Pakistan der "größte Verbündete der USA in Asien" und Mitglied der Central Treaty Organization (CENTO) und der South East Asian Treaty Organization (SEATO) war.

Während des sowjetisch-afghanischen Krieges in den 1980er Jahren war Pakistan ein entscheidender Verbündeter der USA, doch die Beziehungen verschlechterten sich in den 1990er Jahren, als die USA aufgrund des Verdachts auf Pakistans nukleare Aktivitäten Sanktionen verhängten. Die Anschläge vom 11. September und der darauf folgende Krieg gegen den Terrorismus führten zu einer Verbesserung der Beziehungen zwischen den USA und Pakistan, insbesondere nachdem Pakistan seine Unterstützung für das Taliban-Regime in Kabul eingestellt hatte. Dies führte zu einer drastischen Erhöhung der US-Militärhilfe, bei der Pakistan in den drei Jahren nach den Anschlägen vom 11. September 4 Milliarden US-Dollar mehr erhielt als in den drei Jahren zuvor.

Pakistan unterhält seit langem schwierige Beziehungen zu seinem Nachbarland Indien. Der Konflikt um Kaschmir führte 1947 und 1965 zu regelrechten Kriegen. Der Bürgerkrieg von 1971 eskalierte zum Unabhängigkeitskrieg Bangladeschs und zum indisch-pakistanischen Krieg von 1971. Pakistan führte 1998 Atomwaffentests als Gegengewicht zu Indiens Nuklearexplosionstests durch, die 1974 als "Smiling Buddha" bzw. 1998 als Pokhran-II bezeichnet wurden, und wurde zum einzigen muslimischen Staat, der über Atomwaffen verfügt. Die Beziehungen zu Indien haben sich im Anschluss an die Friedensinitiativen von 2002 stetig verbessert. Pakistan unterhält enge wirtschaftliche, militärische und politische Beziehungen mit der Volksrepublik China.

Pakistan ist auch mit der Instabilität der unter Bundesverwaltung stehenden Stammesgebiete konfrontiert, in denen einige

Stammesführer die Taliban unterstützen. Pakistan musste die Armee in diese Gebiete entsenden, um die lokalen Unruhen in Waziristan zu unterdrücken. Der Konflikt in Waziristan endete mit einem kürzlich erklärten Friedensabkommen zwischen den Stammesführern und der pakistanischen Regierung, das die Stabilität in die Region zurückbringen soll. Darüber hinaus ist das Land seit langem mit Instabilität in Belutschistan konfrontiert, seiner Provinz, die von der Größe her die größte, von der Bevölkerungszahl her jedoch die kleinste ist.

Die Armee wurde eingesetzt, um einen schweren Aufstand innerhalb der Provinz von 1973 bis 1976 zu bekämpfen. Die soziale Stabilität nahm wieder zu, nachdem Rahimuddin Khan ab 1977 als Verwalter des Kriegsrechts eingesetzt worden war. Nach einem relativen Frieden in den 1980er und 1990er Jahren entfachten einige einflussreiche balutschische Stammesführer erneut eine separatistische Bewegung, als Pervez Musharraf 1999 die Macht übernahm. Bei einem Zwischenfall im August 2006 wurde Nawab Akbar Bugti, der Anführer des Balutschenaufstands, von pakistanischen Militärkräften getötet. Am 3. November 2007 rief Präsident Musharraf den Ausnahmezustand in ganz Pakistan aus, behauptete, die Verfassung auszusetzen und verhängte das Kriegsrecht.

In Islamabad drangen offenbar Truppen in den Obersten Gerichtshof ein und umzingelten die Wohnungen der Richter. Oppositionsführer wie Benazir Bhutto und Imran Khan wurden unter Hausarrest gestellt. Der Justizbeamte Abdul Hameed Dogar wurde zum neuen Präsidenten des Obersten Gerichtshofs Pakistans ernannt, weil Iftikhar Muhammad Chaudhry sich weigerte, die Notverordnung zu bestätigen, da er sie für verfassungswidrig erklärte, obwohl er selbst 1999 unter dem PCO-Regime vereidigt worden war. Daraufhin wurde Pakistan am 22. November 2007 von den Räten des Commonwealth of Nations suspendiert.

In den letzten Jahren haben militante Islamisten der Organisation Tehreek-e-Nafaz-e- Shariat-e-Mohammadi (TNSM), die von dem radikalen Geistlichen Maulana Fazlullah angeführt wird, in

Swat in der Nordwest-Grenzprovinz gegen die pakistanische Regierung rebelliert. In 59 Dörfern errichteten die Aktivisten eine "Parallelregierung" mit islamischen Gerichten, die die Scharia durchsetzen.

Nach dem Ende eines viermonatigen Waffenstillstands Ende September 2007 flammten die Kämpfe wieder auf. Die paramilitärische Truppe Frontier Constabulary war in der Region eingesetzt worden, um die Gewalt zu unterdrücken, doch sie schien unwirksam zu sein.

Am 16. November 2007 sollen Militante den Sitz des Alpuri-Distrikts in der benachbarten Stadt Shangla eingenommen haben. Die örtliche Polizei floh, ohne sich dem Vormarsch der militanten Kräfte zu widersetzen, zu denen neben lokalen Aktivisten auch usbekische, tadschikische und tschetschenische Freiwillige gehörten.

Um die Militanz zurückzudrängen und die Ordnung wiederherzustellen, setzte die pakistanische Regierung eine Truppe der regulären pakistanischen Armee ein, der es gelang, die verlorenen Gebiete zurückzuerobern und die Islamisten in ihre Verstecke in den Bergen zurückzuschicken, doch die Selbstmordattentate gegen die Armee gingen weiter.

Es wurde berichtet, dass das United States Special Operations Command Alternativen für eine wirksame Unterstützung Pakistans bei diesem und anderen mit Al-Qaida verbundenen Aufständen in den Stammesgebieten Pakistans in Betracht zieht, doch die Aussichten bleiben auch nach einer Sonderstudie aus dem Jahr 2008 ungewiss.

Die verstorbene Benazir Bhutto war die erste Frau, die an die Spitze eines postkolonialen muslimischen Staates gewählt wurde. Sie wurde zweimal zur Premierministerin von Pakistan gewählt. Ihren ersten Amtseid legte sie 1988 ab, wurde jedoch 20 Monate später auf Anordnung des damaligen Präsidenten Ghulam Ishaq Khan wegen angeblicher Korruption ihres Amtes enthoben.

1993 wurde Bhutto wiedergewählt, doch 1996 wurde sie aus

ähnlichen Gründen erneut abgesetzt. 1998 ging Bhutto ins Exil nach Dubai, wo sie bis zu ihrer Rückkehr nach Pakistan am 18. Oktober 2007 blieb, nachdem General Musharraf ein Sondergesetz verabschiedet hatte, durch das sie von allen Korruptionsvorwürfen freigesprochen wurde, wodurch sie amnestiert wurde und alle Korruptionsvorwürfe zurückgenommen wurden. Als ältestes Kind des ehemaligen Premierministers Zulfikar Ali Bhutto - einem Pakistaner sindischer Abstammung - und der Begum ("Lady") Nusrat Bhutto, einer Pakistanerin iranisch-kurdischer Abstammung, wurde sie von ihrer Nichte Fatima Bhutto der eklatanten Korruption beschuldigt und zusammen mit ihrem Ehemann Asif Zardari für die Ermordung ihres Bruders Murtaza Bhutto im Jahr 1996 verantwortlich gemacht.

Nach zwei Jahren Schulbesuch im Präsentationskloster in Rawalpindi wurde Bhutto in das Jesus-und-Maria-Kloster in Murree geschickt. Sie legte ihre A-Level-Prüfung im Alter von 15 Jahren ab, wobei das übliche Alter bei 17 Jahren liegt. Nach dem Abschluss der Grundschule in Pakistan besuchte sie die Harvard-Universität, wo sie einen Bachelor cum laude in vergleichender Regierungslehre erwarb.

Die nächste Phase ihrer Ausbildung fand in Großbritannien statt. Zwischen 1973 und 1977 studierte Bhutto Philosophie, Politik und Wirtschaft an der Lady Margaret Hall in Oxford. Außerdem belegte sie in Oxford einen Kurs in internationalem Recht und Diplomatie. Im Dezember 1976 wurde sie zur Präsidentin der Oxford Union gewählt und war damit die erste asiatische Frau an der Spitze der renommierten Debattiergesellschaft. Am 18. Dezember 1987 heiratete sie Asif Ali Zardari in Karachi. Aus dieser Ehe gingen drei Kinder hervor. Benazir Bhuttos Vater, der ehemalige Premierminister Zulfikar Ali Bhutto, wurde 1975 aufgrund ähnlicher Korruptionsvorwürfe, mit denen sich Benazir Bhutto später auseinandersetzen musste, aus dem Amt des Premierministers entlassen.

In einem Prozess im Jahr 1977 wurde Zulfikar Ali Bhutto wegen der Verschwörung zum Mord an dem Vater des

Dissidentenpolitikers Ahmed Raza Kasuri zum Tode verurteilt. Obwohl die Anklage "von der Öffentlichkeit weitgehend angezweifelt" wurde und trotz zahlreicher Gnadengesuche ausländischer Staatsoberhäupter, darunter auch des Papstes, wurde Bhutto am 4. April 1979 gehängt. Die Gnadengesuche wurden vom damaligen Präsidenten General Muhammad Zia-ul-Haq zurückgewiesen. Benazir Bhutto und ihre Mutter wurden nach der Hinrichtung ihres Vaters bis Ende Mai in einem "Polizeilager" festgehalten.

Im Jahr 1980 wurde sein Bruder Shahnawaz unter verdächtigen Umständen in Frankreich getötet. Die Ermordung eines weiteren ihrer Brüder, Mir Murtaza, im Jahr 1996 trug dazu bei, ihre zweite Amtszeit als Premierministerin zu destabilisieren. Bhutto, die nach Abschluss ihres Studiums nach Pakistan zurückgekehrt war, stand nach der Inhaftierung und anschließenden Hinrichtung ihres Vaters unter Hausarrest. Nachdem sie 1984 nach Großbritannien zurückkehren durfte, wurde sie im Exil zur Führerin der PPP, der Partei ihres Vaters, obwohl sie erst nach dem Tod von General Muhammad Zia-ul-Haq ihre politische Präsenz in Pakistan spürbar machen konnte. Sie war ihrer Mutter als Vorsitzende der Pakistanischen Volkspartei und der pro-demokratischen Opposition gegen das Regime von Zia-ul-Haq nachgefolgt.

Am 16. November 1988, bei den ersten offenen Wahlen seit über einem Jahrzehnt, gewann Benazirs PPP die meisten Sitze in der Nationalversammlung. Bhutto wurde am 2. Dezember 1998 als Premierministerin einer Koalitionsregierung vereidigt und wurde mit 35 Jahren die jüngste Person - und die erste Frau -, die in der Neuzeit die Regierung eines Staates mit muslimischer Bevölkerungsmehrheit anführte.

Ihre Regierung wurde jedoch 1990 aufgrund von Korruptionsvorwürfen, für die sie nie vor Gericht gestellt wurde, abgesetzt. Nawaz Sharif, Zias Protegé, kam daraufhin an die Macht. Bhutto wurde 1993 wiedergewählt, aber drei Jahre später inmitten eines Konzerts von Korruptionsskandalen vom damaligen Präsidenten Farooq Leghari aus dem Amt entfernt, der den Ermessensspielraum des achten Verfassungszusatzes nutzte, um ihre Regierung aufzulösen. Der Oberste Gerichtshof bestätigte die Amtsenthebung von Präsident Leghari mit einem 6:1-Urteil.

2006 stellte Interpol einen Antrag auf Verhaftung von Benazir und ihrem Ehemann. Die Kritik an Benazir kam größtenteils von den Eliten des Punjab und den mächtigen Landbesitzerfamilien, die sich gegen Bhutto stellten, als sie Pakistan zu nationalistischen Reformen drängte und dabei die Interessen der Feudalherren vernachlässigte, die sie für die Destabilisierung ihres Landes verantwortlich machte. Nachdem sie vom pakistanischen Präsidenten wegen Korruption ihres Amtes enthoben wurde, verlor ihre Partei die Wahlen im Oktober. Sie fungierte als Oppositionsführerin, während Nawaz Sharif in den folgenden drei Jahren Premierminister wurde. Im Oktober 1993 fanden Neuwahlen statt, aus denen ihre PPP-Koalition als Sieger hervorging und Bhutto wieder an die Macht brachte. Im Jahr 1996 wurde ihre Regierung wegen Korruption erneut abgesetzt.

Französische, polnische, spanische und schweizerische Dokumente führten zu weiteren Korruptionsvorwürfen gegen Frau Benazar und ihren Ehemann, und gegen beide wurden eine Reihe von Gerichtsverfahren eingeleitet, darunter eine Anklage wegen Geldwäsche über Schweizer Banken. Ihr Ehemann, Asif Ali Zardari, verbrachte wegen ähnlicher Korruptionsvorwürfe acht Jahre im Gefängnis. Zardari, der 2004 aus dem Gefängnis entlassen wurde, ließ verlauten, dass seine Zeit im Gefängnis von Folter geprägt gewesen sei.

Einem Untersuchungsbericht der *New York Times aus* dem Jahr 1998 zufolge verfügten die pakistanischen Behörden über Dokumente, die ein Netz von Bankkonten aufdeckten, die alle mit dem Anwalt der Familie in der Schweiz in Verbindung standen, dessen Hauptaktionär Asif Zardari war. Dem Artikel zufolge deuten von den französischen Behörden veröffentlichte Dokumente darauf hin, dass Zardari dem französischen Flugzeughersteller Dassault Exklusivrechte angeboten hat, um die alternden Kampfflugzeuge der pakistanischen Luftwaffe zu ersetzen, im Gegenzug für eine 5%ige Provision, die an eine von Zardari kontrollierte Schweizer Firma zu zahlen war. Aus dem Artikel geht außerdem hervor, dass ein Unternehmen aus Dubai eine exklusive Lizenz für den Import von Gold nach Pakistan erhielt, wofür Asif Zardari Zahlungen von mehr als 10 Millionen US-Dollar auf seine in Dubai ansässigen Citibank-Konten erhielt. Der Firmeninhaber bestritt, Zahlungen an Zardari geleistet zu haben und behauptet, dass die Dokumente gefälscht seien.

Bhutto bleibt dabei, dass die gegen sie und ihren Mann erhobenen Vorwürfe rein politisch motiviert sind. "Die meisten dieser Dokumente sind gefälscht", sagte sie, "und die Geschichten, die um sie herum erzählt wurden, sind absolut falsch". Der Bericht des pakistanischen Generalauditor (AGP) unterstützte Bhuttos Behauptung. Er enthält Informationen, die nahelegen, dass Benazir Bhutto 1990 nach einer vom damaligen Präsidenten Ghulam Ishaq Khan gebilligten Hexenjagd aus dem Amt gedrängt wurde. Dem AGP-Bericht zufolge leistete Khan illegale Zahlungen in Höhe von 28 Millionen Rupien, um in den Jahren 1990-1993 19 Korruptionsfälle gegen Bhutto und ihren Ehemann einzureichen.

Die Vermögenswerte, die Bhutto und ihr Mann besaßen, wurden von den Staatsanwälten ordnungsgemäß überprüft, die daraufhin behaupteten, dass sich auf den Schweizer Bankkonten der Bhuttos 840 Millionen US-Dollar befanden. Zardari kaufte außerdem ein Neo-Tudor-Anwesen und ein Landgut im Wert von über 4 Millionen Pfund in Surrey, England, im Vereinigten Königreich. Pakistanische Ermittler haben weitere Immobilien im Ausland mit Zardaris Familie in Verbindung gebracht. Dazu gehört ein 2,5 Millionen Dollar teures Herrenhaus in der Normandie, das Zardaris Eltern gehörte, die zum Zeitpunkt seiner Heirat über bescheidene Besitztümer verfügten. Bhutto bestritt, dass sie über größere Vermögenswerte im Ausland verfüge.

Bis vor kurzem waren Benazir Bhutto und ihr Ehemann Gegenstand offizieller Korruptionsvorwürfe, bei denen es um

Hunderte Millionen Dollar an "Provisionen" für Regierungsverträge und Ausschreibungen ging. Dank eines im Oktober 2007 zwischen Bhutto und Musharraf ausgehandelten Abkommens zur Machtteilung wurden Benazir und ihr Mann jedoch amnestiert. Wenn diese Entscheidung aufrechterhalten wird, könnte sie eine Reihe von Schweizer Banken dazu veranlassen, die Ende der 1990er Jahre eingefrorenen Konten "freizugeben". Die exekutive Anordnung könnte grundsätzlich von der Judikative angefochten werden, obwohl die Zukunft der Judikative aufgrund derselben jüngsten Entwicklungen ungewiss ist. Am 23. Juli 1998 übergab die Schweizer Regierung der pakistanischen Regierung Dokumente im Zusammenhang mit Korruptionsvorwürfen gegen Benazir Bhutto und ihren Ehemann. Die Dokumente beinhalteten eine formelle Geldwäschebeschuldigung der Schweizer Behörden gegen Zardari.

Die pakistanische Regierung führte eine groß angelegte Untersuchung durch, um mehr als 13,7 Millionen US-Dollar zu finden, die 1997 von den Schweizer Behörden eingefroren worden waren und von Bhutto und ihrem Ehemann in Banken versteckt worden sein sollen. Die pakistanische Regierung hat vor kurzem ein Strafverfahren gegen Frau Bhutto eingeleitet, um die Spur von schätzungsweise 1,5 Milliarden US-Dollar zu finden, die sie und ihr Ehemann im Zusammenhang mit verschiedenen kriminellen Unternehmungen erhalten haben sollen. Die Dokumente legen nahe, dass das Geld, das Zardari gewaschen haben soll, Benazir Bhutto zugänglich war und zum Kauf einer Diamantenkette für mehr als 175.000 US-Dollar verwendet worden war.

Die PPP reagierte darauf, indem sie die Anschuldigungen kategorisch zurückwies und andeutete, dass die Schweizer Behörden durch von Islamabad vorgelegte falsche Beweise in die Irre geführt worden seien. Am 6. August 2003 befanden die Schweizer Richter Benazir und ihren Ehemann der Geldwäsche für schuldig. Sie wurden zu sechs Monaten Gefängnis auf Bewährung, einer Geldstrafe von jeweils 50.000 US-Dollar und einer Zahlung von 11 Millionen US-Dollar an die pakistanische

Regierung verurteilt.

In dem sechs Jahre dauernden Prozess wurde festgestellt, dass Benazir und Zardari 10 Millionen US-Dollar auf Schweizer Konten eingezahlt hatten, die ihnen von einer Schweizer Firma im Austausch für einen Vertrag in Pakistan übergeben worden waren. Das Paar erklärte, es werde Berufung einlegen.

Pakistanische Ermittler behaupten, dass Zardari 1995 ein Citibank-Konto in Genf eröffnete, über das er rund 40 Millionen der 100 Millionen US-Dollar, die er an Bestechungsgeldern von ausländischen Unternehmen, die in Pakistan Geschäfte machen, erhalten hatte, weitergeleitet haben soll.

Im Oktober 2007 erklärte Daniel Zappelli, Generalstaatsanwalt des Kantons Genf, dass er am Montag die Ergebnisse einer Geldwäscheuntersuchung gegen die ehemalige pakistanische Premierministerin Benazir Bhutto erhalten habe, dass es aber nicht sicher sei, ob in der Schweiz ein Verfahren gegen sie eingeleitet werde :

> Die polnische Regierung hat Pakistan 500 Seiten Dokumente zu Korruptionsvorwürfen gegen Benazir Bhutto und ihren Ehemann übergeben. Die Anschuldigungen beziehen sich auf den Kauf von 8000 Traktoren im Rahmen eines 1997 geschlossenen Vertrags. Laut pakistanischen Beamten enthalten die polnischen Dokumente Einzelheiten über illegale Provisionen, die von der Traktorfirma für die Annahme ihres Vertrags gezahlt wurden. Es wird behauptet, dass der Vergleich 103 Millionen Rupien (2 Millionen US-Dollar) an Bestechungsgeldern "abgeschöpft" hat.

Die aus Polen erhaltenen dokumentarischen Beweise bestätigen das Bestechungssystem, das Asif Zardari und Benazir Bhutto im Namen des Starts des Awami-Schlepperprojekts eingerichtet haben.

Benazir Bhutto und Asif Ali Zardari sollen über ihre Strohmänner Jens Schlegelmilch und Didier Plantin von Dargal S.A., die auch rund 1,969 Millionen US-Dollar für die Lieferung von 5900 Ursus-Traktoren erhielten, eine Provision von 7,15% auf diese Käufe erhalten haben.

Im Rahmen der größten von den Ermittlern aufgedeckten Zahlung soll ein Goldbarrenhändler aus dem Nahen Osten mindestens 10 Millionen US-Dollar auf eines von Zardaris Konten eingezahlt haben, nachdem die Regierung Bhutto ihm das Monopol für Goldimporte eingeräumt hatte, die die Schmuckindustrie und den Drogenhandel in Pakistan versorgten. Das Geld soll auf Zardaris Citibank-Konto in Dubai eingezahlt worden sein. Die pakistanische Küste des Arabischen Meeres, die sich von Karachi bis zur Grenze zum Iran erstreckt, ist seit langem ein Zufluchtsort für Goldschmuggler.

Bis zum Beginn von Bhuttos zweiter Amtszeit war dieser Handel, der sich jährlich auf Hunderte Millionen Dollar beläuft, nicht reguliert. Goldsplitter, sogenannte Kekse, und schwerere Barren wurden per Flugzeug und Schiff zwischen dem Persischen Golf und der größtenteils unbewachten pakistanischen Küste transportiert. Die trostlose Küste von Maccra ist auch der Umschlagplatz für riesige Heroin- und Opiumlieferungen aus Afghanistan und bildet das Rückgrat des Goldhandels mit der in Dubai ansässigen British Bank of the Middle East.

Kurz nachdem Bhutto 1993 ins Amt des Premierministers zurückgekehrt war, schlug ein pakistanischer Barrenhändler in Dubai, Abdul Razzak Yaqub, einen Deal vor. Im Gegenzug für das exklusive Recht, Gold zu importieren, würde Razzak der Regierung bei der Regulierung des Handels helfen. Im November 1994 teilte das pakistanische Handelsministerium Razzak in einem Schreiben mit, dass er eine Lizenz erhalten habe, die ihn zumindest für die nächsten zwei Jahre zum einzigen zugelassenen Goldimporteur Pakistans machte.

In einem Interview in seinem Büro in Dubai gab Razzak zu, dass er die Lizenz genutzt hatte, um Gold im Wert von über 500 Millionen US-Dollar nach Pakistan zu importieren, und dass er mehrmals nach Islamabad gereist war, um sich mit Bhutto und Zardari zu treffen. Er bestritt jedoch, dass es Bestechung oder geheime Absprachen gegeben habe. "Ich habe Zardari nicht einen einzigen Cent gezahlt", erklärte er.

Herr Razzak behauptet, dass jemand in Pakistan, der seinen Ruf zerstören wollte, dafür gesorgt habe, dass sein Unternehmen fälschlicherweise als Einzahler identifiziert wurde. "Jemand in der Bank hat mit meinen Feinden zusammengearbeitet, um gefälschte Dokumente herzustellen", sagte er.

Zu keinem Zeitpunkt wurde der riesige Handel mit Heroin und Opium erwähnt, obwohl er die Grundlage für den Goldhandel in Dubai bildet. Die Bauern, die Schlafmohn in Helmand in Afghanistan anbauen, akzeptieren kein Papiergeld für ihre Ernten und werden immer in Gold bezahlt. Seit September 2004 lebt Bhutto in Dubai in den Vereinigten Arabischen Emiraten, wo sie sich um ihre Kinder und ihre an Alzheimer leidende Mutter kümmert, zu Vorträgen reist und Kontakt zu den Anhängern der Pakistanischen Volkspartei hält. Dies wirft natürlich die Frage auf. Warum Dubai?

Die Antwort ist offensichtlich. Bhutto blieb in Dubai, um die riesigen Goldtransaktionen der Bank von Dubai zu überwachen. Sie und ihre drei Kinder fanden ihren Ehemann und den Vater im Dezember 2004 nach mehr als fünf Jahren wieder.

Am 27. Januar 2007 wurde sie von den Vereinigten Staaten zu Gesprächen mit Präsident Bush und Vertretern des Kongresses und des Außenministeriums eingeladen. Bhutto nahm im März 2007 an der Sendung Question Time der BBC im Vereinigten Königreich teil. Außerdem trat sie mehrmals in der BBC-Sendung News Night auf. Im Mai 2007 wies sie die Kommentare von Muhammad Ijaz-ul- Haq bezüglich der Verleihung des Rittertitels an Salman Rushdie zurück und behauptete, er rufe zur Ermordung ausländischer Bürger auf.

Bhutto hatte ihre Absicht erklärt, 2007 nach Pakistan zurückzukehren, was sie auch tat, obwohl Musharraf im Mai 2007 erklärte, sie dürfe nicht vor den allgemeinen Wahlen des Landes, die für Ende 2007 oder Anfang 2008 angesetzt waren, zurückkehren, da sie sonst ermordet werden könnte. Dennoch wurde sie von anderen Quellen gewarnt, dass es sehr wahrscheinlich sei, dass ein Mordversuch unternommen werde. Der Drogenhandel ist ein sehr gefährliches Geschäft, und wer den Fehler macht, den Familien der Bosse dieses lukrativen Geschäfts über den Weg zu laufen, geht ein großes Risiko ein.

Der amerikanische Historiker Arthur Herman beschrieb in einem kontroversen Brief, der am 14. Juni 2007 im *Wall Street Journal* veröffentlicht wurde, als Antwort auf einen Artikel Bhuttos, in dem sie den Präsidenten und seine Politik sehr kritisierte, sie als "... eine der inkompetentesten Führungspersönlichkeiten in der Geschichte Südasiens" und behauptete, sie und andere pakistanische Eliten würden Musharraf hassen, weil er ein Muhajir ist, der Sohn einer der Millionen indischer Muslime, die während der Teilung 1947 nach Pakistan geflohen waren. Herman behauptete zudem:

> "Obwohl es die Muhajirs waren, die für die Gründung Pakistans in erster Linie gehandelt haben, werden sie von vielen ethnischen Pakistanern mit Verachtung betrachtet und als Bürger dritter Klasse behandelt."

Dennoch schienen die USA Mitte 2007 auf eine Einigung zu drängen, bei der Musharraf Präsident bleiben, aber die Führung der Armee abgeben und Bhutto oder einer ihrer Kandidaten Premierministerin werden sollte.

Trotz aller internen Uneinigkeit setzte der Drogenhandel seinen Weg fort, scheinbar ohne Rücksicht auf die aktuellen politischen Konflikte. Niemand hatte den Mut, vorzutreten und die Straße, die von Afghanistan zu den Maccra-Mänteln führte, zu blockieren, wodurch der massive Opiumhandel hätte verboten werden können. Es stand einfach zu viel auf dem Spiel, als dass sich jemand an eine solch monumentale Aufgabe herangewagt hätte. Im Jahr 2007 erklärte die DEA, dass das Opium aus Afghanistan eine Rekordproduktion von 6000 Tonnen für das Jahr erreicht hatte, obwohl das Hauptanbaugebiet des Schlafmohns, Helmand, ständig patrouilliert wurde, hauptsächlich von britischen und amerikanischen Truppen unter NATO-Kommando.

Die Drogenbosse haben der Welt wieder einmal gezeigt, dass sie, egal welche Art von Regierung ein Land kontrolliert (jedes Land außer Russland), mit innovativen Methoden, einem

Tempowechsel und einer Richtungsänderung weiterhin Geschäfte machen können. Ich bezweifle stark, dass der neue Präsident der Vereinigten Staaten, Barack Obama, die Maßnahmen umsetzen darf, die er vielleicht ergreifen möchte. Die Zeit wird es zeigen. In der Zwischenzeit läuft das milliardenschwere Geschäft weiter. Der neue "Geschäftsplan" des Drogenkartells sieht vor, den Vertrieb von Kokain von Mexiko, der Karibik und Panama ins ferne Afrika zu verlagern.

Darüber hinaus haben die Machthaber den Preis für Kokain auf Großhandelsebene um 50 % gesenkt, sodass die Kosten für eine "Linie" Kokain unter 5 $ liegen, was für jeden Kunden auf der Straße erschwinglich ist. Das Schöne an diesem Plan aus Sicht des Kartells ist, dass die afrikanischen Importländer leicht zu verwalten sind und die Strafverfolgung bis auf ein oder zwei Ausnahmen extrem lax und sehr korruptionsanfällig ist.

Ein weiteres Land, aus dem Kokain auf den europäischen Markt gelangt, ist "Kosova", die Idee von Richard Holbrook, dem angeblichen Architekten der Zerstörung Serbiens, die einfach an Albanien verschenkt wurde, ein dekadentes Land, das Drogenhandel und Handel mit weißen Sklaven betreibt. Ja, ob Sie es glauben oder nicht, Albaniens Bruttosozialprodukt besteht aus Einnahmen aus dem Drogenhandel und dem Handel mit weißen Sklaven.

Von nun an wird der Kokainhandel im Kosovo florieren, wie er es hundert Jahre lang in Albanien getan hat. Jeder Versuch der DEA-Agenten, ihn zu stoppen, wird auf Einschüchterung und Ermordung der DEA-Agenten stoßen. Bis es der UN-Antidrogenagentur und den Antidrogenkräften Westeuropas und der USA gelingt, die neuen Vertriebswege unter Kontrolle zu bringen, haben die Barone der Drogenkartelle freie Hand.

Ein Update April 2009

Vor drei Jahren erklärten die mexikanischen Behörden, angetrieben von den USA, den Drogenhändlern den Krieg. Aufgrund dieses Vorgehens steht Mexiko ein rascher Niedergang und Zusammenbruch bevor, wenn die USA nicht eingreifen und Mexiko mit Truppen und angemessener Finanzierung helfen. Während die neue Außenministerin der Regierung Obama einräumt, dass der in Mexiko tobende Kampf eine sehr reale Gefahr darstellt, wenn er auf die USA übergreift, erklärte sie kürzlich gegenüber CBS news, sie bereite sich darauf vor, Maßnahmen zu ergreifen, um Mexiko mit Männern und Geld zu unterstützen. Angesichts der bekannten Tatsache, dass die mexikanischen Drogenbarone Mexiko mit brutalen Taten terrorisieren, die schrecklich sind - ist die bisherige Zurückhaltung der USA, Mexiko zu helfen, schwer zu verstehen. Es ist nicht so, dass Mexiko sehr weit von den USA entfernt wäre oder dass wir keine engen Beziehungen hätten. Tatsächlich stehen wir Mexiko diplomatisch gesehen näher als Kanada.

Im Januar 2009 entführten mexikanische Terroristen zehn Soldaten. Kurz darauf wurden ihre von Kugeln durchlöcherten Leichen am Rand einer vielbefahrenen Straße liegen gelassen. In einem anderen Fall wurde ein Bürger, der als Informant der Polizei galt, entführt, sein Kopf abgetrennt und sein Körper an der Seite einer Straßenbrücke aufgehängt, so dass Tausende von Autofahrern, die die Unterführung benutzten, ihn sehen konnten.

Im Jahr 2008 wurden 6300 Menschen von Drogenterroristen entführt und getötet. Tatsächlich hat Mexiko-Stadt den wenig beneidenswerten Ruf erworben, die Entführungshauptstadt der Welt zu sein. Sowohl Reiche als auch Arme sind die Opfer. Vor kurzem versammelten sich 250.000 Menschen auf dem Hauptplatz von Mexiko-Stadt, um gegen die langsame Reaktion der Regierung auf die Drogenbarone zu protestieren. Die Wahrheit ist jedoch, dass Mexiko weder die Arbeitskraft noch das Geld hat, um die Art von überwältigender Reaktion auf die Drogenbarone umzusetzen, die notwendig ist. Außerdem sind die Drogenbarone besser bewaffnet als die mexikanische Regierung.

Die mexikanische Polizei und die Bundesagenten für Drogenbekämpfung. Die Drogenhändler verfügen über vollautomatische Gewehre und Handgranaten und haben die mexikanische Polizei regelmäßig in einer Reihe von Schlachten besiegt. Ihre hochwertigen Waffen kaufen sie in bar bei Händlern in den USA. Die US-Regierung behauptet, dass sie Druck ausübt, um diese Waffenverkäufe zu unterbinden. Laut einer aktuellen Studie der Vereinten Nationen über Mexiko beläuft sich der Drogenhandel auf die astronomische Summe von 38 Milliarden US-Dollar pro Jahr, und jeden Monat steigen mehr Drogenhändler in das Geschäft ein. Innerhalb der mexikanischen Drogenbekämpfungsbehörden herrscht Korruption und obwohl der mexikanische Generalstaatsanwalt behauptet, neue Maßnahmen zur Eindämmung des Drogenhandels ergriffen zu haben, deutet alles darauf hin, dass die Gewaltverbrechen im Zusammenhang mit Drogen zunehmen. Es gibt einige Lichtblicke in diesem düsteren Bild: 2008 hat Mexiko 57.000 Drogenhändler festgenommen und es wurde gerade bekannt, dass die US-Regierung jährlich 56 Millionen Dollar zusätzlich bereitstellt, um Mexiko bei seinem Kampf gegen die Drogenbarone zu unterstützen.

Wie befürchtet, ist der mexikanische Drogenterrorismus auf 230 amerikanische Städte übergeschwappt und stellt heute, Mitte April 2009, das Verbrechen Nummer eins in Amerika dar. Es ist unsere Pflicht, uns dem Kampf anzuschließen, der derzeit gegen die gefährliche Bedrohung Amerikas durch den Drogenhandel geführt wird. Wir müssen erkennen, dass wir uns im Krieg mit skrupellosen Männern befinden, die entschlossen sind, unsere großartige Republik zu untergraben und zu Fall zu bringen. Die Vereinigten Staaten müssen dem Beispiel von Präsidentin Betancourt aus Kolumbien folgen. Die gesamte Zukunft unserer Nation steht auf dem Spiel. Dies ist kein Krieg, aus dem wir uns heraushalten können. Dies ist ein Kampf auf Leben und Tod. Wir müssen diesen Krieg gewinnen. Wenn wir ihn nicht gewinnen, wird der Feind innerhalb unserer Tore einen Riesenschritt bei der Umsetzung seines Programms der Versklavung und Dunkelheit für uns alle gemacht haben, wie es in den Plänen der Einen Weltregierung vorgesehen ist.

Bereits erschienen

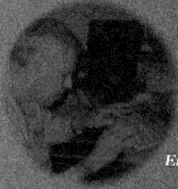

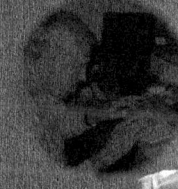

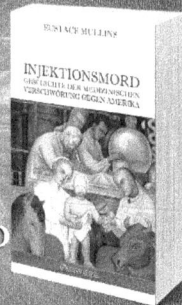

Durch die gesamte Geschichte der Zivilisation hindurch hat sich ein bestimmtes Problem für die Menschheit als konstant erwiesen

OMNIA VERITAS LTD PRÄSENTIERT:

NEUE GESCHICHTE DER JUDEN

VON

EUSTACE MULLINS

Ein einziges Volk irritierte die Nationen, die es in allen Teilen der zivilisierten Welt willkommen geheißen hatten

EUSTACE MULLINS

DER FLUCH VON KANAAN

Eine Dämonologie der Geschichte

Die große Bewegung der modernen Geschichte bestand darin, die Anwesenheit des Bösen auf der Erde zu verbergen

OMNIA VERITAS LTD PRÄSENTIERT:

DIE WALL STREET TRILOGIE

"Professor Sutton wird für seine Trilogie in Erinnerung bleiben: Wall St. und die bolschewistische Revolution, Wall St. und FDR und Wall St. und der Aufstieg Hitlers."

VON ANTONY SUTTON

Diese Trilogie beschreibt den Einfluss der Finanzmacht bei drei Schlüsselereignissen der jüngeren Geschichte

www.ingramcontent.com/pod-product-compliance
Lightning Source LLC
Chambersburg PA
CBHW071117280326
41935CB00010B/1039